大学工商管理学者文库

中国上市公司债权人治理机制及效应研究

王旭 著

A Study on Creditors' Governance Mechanism and
Effect for Listed Corporations in China

经济科学出版社
Economic Science Press

图书在版编目（CIP）数据

中国上市公司债权人治理机制及效应研究/王旭著．
—北京：经济科学出版社，2014.11
（山东财经大学工商管理学者文库）
ISBN 978 - 7 - 5141 - 5165 - 7

Ⅰ.①中…　Ⅱ.①王…　Ⅲ.①上市公司－债务
管理－研究－中国　Ⅳ.①F279.246

中国版本图书馆 CIP 数据核字（2014）第 259138 号

责任编辑：李一心
责任校对：徐领弟
责任印制：李　鹏

中国上市公司债权人治理机制及效应研究

王　旭　著

经济科学出版社出版、发行　新华书店经销
社址：北京市海淀区阜成路甲 28 号　邮编：100142
总编部电话：010 - 88191217　发行部电话：010 - 88191522
网址：www. esp. com. cn
电子邮件：esp@ esp. com. cn
天猫网店：经济科学出版社旗舰店
网址：http://jjkxcbs. tmall. com
北京京鲁创业科贸有限公司印装
710×1000　16 开　13.75 印张　220000 字
2014 年 12 月第 1 版　2014 年 12 月第 1 次印刷
ISBN 978 - 7 - 5141 - 5165 - 7　定价：35.00 元
（图书出现印装问题，本社负责调换。电话：010 - 88191502）
（版权所有　侵权必究　举报电话：010 - 88191586
电子邮箱：dbts@esp. com. cn）

前　言

　　中国上市公司正面临着由行政型治理向经济型治理的转型，仅依靠公司内部治理机制的运行，已不能为公司治理的成功转型提供足够的动力。在公司的契约网络中，利益相关者的权益保护也不能完全依赖于由内部治理主体引导的具有利益偏向的治理机制。公司治理转型背景下，治理目标不再是围绕股东权益或公司价值的最大化展开，已演进成利益相关者的责、权、利均衡。所以，突破单一的内部治理范式，建立和完善公司外部治理机制，形成内部治理与外部治理机制的协同关系，对于保护利益相关者权益，维护契约网络的稳定性，推动公司治理顺利转型具有重要意义。

　　债权人作为公司重要的外部利益相关者，不仅能够为公司的存续和发展提供资金支持，而且在税盾效应和股东收益效率的提升方面比股权融资具有优势，同时也是重要的公司治理主体。以债权人治理为公司外部治理领域的切入点，重点探讨以下几个方面的问题：债权人参与公司治理的动机是什么？债权人风险防御行为是否具有动态性？债权人能够带给公司治理怎样的影响？在已有的文献中，公司负债规模对绩效的关系成为债权人治理的大众研究范式，然而公司治理质量的高低，是对公司运营合法性和公正性的反应，是利益相关者责、权、利均衡的结果，因而财务绩效并不能成为衡量公司治理效应的指标。再者，传统的研究范式未能建立在对债权人治理动机的剖析基础之上，所以研究结论缺乏全面性，使得债权人治理领域留有较大的研究空白和解释空间。

　　首先构建了债务代理成本的生成模型，债务代理成本的产生受到了债权人和负债企业契约中的内生要素和外生要素的综合影响。其中，内生要素主要包括信息不对称、不完全契约、交易成本等契约的本身特质，外生要素包括负债企业的有限理性、机会主义和道德风险等因素。代理成本直接能够转化为债权人风险，而出于风险规避动机，债权人会采取一系列防御措施来降低风险损失。根据生命周期理论，在不同的生命周期，负债企业在企业规模、风险偏好、信息不对称程度和投融资行为等方面具有显著的差异性。因此，债权人风险水平也会随着企业在生命周期内演进而发生波动。所以债权人应建立动态防御能力来抵御风险，这便构成了债权人内源性治理的第一类治理机制：动态防御治理。在日本、德国等国家，债权人被允许持有企业的股票，与之形成股权和债权关系并存的局面。此时，债权人和企业的目标函数在一定程度上达成统一，二者能够形成战略协同效应以抵御外部风险，实现联盟组合的利益最大化。与此同时，债权人的协同型治理便显得尤为重要。因此，防御型治理和协同型治理构成了债权人内源性治理的主要内容。由于法律的限制，在中国，债权人与企业之间仅存在债权债务关系。在这种联结模式下，债权人风险防御治理机制更为重要。

在对债权人内源性治理进行理论分析的基础上，对债权人的外部性治理进行了数理分析。在中国，债权人在债务契约关系中主要关注负债企业在盈利能力、偿债能力、发展潜力、财务质量等指标，而对公司治理状况缺乏足够的关注动机。然而，负债融资本身所具有的刚性还本付息的特征，以及债权人对公司的监督和干预行为能够对公司的治理状况产生影响。因此，这种影响具有鲜明的外部性特征。回归了"债权人——代理成本"这一经典研究范式，在分析经理人效用来源，构建经理人效用体系的基础上，建立了经理人效用一般模型，考察了债权人外生变量引入之后，负债规模、利率水平和惩罚机制对经理人行为选择，尤其是私利行为产生的影响。考虑到外部性效应能够在较大程度上受到情境因素的影响，进一步分析了以政治关联和两权分离度刻画的公司内部治理环境，以及结构洞和中心度刻画的连锁债权人网络对债权人外部性治理效应产生的调节作用。

最后，运用计量分析的方法，对债权人风险防御和外部性治理效应进行了实证检验。考虑到民营企业对融资、风险和偿债压力的敏感性，选取民营上市公司的面板数据作为研究样本。在风险防御的实证检验部分，首先构建了民营上市公司生命周期的评价指标，依据评价指数对样本进行分组。在检验非效率投资风险波动显著性的基础上，分别对成长期、成熟期和衰退期中，债权人短期借款和长期借款对公司非效率投资风险的影响进行了验证，以检验债权人的动态防御治理效应。在外部性治理效应的实证研究部分，通过选取行业均值调整后的管理费用率作为代理成本的替代变量，检验了两类债权人贷款对代理成本的影响，进而折射出债权人外部性治理在股东与经理代理冲突中所具有的作用。通过构建政治关联指数、两权分离度、结构洞指数、中心性，进一步探讨了内部治理环境和连锁债权人网络环境在债权人外部治理机制中的调节作用。基于对债权人治理效应的理论分析、数理分析和计量分析，主要得出如下结论：

第一，在债权人内源性治理方面，由于法律环境的因素，中国银行债权人与企业之间更多的表现出风险规避导向下的防御型治理。随着企业在生命周期内演进，企业非效率投资水平具有显著的差异性特征。并且，债权人能够围绕短期贷款形成良好的动态治理效应，即在生命周期的各个阶段表现出对企业非效率投资的抑制能力，且抑制能力边际递增。但长期贷款不但缺乏对非效率投资的抑制，反而能够促进企业的非效率投资水平。表明长期贷款一方面为债权人带来了高昂的监督成本，另一方面在降低企业偿债压力的同时，扩充了经理人的可支配资源规模，刺激了企业决策者的自利动机，使企业丧失了风险防御能力。所以，就风险防御而言，债务期限结构的差异能够为债权人发挥不同的保护作用，这一结论在动态能力和生命周期的角度补充了债务期限结构理论，在中国本土情境下民营上市公司中应用的证据。进而说明债权人一方面应在企业生命周期和契约时序的维度建立二维的动态防御型治理，另一方面应关注长期贷款增值的稳健性，为债权人权益的全面保护打下基础。

第二，债权人外部性治理效应能够作用于经理人的自利行为选择，能够对股东与经理之间的第一类委托代理冲突产生影响，其依赖于负债融资特征和债权人风险防御导向下的监督、干预行为对企业决策者产生的外部性作用。与内源性治理的本质差别在于外部性治理目标并不是债权人所关注的重点，具有鲜明的被动性特征。通过梳理经理人的效用体系，构建经理人效用模型，研究发现，经理人用来创造私人效用的劳动量随着负债规模的增加而减少，均衡条件下同样如此。并且，惩罚合同的执行和利率的提高均会对经理人私利行为产生抑制作用。表明债权人外部性治理作用，能够迫使经理人将有限的劳动力和资本资源投入有效的价值创造活动中，进而缓解了第一类委托代理冲突。接着，在计量分析的基础上，通过计量分析研究发现，尽管短期借款能够抑制代理成本的增加，但长期借款却促进了代理成本的增长，再一次体现出长期借款能够引发高昂的监督成本和宽松的偿债压力，使其丧失了对经理人行为的外部性治理作用。在进一步的研究中，发现政治关联和两权分离度，分别能够逆向和正向调节短期借款的治理作用和长期借款的促进作用，并且连锁债权人网络中的结构洞指数和中心度能够在总体上限制债权人治理效应的发挥，证实了债权人外部性治理机制的运行受到公司内部治理环境的影响。本研究突破了单一情境下，债权人"担保机制"的分析范式。在此基础上，提出应从治理动机内化和治理工具功能优化两个角度来提升债权人的外部性治理效应，为全面提升公司治理质量准备条件。

目　录

第 *1* 章

绪　　论

1.1　研究背景及意义

1.1.1　研究背景

1. 金融危机的幕后序曲：债权人风险与收益的权衡

在债权债务关系中，债权人通过获得贷款利息取得收益，但同样面临着贷款无法安全收回所带来的经济风险。2008 年美国次级贷款危机通过各种传导链条迫使贝尔斯登、雷曼兄弟、美林投资银行相继倒闭或被接管，并促成了席卷全球的金融危机。这一经典案例诠释了债权人对风险与收益的权衡与博弈的结果可能对金融环境带来的冲击性影响。尽管投资银行只是促成金融危机的多元化主体之一，但却正是由于银行对利益的过度追逐以及对风险的忽视，才使得整个金融体系土崩瓦解。为了获得高昂利润，投资银行将次级贷款公司的高风险贷款购入，当借款人无力偿还贷款时，财务风险便随之而来。

在中国，尽管根据《中华人民共和国商业银行法》（以下称《商业银行法》）的规定，作为上市公司的重要债权人，商业银行不能够对外投资，因此银行与公司之间只具有债权债务关系。但是，这种联结模式仍然能够成为风险从债务人向债权人转移的重要渠道。1995 年 5 月 10 日,《商业银行法》在第八届全国人大常委会第 13 次会议上通过,确立了我国商业银行的地位、性质,为商业银行自主经营、自负盈亏的独立法人行为提供了法律保障。但是受到经营风险和管理经验的影响,我国国有商业银行的不良贷款率和不良贷款余额一路攀升。1999 年,我国四家国有商业银行的不良贷款余额高达 28236.12 亿元,不良贷款率高达 44%。随着中央政府对商业银行不良贷款的大规模剥离和核销,以及商业银行对债务公司的积极干预,我国国有商业银行的不良贷款率与不良贷款余额在过去的十几年里急速下降。2006 年,中国人民银行、中国银行业监督管理委员会修订了 1996 年颁布实施的《贷款通则》,进一步印证了债权人建立风险防御体系的重要性。随着管理水平的提升和管理经验的积累,我国商业银行平均不良贷款率与不良贷款余额继续下降。2010 年年末,我国商业银行不良贷款率更是降至 1.14%,不良贷款余额降为 4293 亿元。不良贷款率与不良贷款余额的"双降"态势从侧面证明了银行风险控制和管理的显著效果。然而,随着地方融资平台、房地产企业、高耗能、高污染企业以及高速铁路建设企业经营风险的提升。2011 年,我国商业银行新增不良贷款规模将同比增长 5% 以内;2012 年银行业不良贷款率将达到 1% ~2%。

在债权人与上市公司形成的委托代理框架中,基于债务契约,债权人对负债公司进行关注与干预的最根本动因,在于其利益最大化导向下的风险防御。虽然基于不同的政治、制度环境,不同地域的银行的盈利模式有所区别,然而在利益追逐动机下,银行对风险防御的懈怠是造成自身经营危机甚至区域金融危机的主要原因。由于我国商业银行的主要盈利模式是存贷款利差,所以寻找优质的上市公司进行贷款,并通过风险防御手段对上市公司进行积极的干预和监督,以保障借贷资本的安全增值,是实现银行债权人有效规避风险和进行权益保护的有效途径。因此,当以不良贷款率为表征的债权人风险不断发生波动时,构建和优化债权人防御型治理机制,是降低债权人风险、阻滞金融危机的发生和推升上市公司治理水平的重要途径。

2. 上市公司治理转型:外部治理困境的突破

改革开放以来,我国一直致力于建设和优化公司的内部治理结构以及内部治理机制。例如，独立董事制度的设计、董事会职能的强化、监事会制度的构建等。这对加强公司内部管理控制，优化公司决策水平，提高公司对有限资源的配置效率，降低股东与经理人之间的委托代理成本具有重要作用，也在某一程度上推动了公司治理质量和水平的提升。然而，随着改革开放的持续性深入和市场经济的快速发展，公司与外部市场环境进行资源、信息交换的内容和条件也不断发生变化。公司需要汲取更为充沛的人力资源和财务资源，与其他组织形式构建更为有效的沟通模式，并不断提高资源配置效率，提高技术创新能力，才能够在激烈的市场竞争中实现可持续成长。在此背景下，公司的组织形态也朝着多元化和复杂化的方向不断演进，社会中的多种组织角色不断通过各种契约与公司形成关联。例如，机构投资者、供应商、债权人、政府、客户等，最终将公司促成为一张契约网络。

在多元化的利益主体的共同作用下，公司已演变成多方利益相关者共同关注的契约结合体，因此仅仅依靠内部治理机制来达成股东与经理层之间的妥协已不能满足公司治理的需求。在公司由行政型治理向经济型治理的转型过程中（李维安、邱艾超，2010），准确定位转型期间的公司治理目标，确立公司外部治理主体，构建和优化公司外部治理机制对于中国公司的经济型治理效应的发挥和治理模式的顺利转型具有重要作用。转型期间，由于利益相关者外延的拓展，公司治理边界和内容也在不断发生变化，具体表现为以下几个方面：

（1）治理主体的演变：改革开放初期，政府是企业的重要治理主体。计划经济背景下，政府担负着制定企业目标、划拨企业资源、任免企业管理人员等多重任务，企业经营管理的理念与行为均围绕着政府的意志展开，具有典型的行政型治理特色。20世纪中期，股东治理的思想开始蔓延，"股东利益最大化"的治理目标成为企业管理决策的宗旨，追逐利润最大化也成为企业存在的根本目的。演变至今，在企业内外部环境因素的共同作用下，以核心利益相关者为治理主体的经济型治理模式成为提升公司治理水平的重要选择。通过资本市场、经理人市场、法律和制度体系等一系列情境要素和中间环节的作用，发挥债权人、机构投资者等外部治理主体的治理效应，进而在实现核心利益相关者权益保护的同时，促进中国公司的整体治理质量，已成为公司在治理转型期的重要任务。

（2）治理目标的演变：当公司股东利益成为公司管理运作的最终导向时，公司治理的目标实则为股东利润的最大化。公司内部决策机制、监督机制、激励机制的构建与运行均围绕股东利益展开。然而，当公司成为契约网络的嵌入体之一时，公司的运转便关系到诸多利益相关者的切身权益，股东利益最大化目标的实现有可能以损害利益相关者的权益为代价，进而造成治理失衡。因此，公司治理的目标也应由单纯的股东利益最大化演变为诸多利益相关者的责、权、利均衡（徐向艺、徐宁，2012）。在这种均衡的目标体系指导下，公司治理机制的设计与运行需要以资源的高效配置为基础，通过构建科学、全面、公正的决策机制、公平、公开的利润分配机制以及多元化的、有效的监督机制来最终实现治理目标。

（3）治理机制的演变：由于公司治理目标开始向核心利益相关者责、权、利的均衡演变，单纯依靠董事会、监事会等内部治理机制发挥作用有可能造成治理偏差，使得治理结果向股东、经理等内部人的目标函数偏移。因此，发挥机构投资者、中小股东以及债权人等外部利益相关者的治理作用，构建相应主体对应下的监督、决策和激励机制，实现内部治理与外部治理的耦合与协同，成为推动我国公司治理转型，提升公司治理能力和治理质量的关键。表 1 - 1 为转型期间我国公司治理各要素的特征演变过程。

表 1 - 1　　　　　　　转型期治理要素的特征演变

时期	改革开放前期	改革开放中期	改革开放后期
治理主体	政府	股东	核心利益相关者
治理目标	政治目标	公司利润最大化	责、权、利均衡
治理机制	行政命令	董事会、监事会等	内、外部协同治理

作为公司重要的融资渠道之一，债权融资能够迅速扩充公司资金储备，提升公司运营能力和成长性，提高公司对动态变化的资金需求的适应能力。同时，适当的债权融资能够改善公司资本结构，为公司提供避税效应，并通过财务杠杆效应提升股东收益效率。早在 20 世纪 50 年

代，美国就因为莫迪格利安尼（Modigliani）和默顿·米勒（Miller）所提出的 MM 理论就掀起了一场关于资本结构与公司价值关系的研究热潮。时至今日，尽管资本结构与公司价值的关系研究仍存在种种疑点，但债权人在解决股东与经理、大股东与中小股东之间的代理问题，降低第一类委托代理成本方面扮演的角色再一次引起了世人关注。当我们看到上市公司基于资源依赖性和债权融资的种种优势而进行大规模举债时，公司内部人的"隧道挖掘"行为、资产替代行为以及投资不足行为均为债权人带来了程度不一的财务风险，使得债权人利益受到威胁，进而降低了债务公司的信用等级和社会资源配置效率。因此债权人治理是实现债权人权益保护，保障金融体系的稳健运行和推动上市公司治理水平的重要因素。债权人治理机制的梳理和构建也成为学术界和实务界亟待解决的重大课题。

1.1.2 研究意义

在公司治理结构中，当监督、约束、决策、激励等内部治理机制不能够满足提升公司整体治理效应，实现利益相关者的责、权、利均衡安排时，依靠外部治理机制来提高公司治理机制显得尤为重要。目前学界对公司的外部治理机制关注相对较少，对债权人治理机制的分析与探讨更为罕见。本书在充分梳理国内外文献，比较、分析债权人治理实务和治理动机的基础上，提出了上市公司债权人治理的两种视角。分别为内源性视角下债权人的防御型治理与协同型治理，以及外部性视角下的债权人治理机制。内源性视角下，本书立足于债权人自身风险和利益，考察了基于债务关系纽带，债权人是如何通过对上市公司进行观测、干预、监督等治理行为进而降低自身风险、提高收益水平的。并且检验了债权人的治理行为对风险抑制的有效性。另外，在外部性视角下，本书考察了债权人的监督、干预行为以及负债融资的特征属性对上市公司经理人员行为产生的外部性影响，并就债权人的外部性治理对第一类委托代理成本产生的影响进行了实证检验。图 1 - 1 阐释了上市公司的债权人治理体系。

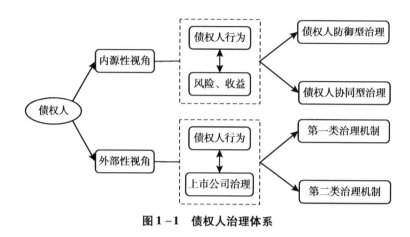

图 1 - 1   债权人治理体系

1. 理论意义

债权人治理的理论体系涵盖了委托代理理论、激励理论、交易成本理论、产权理论、利益相关者理论等理论基础。在现代公司制度下，委托代理问题是公司治理中的核心问题。基于委托代理理论，公司利益相关者的责、权、利的合理安排与制度优化是公司治理领域的关键内容，而债权人正是公司治理结构中重要的利益相关者之一。作为公司外部治理机制的重要组成部分，债权治理机制的合理引入，对解决债权人风险与收益的匹配问题、股东与经理、大股东与中小股东、股东与债权人之间的委托代理问题有着重要影响。东西方国家对债权人参与公司治理有着较多代表性理论，借鉴优秀债权人治理理论，结合中国国情和特有的环境体制，建立并完善具有中国经济、法律环境适应能力的上市公司债权人治理机制及制度安排，具有极为重要的理论意义和实践价值。

债权人风险的产生以及债权人采取的监督、干预行为，均源于债权人与负债企业间产生的委托代理关系。信息不对称条件下，在现行的法律、制度环境中，债权人无法对公司的经营活动进行实时、准确、全面的观测和监管，进而在一定程度上丧失了对相应债务的监督、控制能力，进一步引致股东与债权人之间代理成本的上升，为债权人带来过度投资或投资不足等一系列财务风险，降低了社会资源配置效率，造成债权人的利益损失和公司治理失衡。再者，债权融资一方面提升了公司资产总量，为公司内部人带来大量的可支配资源，刺激了经理人攫取私有收益的动机，激化了股东与经理层之间的委托代理冲突。然而，激励理论认为，股东与经理在有动机进行私有利益攫取的同时，债权融资带来的还本付息的刚性要求，强化了公司财务风险甚至破产风险带给股东和经理的刺激程度，进而对低效率的资源配置行为产生了抑制效应，降低了组织内部的交易成本。依照产权理论的可转让性，公司陷入财务危机。资不抵债时，债权人有权对公司进行接管，并获得公司相应资产的产权，以及担保物的抵押权或质权，是对债权人利益风险的补偿，进而在保障债权人合法权益时，对股东和经理的权利进行有效制衡，形成合理的责、权、利配置，提高公司治理效应。

然而，现有文献对债权人参与公司治理的动机、机制和效应缺乏系统思考，研究思路较为单一；对债权人治理体系中的主体与客体界定不清；在变量选取、数据搜集方面较为杂乱；单纯的关注债权人权益或上市公司治理，容易造成治理过度和治理失衡（维拉尔等，2011）[①]，研究视角较为狭窄；这些因素导致针对我国上市公司债权人治理机制和效应的研究结论混乱、不统一。本书立足于治理转型期，结合我国上市公司更为合理和全面的治理目标（利益相关者责、权、利均衡），在现有理论基础上，增加外部性理论、联盟组合理论和生命周期理论，在债权债务关系中，分别立足于债权人的权益视角和上市公司治理的视角展开对债权人治理机制和效应展开研究。在债权人权益保护视角下，梳理和构建了债权人的防御型和协同型两类治理机制。在上市公司治理视角下，探讨债权人在股东与经理人代理冲突中起到的治理作用。因此，在新的理论支撑的基础上，全面考虑债权人权益和上市公司治理的治理目标，进而得出更为全面、准确、科学的债权人治理研究结论。

2. 实践意义

长期以来，负债融资是东西方公司进行资金融通，保障资金实力，调整、优化资本结构的重要途径。负债融资能够提高股东的收益效率，为公司提供税盾效应，改善公司的资本结构，这些因素极大地刺激了股东对债权融资的青睐。另外，作为公司的主要债权人，银行的主要收益

---

① Viral V. Acharya（2011）在分析债权人权利与公司风险承担过程中提出，债权人权利的放大，会为公司引致负面效应，造成公司治理结构失衡。

来源是信贷利差。因此，向公司、企业发放贷款并收取本金成为银行的重要盈利模式。在双方充足的负债融资动机刺激下，大量的负债融资协议被签订。但是，当偿债压力、经营环境、创新能力和核心竞争能力等多重因素使得公司陷入财务风险，或公司在追逐利益最大化的过程中以牺牲债权人利益为基础，使内部人获得更多的私有收益时，债权人会因此而蒙受资产损失。另外，债权人在经济利润最大化的目标追逐下，通常会降低对公司的筛选效率和监督效率，造成信贷业务的盲目性，进一步转化为财务风险和区域性金融危机。然而，债权人行为以及负债融资的特征能够对经理私利行为的选择动机产生影响，其具有提高公司治理质量的优势。因此，如何保护债权人合法权益，并充分发挥债权人对公司治理产生的外部性作用，优化以债权人为代表的外部性治理机制，成为东西方企业共同关注的问题。

1995 年以前，我国商业银行担负着政策性和商业性两种属性的职能，既要在金融市场上摸索盈利经验，又要担负政策性任务。这种双重目标属性极大地降低了商业银行的主动适应能力和创新能力。因而也就无从提起银行自我利益的保护和参与公司治理的动机。《商业银行法》的颁布和实施确立了商业银行自主经营、自负盈亏的独立地位。《贷款通则》、《担保法》、《破产法》等法律法规的确立和执行，代表着以银行为主体的债权人保护的法律环境逐步完善起来。然而，在不良贷款率和不良贷款余额纷纷"双降"的背后，银行固定的盈利模式和负债企业的自利表现仍可能使前者权益受损。并且，在上市公司由行政型治理向经济型治理的转型过程中，充分发挥以外部利益相关者为主体的治理效用，进一步降低经理人自利行为对其他利益主体造成的损害，实现治理质量的全面提高成为公司治理改革的关键。因此，尽快建立一套完善的债权人治理机制，在实现债权人自身权益保护的基础上，通过债权人治理机制来强化、提高上市公司治理效率，实现债权人和上市公司的协同治理是目前亟须解决的问题。本书的研究课题旨在回顾和总结东西方债权人治理研究成果的基础上，借鉴东西方企业债权人治理实践经验，结合中国制度背景与企业实际，对适合中国上市公司的债权人治理机制、模式和效应进行探索与研究，以期为中国上市公司债权人治理研究以及债权人治理制度的设计与改进提供参考。

1.2　研究定位、结构安排与技术路线

1.2.1　研究定位

债权人的类型可以总体上划分为自愿性债权人和非自愿债权人。王远明和唐英（2007）指出，非自愿债权人在其与债务公司所缔结的契约关系中具有被动性和法定性①。非自愿债权人没有对债务公司进行甄别和选择的权利，债务契约形成后再去获得公司基本信息的成本相对较高。同时，非自愿债权人不具备公司经营管理的专业知识。因此，非自愿债权人不具有参与公司治理的能力（王远明、唐英，2007；兰艳泽，2006）②。而自愿性债权人能够在债务契约缔结之前对债务公司相关信息进行搜集整理，并甄选具备高偿债能力的公司，与之形成契约关系。在债务契约形成之后，自愿性能够积极主动地对债务公司进行监督，参与公司治理。自愿性债权人中，资金交易债权人是公司资本的主要提供者。资金交易债权人具有特殊性，资金交易债权与股权无本质区别，可共同归类为资本权。丁广宇（2008）认为，企业是契约的联结，若干独立财产的契约参与者将各自拥有的要素使用权让渡给企业，从而获取相应收益。而债权人让渡的是债权资本，并索取固定利息③。因此，相比于非资金交易性的自愿性债权人，资金交易性债权人更有动力参与公司治理。

资金交易性债权人又可分为银行、商业信用和公司债债权人。一般而言，公司债券能够通过债券市场进行流通，具有流动性高，收益稳定，风险小的特点。但公司债债权人持有的债券规模较小，往往缺乏对

---

① 王远明，唐英. 债权人参与公司治理的主体和形式选择及大会制度 [J]. 求索，2007（1）：117 - 118.

② 兰燕泽. 对我国大债权人介入公司治理的探讨 [J]. 经济经纬，2006（4）：73 - 76.

③ 丁广宇. 论有限责任公司债权人权利的回归——基于相机治理理论的探讨 [J]. 法商研究，2008（2）：87 - 95.

公司经营管理相关信息的关注。而机构贷款人往往具有贷款额度大，流动性低的特点，更具备参与公司治理的动机。银行是我国主要的机构贷款人，其具备监管债务公司和参与公司治理的获取信息的能力和专业能力。德国的全能银行制和日本的主银行制更是体现了以债权人为核心的公司治理体系。可见，机构贷款人比公司债债权人更有能力参与公司治理。相较而言，银行具有较强的信息优势、人才优势对上市公司进行监督和干预，进而克服信息不对称带来的代理问题（戴蒙德，1984）①。再者，银行与上市公司之间所签订的债务契约往往包含全面的限制性条款，对借贷资本的用途、贷款利率、收回时间均作出明确规定，进而能够对上市公司的非效率投资等行为产生影响，产生债权人保护效应（史雷佛，1997）②。另外，在债务契约缔结之前，银行通常会利用较为完备、科学的审核体系，对上市公司进行贷款资质审核、筛选。一方面降低了上市公司向债权人传递风险的可能性，另一方面促使上市公司完善治理，形成治理效应（王贞洁，2011）③。综上，作为重要的融资渠道，银行对上市公司的治理和运作所产生的影响是显著的，选择银行债权人作为本书的研究对象具有实践层面的代表性和理论层面的创新性。本书也将以银行为代表，探索中国上市公司债权人治理机制的运行与治理效应。

1.2.2 结构安排与技术路线

本书主要研究和探索债权人的内源性和外部性治理两类治理模式，主要包括8章内容：

第1章，导论。在阐述债权人治理问题的理论背景和实践背景基础上，指出在该背景下探索和分析债权人治理机制以及治理效应的理论和实践意义，并通过对债权人类型的界定，将本研究定位于银行债权人对

---

① Diamond D.. Financial Intermediation and Delegated Monitoring [J]. Review of Economic Studies, 1984, 51 (3): 393 –414.

② Shleifer A., Vishny R. W.. A Survey of Corporate Governance [J]. Journal of Finance, 1997, 52 (2): 737 –783.

③ 王贞洁. 我国上市公司债权人治理效率——基于内部视角的联立方程研究 [J]. 中国经济问题, 2011 (2): 76 –85.

上市公司治理产生的影响。同时，对本书的逻辑思路、结构安排、研究方法及创新点进行了介绍与阐述。

第2章，文献述评。本书在搜集和梳理国内外债权人治理相关文献基础上，将现有研究划分为债权人与上市公司的互动关系，以及债权人风险评价和权益保护两个维度。在研究和梳理现有文献贡献的基础上，针对其研究不足、研究空白和研究展望，结合我国上市公司治理实践与银企关系的特殊性，提出债权人治理机制应从内源性和外部性两种视角进行考虑和探索，进而为本书的研究奠定基础。

第3章，基于双重视角的债权人治理理论框架。本章以债务代理成本的产生为切入点，分析了债权人风险的形成机理，并在此基础上对债权人治理的动机进行探讨，进一步细分出债权人内源性动机下的风险防御和协同型治理机制以及外部性治理机制，构建了两种视角下的债权人治理理论模型。同时本章对全书的理论基础进行了阐述。

第4章，债权人内源性治理：债权人利益的本位思考。这一章主要在剖析债权人与上市公司两种契约关系的基础上，探索了债权人内源性治理的生成机制，并分析了防御型治理和协同型治理的形成条件、作用过程和治理效应。本章首先对债权人的权利体系进行探讨，并对比研究了不同国家或地区债权人与上市公司之间形成的股权和债权两种契约关系。在两类契约关联模式中，债权人所面临的风险及盈利模式均有所差异。股权连接下的债权人与上市公司实质上为目标函数较为一致的利益联盟，而债权契约连接下，债权人更关注上市公司的盈利能力、偿债能力、财务质量，进而规避风险，实现权益保护。基于联盟组合理论和债权、股权双重契约关系下的银企关系，本章对联盟共赢导向下的债权人协同型治理机制进行了分析；中国的银行债权人与企业之间往往只具备债权关系，因此基于生命周期理论和动态能力理论。本章对债权人在风险规避导向下的动态防御型治理进行了探讨。

第5章，债权人外部性治理：债权人对经理人决策的影响。本章探讨了债权人行为和负债融资特征对上市公司经理人决策产生的影响。在分析外部性理论演进过程的基础上，将外部性划分为效用外部性和过程外部性，并通过利用模型阐述了两类外部性的产生机理。然后，在对经理人效用体系进行剖析的基础上，构建经理人效用一般模型，探讨经理人两类行为决策的影响因素。将债权人外生变量引入经理人效用模型后，对经理人行为均衡进行分析，并在均衡条件下，研究负债规模、利率水平和债权人惩罚机制对经理人私利活动的影响，进而探讨债权人对经理人行为决策产生的外部性约束作用。同时，给予内部治理环境和连锁债权人网络环境充分关注，分析了二者对债权人治理效应产生的影响。

第6章，两类债权人治理机制的实证检验。本章主要运用计量分析的方法，以民营上市公司为样本，对债权人的动态防御型治理与外部性治理机制进行实证检验。通过对民营上市公司生命周期进行系统划分，分别检验了成长期、成熟期和衰退期时，公司长期和短期借款与非效率投资风险的关系，进而考察债权人能否围绕长期和短期借款形成动态防御能力。并且，检验了长期和短期借款对公司代理成本的影响，进而探讨债权人在股东与经理之间第一类委托代理冲突中起到的作用，剖析外部性治理效应的强弱。同时，在建立政治关联指数、两权分离度、网络中心度和结构洞指数的基础上，检验了公司内部治理环境和连锁债权人网络环境对债权人外部性治理效应产生的调节作用。

第7章，中国上市公司债权人治理机制的优化。提出了优化债权人内源性治理和外部性治理机制的政策建议。在内源性治理机制方面，从债权人风险防御和债企联盟组合共赢两个方面探讨了债权人内源性治理机制的优化措施，认为应从二维风险防御体系的建立和长期借款增值的稳健性两个维度提高债权人的抵御财务风险的能力，债权人应增强对企业生命周期的识别，制定差异化的风险防御策略，完善债权人制度和法律保护体系，全面提高风险防御能力。并认为债企联盟组合盈利能力的提升，可以通过债权人的身份转化和中小企业贷款保障体系建设两个途径进行突破。外部性治理方面，认为可以通过债权人会议制度和主办银行制度的完善将债权人外部性治理进行动机内化，提高债权人参与公司治理的主观能动性。同时，应优化债权人治理工具的治理功能，提升利率、债务期限结构、经理人市场和资本结构等治理手段对经理人行为的约束能力，全面促进公司治理水平的提高。

第8章，结论与展望。本章对全书的研究内容、研究过程进行总结，梳理和归纳中国上市公司债权人治理机制和效应研究的主要结论。

同时，指出本研究存在的不足之处和需要进一步研究的方向。

　　本研究的技术路线如图 1 - 2 所示。

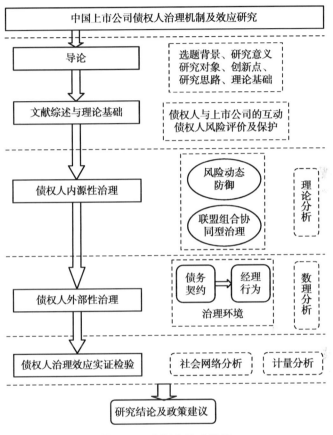

图 1 - 2　本研究技术路线

1.3　研 究 方 法

　　本书主要通过规范分析和实证分析相结合的方法来获取较为全面、客观的研究效果。具体包括质性分析、数理分析、计量分析以及社会网络分析方法。

1. 质性分析

首先，在文章撰写之初，对关于债权人治理以及资本结构治理机制及效应的国内外文献进行了搜集、梳理、分析与归类，对这些文献的理论基础进行归纳与吸收。在结合已有文献的研究空白和中国债权人治理实务的基础上，发现债权人治理机制可以从内源性与外部性两种视角下去进一步挖掘，进而奠定了本书的研究方向。除了利益相关者理论、委托代理理论、激励理论等具有共性的理论基础外，利用生命周期和动态能力理论构建了债权人风险规避动机下的债权人二维动态治理模型，并对动态防御治理效应进行了实证检验。再者运用经济学范畴中的外部性理论阐述了债权人对上市公司经理人行为决策产生的影响，进而折射出外部性治理的治理途径和治理效果。通过理论分析，本书指出债权人外部性治理效应的发挥在一定程度上依赖于其内源性的风险规避动机，进而为逐步推导出债权人与公司治理之间的逻辑关系，细化出本书的研究思路和框架布局，得出客观的研究结论奠定基础。

2. 数理分析

外部性理论属于福利经济学范畴，通过对外部性理论演进路径的跟踪，将外部性理论划分为效用外部性和过程外部性两类，并用数理分析的方法将两类外部性的产生机理进行阐述。在此前提下，为考察经理人行为决策的影响因素，以及不同因素对经理人私利效用的作用过程，构建了经理人的效用模型。通过数理分析，探讨债权人引入的负债规模、利率和惩罚机制对经理人有效价值和私利效用创造活动产生的影响，并在均衡条件下，分析债权人对经理人自利行为产生的约束作用。

3. 计量分析

为了检验、纠正、补充和优化对我国上市公司债权人治理机制和效应的理论分析结果，本书运用经济计量的方法，以民营上市公司经验数据为研究样本，对债权人内源性和外部性治理的效应进行了实证检验，以增强研究结论的稳健性和说服力。结合本书的理论推演和数理分析的结果以及中国债权人治理实务，实证分析过程中，建立了多个经济计量模型，并选取、构建相关变量来反映债权人治理和治理效应。通过运用描述性分析、面板数据分析、层次回归分析等实证研究方法，对假设进行检验，进而实现了对债权人治理效应的定量检验，进一步增加全文针对债权人治理效应研究的稳健性和可靠性。

4. 社会网络分析

运用社会网络分析方法，对连锁债权人网络的形成机理进行阐述，通过对企业网络数据的搜集，分别构建了企业在连锁债权人网络中的中心度和结构洞指数，在刻画企业的外部网络环境的基础上，观测企业对外部信息的获取规模、信息控制能力和融资水平。并结合计量分析，检验结构洞和中心性指数对企业负债融资的影响，以及对债权人治理效应产生的调节作用，进而为全面理解中国本土情境下，非正式制度对债权人治理的影响机制，在丰富债权人治理理论的同时，为债权人治理实务提供依据。

1.4 主要创新点

在核心利益相关者框架内，探索债权人对上市公司治理的作用途径、作用机制和作用效果是一个新的研究课题，这对于防范债权人风险，提高上市公司治理能力和治理质量具有重要意义。本书的主要创新点在于指出了动机分化下中国上市公司的两类债权人治理机制，进而阐述了债权人治理的实质和作用途径。具体而言，本书主要从以下几个方面的创新性成果：

第一，指出债企联盟组合中，存在协同型治理机制，治理目标主要依靠资源配置模式借用、能力学习和资源的网络转移三条途径实现。

债企联盟组合中的正式治理机制包括外部契约治理和内部制度调整。外部契约能够有效地协调债权人和企业的行为规范，促使二者在考虑己方和对方权益的基础上，形成联盟协同。而根据契约约束条件，债权人和企业在各自的制度体系中所作出一系列的制度调整，能够进一步在制度层面上约束自身的行为选择，为联盟的价值创造打下基础。债企联盟组合间的非正式治理机制是指二者共同遵守但尚未例如契约条款中的准则、默契，是一种依靠社会关系、网络等途径来对对方决策进行干预、监督的非正式制度，包含二者之间表达善意、建立信任关系、隐性惩罚等治理方式，是对正式治理机制的重要补充。并且，协同型治理体系中，治理主体能够在债权人和企业间动态转移，具有相机和权变的特征。

第二，指出我国上市公司债权人治理的实质在于风险规避驱动下的内源性治理，提出并构建了债权人二维动态防御治理模型。

公司治理转型过程中，公司治理目标已由股东权益最大化演变为利益相关者的权利均衡。在债务契约关系中，债权人关注的焦点在于借贷资本的保值增值，因此对上市公司的财务风险具有较强的敏感性，风险规避也成为债权人这一重要利益相关者主要的治理动机，同时也契合了中国上市公司核心利益相关者治理框架下实现债权人责、权、利均衡的治理目标。由于在生命周期各阶段内，公司的经营风格、企业规模、投融资行为都会发生变化，所以其带给债权人的风险水平也具有显著差异。基于此，债权人可以通过构建动态防御治理机制来抵御上市公司引致的风险。遗憾的是现有研究常围绕上市公司资本结构与投资行为的关系展开分析，不仅分析框架值得商榷，并且缺乏从动态的视角考察债权人的权益保护机制，造成已有研究结论不足以解释上市公司债权人的防御型治理对非效率投资行为的影响途径和效果。本书立足于生命周期和动态能力理论，分析不同生命阶段中，债权人差异化的防御机制和防御效果，进而对现有理论进行拓展和补充。

第三，提出并构建债权人外部性治理的理论模型，指出债权人为公司引致的负债融资、利率和惩罚机制，能够对经理人产生外部性治理效应。

由于债权人更多的关注企业的偿债能力、盈利能力、财务质量等风险指标，而对企业的治理质量、股东与经理人的代理冲突等治理问题关注不足。尽管缺乏关注动机，债权人实际上能够通过多种途径影响经理人的行为选择，进而对第一类代理冲突产生间接影响，于此便产生债权人的外部性治理效应。本书首先重新界定了外部性的内涵，提出效用外部性和过程外部性两类外部性的概念与形成机理。在此基础上，构建经理人效用模型，并对债权人外生变量与经理人行为选择之间的关系进行数理分析的同时，运用实证分析的方法检验了债权人外部性治理效应的强弱，并发现债务期限结构的是导致不同上市公司债权人外部性治理效应显著差异的重要原因。

第四，构建了公司连锁债权人网络和政治关联指数，指出公司内部治理环境与连锁债权人网络位置是影响债权人外部性治理效应的重要因素。

本书对债权人外部性治理过程中的情境因素给予充分关注，通过构建上市公司的政治关联指数与两权分离度，对公司的内部治理环境进行刻画，发现随着政治关联指数的升高，短期借款对代理成本的抑制作用降低，而长期借款对代理成本的促进作用增强。两权分离度也具有同性质的调节作用。再者，本书构建了连锁债权人网络，并对企业在连锁债权人网络中的中心度和结构洞指数进行获取，发现二者对负债的治理作用同样具有调节效应。说明环境因素可以影响企业的资源获取能力、获取水平或经理人行为选择的自由度，进而通过降低企业对原始债权人的依赖水平等途径，影响债权人外部性效用的发挥。证明了债权人外部性治理作用具有情境限制性，容易受到环境因素的干扰，应内化债权人外部性治理动机，提高债权人参与公司治理的主动性。

第2章

文 献 综 述

在搜集和整理与债权人治理相关的国内外文献基础上，本章对现有针对债权人治理的研究划分为"债权人与上市公司的互动关系"以及"债权人风险评价与保护"两个研究维度。从债权人与上市公司投融资决策、债权人与上市公司能力特征、债权人风险形成及评价等几个方面对已有文献进行阐述与分析，并在最后提出现有研究的空白和局限之处，以及本书的研究方向。

2.1 债权人与上市公司的互动关系

2.1.1 债权人行为与上市公司投融资决策

资源依赖理论的核心假设是没有一个组织能够对所有必需的资源自给自足，必须通过从环境中获取资源以求得生存。在资源依赖理论的主导下，组织为了生存或发展，需要不断地与外界环境进行资源交换，进而从外部环境中的其他组织获取互补性资源（毕海德，1994）[①]。因此，面对不断变化的外部环境，组织倾向于建立组织间的关系来保持获取资

---

① Bhide A. . How Entrepreneurs Craft Strategies that Work [J]. Harvard Business Review, 1994, 73 (2): 150 – 161.

源的及时性和稳定性（蒂斯，2007）[①]，并将这种关系作为应对动态变化环境的战略反应（文芳，2009）[②]。资金资源是支持企业发展和成长的重要资源。因此作为资金提供者，银行债权人往往能够成为上市公司所依赖的重要合作伙伴。同时，债权人与上市公司的信贷配给、贷款规模等行为选择也会通过二者之间的贷款契约对彼此产生影响。债权人贷款供给行为以及监督干预行为将直接对上市公司融资方向、融资成本、融资水平以及投资水平和投资质量产生刺激或约束效应。同样，上市公司的资金运营能力及投资风险水平将直接对债权人借贷资本的盈利性和安全性产生作用。因此通过影响上市公司投融资活动来优化公司决策行为，是债权人规避风险，提高盈利能力的重要渠道，债权人行为与上市公司投融资决策的关系也受到广大学者的关注。

由于上市公司风险承担行为受到偿债期限、偿债水平等因素的限制，因此，上市公司风险承担行为的可控性是债权人实现权益保护的重要突破口。债权人可以通过信贷供给水平、利率、债务契约规制等途径，减弱上市公司风险投资动机。詹斯（2011）对债务代理成本模型进行设计，对上市公司所有权结构、债券市场规制和公司风险承担动机进行研究。运用 1995～2005 年面板数据分析后，詹斯认为债权人对上市公司风险承担有显著约束效应，表明债权人参与上市公司治理的有效性[③]。基于委托代理视角，格雷格（2009）认为在信息不对称前提下，认为债权人与债务人之间的代理冲突不能通过谈判解决时，利益冲突将对公司投资决策产生显著影响。32% 的债务契约对公司的资本支出方向作出了详细规定，尤其是公司信用质量恶化时，债权人更倾向于对公司进行强制性的资本输出约束，以降低财务风险，提升市场价值[④]。马克西梅等（2012）对 523 家哥伦比亚的民营企业面板数据进行分析，发现风险和接管防御是影响企业资本结构的重要因素，财务风险使得企业倾

① Teece D. J.. Explicating Dynamic Capabilities: The Nature and Microfoundations of (Sustainable) Enterprise Performance [J]. Strategic Management Journal, 2007 (28): 1319 – 1350.

② 文芳. 企业生命周期对 R&D 影响的实证研究 [J]. 经济纬经, 2009 (6): 86 – 89.

③ Jens Forsseback. Ownership structure, market discipline, and banks' risk-taking incentives under deposit insurance [J]. Journal of Banking & Finance, 2011 (35): 2666 – 2678.

④ Greg Nini, David C. Smith, Amir Sufi. Creditor control rights and firm investment policy [J]. Journal of Financial Economics, 2009 (92): 400 – 420.

向于降低负债水平，而负债带来的接管防御效应却增加了企业的负债动机①。格瑞等（2012）将债权人划分为内部债权人和外部债权人，分析了持有债券的 CEO（内部债权人）与公司投资活动以及财务政策的关系。研究结果显示，CEO 持有的债券数量与投资回报率、研发投入和财务杠杆表现出负相关关系，而与战略多元化程度、资产流动性表现出正相关关系，进而表明了 CEO 持有债券能够降低公司投资和融资决策的风险程度②。穆罕穆德和莎布利（2012）同样证实了 CEO 持有债券能够降低公司的风险投资水平③。托马斯（2013）以德国民营公司经验数据为样本，探讨了公司股东资本结构决策的动机，研究发现民营公司对于债权融资的依赖性低于其他类型公司，原因在于民营公司的股东进行资本结构设计的动因在于巩固公司的控制权，而对负债融资的依赖程度取决于债权人监督效应的强弱④。而基于内生性视角，也有学者认为董事会多元化一方面降低了公司的风险投资水平，另一方面增加了财务信息的透明性，进而保障了债权人合法权益⑤。

依据债务期限结构理论（詹森，1976），公司决策行为能够对不同期限的负债能够产生不同的响应系数，表明了长期负债和短期负债对公司的经营管理行为以及债权人风险水平产生的影响具有差异性⑥。史密斯和沃默尔（1979）指出，债务契约的期限结构可以降低投资者利益受损的可能性⑦。公司从投资活动中获取现金净流量类似于公司利用看

① Maximiliano González, Alexander Guzmán, Carlos Pombo, María-Andrea Trujillo. Family firms and debt: Risk aversion versus risk of losing control [J]. Journal of Business Research, 2012, working paper.

② Cory A. Cassell, Shawn X et. a. Seeking safety: The relation between CEO inside debt holdings and the riskiness of firm investment and financial policies [J]. Journal of Financial Economics, 2012, 103（3）: 588 – 610.

③ Mohamed Belkhir, Sabri Boubaker. CEO Inside Debt and Hedging Decisions: Lessons from the U. S. Banking Industry [J]. Journal of International Financial Markets, 2012, Working paper.

④ Thomas Schmid. Control considerations, creditor monitoring, and the capital structure of family firms [J]. Journal of Banking & Finance, 2013, 37（2）: 257 – 272.

⑤ Dong Chen. Classified boards, the cost of debt, and firm performance [J]. Journal of Banking & Finance, 2012, 36（12）: 3346 – 3365.

⑥ Jensen M, Meckling W.. Theory of The Firm: Managerial Behavior, Agency Costs, And Ownership Structure [J]. Journal of Financial Economics, 1976（3）: 305 – 360.

⑦ Smith C. W., Warner J. B.. On financial contracting: an analysis of bond covenants [J]. Journal of financial economics, 1979（7）: 117 – 161.

涨期权获取收益（米耶斯，1977）①。公司需要在期权的期限内进行融资，如果负债期限较短，并且需在看涨期权到期之前清偿，看涨期权和短期负债的时间限制性能够给债权人和债务公司带来债务重新安排的机会。基于公司信誉和连续贷款的可能性，公司股东将债权人的还本付息视为获得期权优势的必要条件，进而会做出有利于债权人的管理决策，降低投资不足的风险。哈特和摩尔同样认为短期债务能够迫使公司的经营管理者"吐出现金"，将用于非赢利的"帝国建造"的资金用于良性投资（哈特等1995）②。再者，相比于长期负债，短期负债还本付息的压力对提高经理人员自由现金流的使用效率更具有激励效应（詹森，1986）③，因而短期负债融资能够有效抑制经营管理者的过度投资动机。同时短期债权融资带来的财务风险和破产风险更高，能够更为有效地约束管理层在职消费等资源配置效率较低的管理行为，使得管理层更有压力努力工作，做出最优的财务决策。因此为缓解股东与债权人的冲突，公司应发行更多的短期债务，降低代理成本（巴尼亚等，1981）④。基于自由现金流理论，伯特兰德（2011）从债务期限的角度分析了短期债务与公司风险投资行为的关系⑤。徐向艺（2008）等国内学者同样发现，短期负债对经营管理人员能够产生比长期负债更强的约束和激励作用⑥。同时，短期债务使得债权人能够付出最低的成本对债务公司进行有效监督（文顿等1995）⑦，是监督"内部人"机会主义的有力工具

① Myers S. . Determinants of corporate borrowing [J]. Journal of financial economics, 1977, 5 (2): 147－76.

② Hart O., Moore J. . Debt And Seniority: All Analysis Of Hard Claims In Constraining Management [J]. American Economic Review, 1995 (85): 567－587.

③ Jensen M. C. . Agency costs of free cash flow, corporate finance and takeovers [J]. American economic review, 1986 (76): 323－329.

④ Barnea A., Haugen, R., Senbet, L. W. . An Equilibrium Analysis of Debt Financing Under Costly Tax Arbitrage And Agency Problems [J], Journal Of Finance 1981 (36): 569－581.

⑤ Bertrand Djembissi. Excessive risk taking and the maturity structure of debt Original Research Article [J]. Journal of Economic Dynamics and Control, 2011, 35 (10): 1800－1816.

⑥ 徐向艺，李鑫. 自由现金流、负债融资与企业过度投资——基于中国上市公司的实证研究 [J]. 软科学, 2008 (7): 124－139.

⑦ Rajan R., Winton, A. . Covenants And Collateral As Incentives To Monitor [J]. Journal of Finance, 1995 (50): 1113－1146.

（舒尔茨，1990）①。

债权人间信息共享以及信贷供给规模能够对上市公司的融资行为和融资成本产生影响。迫于债权人与上市公司间信息不对称，债权人之间的信息共享成为债权人决策重要依据。有学者以100强跨国银行数据为样本，对信息成本与债务报告系统对跨国银行扩张方向的影响进行研究，结果表明，银行更倾向于向有私人贷款机构和债务报告系统较为完备的国家扩张②。即债权人决策对债务人信息质量具有强烈的依存性。纳嘉斯（2010）选取跨国公司为研究样本，认为当公司存在利益挖掘风险并且债权人保护程度比较差时，债务契约对于与债权融资成本具有负相关关系③。同样，债权人间信息共享程度会对融资成本和负债融资水平产生影响。

公司管理水平、治理结构、地理位置等因素同样能够作用于债权融资水平和融资成本。穆罕默德（2013）同样立足于内生视角，探讨公司管理质量与负债融资成本的关系，研究发现当公司管理水平较高时，负债融资成本越低。但具有低负债融资成本的公司中，债权人的监督力度和契约限制性均没有显著提高，进而表明了当缔结债务契约时，银行会将公司的管理质量作为债务定价和契约设计的重要因素④。同样立足于内生视角，菲尔兹等（2012）认为董事会质量能够影响公司的负债融资，董事会质量越高，公司的负债融资成本越低，当控制公司所有权性质、CEO薪酬、公司规模和财务特征变量后，二者之间的关系仍具有显著性。并且当公司拥有高质量的董事会时，债务契约的限制性相应较低。当公司董事会规模、独立性、多元化和低国有产权时，负

① Stulz R. Managerial discretion and optimal financing policies [J]. Journal of financial economics, 1990, 26 (1): 3–27.

② Hsiangping Tsai, Yuanchen Chang, Pei–Hsin Hsiao. What drives foreign expansion of the top 100 multinational banks? The role of the credit reporting system [J]. Journal of Banking& Finance, 2011 (35): 588–605.

③ Narjess Boubakri, Hatem Ghouma. Control/ ownership structure, creditor rights protection, and the cost of debt financing: International evidence [J]. Journal of Banking & Finance, 2010 (34): 2481–2499.

④ Mohammad M. Rahaman, Ashraf Al Zaman. Management quality and the cost of debt: Does management matter to lenders? [J]. Journal of Banking & Finance, 2013, 37 (3): 854–874.

债规模较高①，而德克等（2012）发现公司控制权结构与负债规模具有显著关系。跨国公司中，当母公司对子公司的控股比例较低时，子公司的负债规模较高②。就区域位置而言，马特奥和米歇尔（2012）的研究发现公司负债同样跟公司的地理位置有关，处于城郊区域的公司负债利率高于处于城市中的公司③。马丁（2009）分析了苏联和东欧国家中，银行间信息共享对债券市场绩效的影响。研究结果显示，信息共享程度能够促进公司债券融资，降低债务成本。同时还指出，信息共享程度与负债融资的关系受到债权人法律保护环境的调节影响④。菲利浦（2012）认为，公司产品市场的竞争性与负债融资成本有关，当公司产品市场竞争越激烈，融资成本越高。进而从产品市场的角度得出银行的贷款定价机制，考虑到公司风险水平因素的研究结论⑤。在上市公司内生视角下，以资本结构作为研究对象，弗莱德里克（2011）通过实证研究指出，股权融资能够对债权融资产生影响，公司发行股票有利于增加债权融资的使用弹性⑥。这一结论提出了债权融资影响因素的内生性视角，开拓了基于上市公司内部因素的债权融资的新研究方向。债权人之间的信息共享除对上市公司投融资行为产生影响外，信息共享还有利于帮助债权人实现信贷供给的事前筛选效率的提升。马丁（2010）通过构建系统模型，阐述了证券市场信息不对称程度和竞争强度对债权人之间资源性信息共享的影响机制，并指出信息共享能够帮助债权人识别优质和劣质债务人，进而有利于债权人进行风险规避⑦。

① L. Paige Fields, Donald R. Fraser, Avanidhar Subrahmanyam. Board quality and the cost of debt capital: The case of bank loans [J]. Journal of Banking & Finance, 2012, 36 (5): 1536 –1547.

② Dirk Schindler, Guttorm Schjelderup, Debt shifting and ownership structure [J]. European Economic Review, 2012, 56 (4): 635 –647.

③ Matteo P., Arena, Michaël Dewally. Firm location and corporate debt [J]. Journal of Banking & Finance, 2012, 36 (4): 1079 –1092.

④ Martin Browna, Tullio Jappelli, Marco Paganob. Information sharing and credit: Firm-level evidence from transition countries [J]. J. Finan. Intermediation, 2009 (18): 151 –172.

⑤ Philip Valta. Competition and the cost of debt [J]. Journal of Financial Economics, 2012, 105 (3): 661 –682.

⑥ Frederiek Schoubben, Cynthia Van Hulle. Stock listing and financial flexibility [J]. Journal of Business Research, 2011 (64): 483 –489.

⑦ Martin Brown, Christian Zehnder. The emergence of information sharing in credit markets [J]. J. Finan. Intermediation. 2010 (19): 255 –278.

2.1.2 债权人行为与上市公司能力特征

在债权人行为与上市公司能力特征的分析框架中，大量国内外学者围绕债权人贷款行为的影响因素，及其对上市公司盈利能力、成长能力及治理特征等方面产生的影响展开研究。出于金融危机的经验借鉴和国家宏观调控的结果，上市公司信贷配额的出现，标志着信贷市场供不应求的局面已经对上市公司的资源集聚、公司成长和绩效的改善产生显著作用。康斯坦提诺斯（2011）以东欧转型国家公司数据为样本，探索了信贷配额的决定因素，研究指出信贷配额与公司规模、盈利能力、销售扩张、所有权类型、区域异质性和国内信贷水平有关[①]。史黛拉（2011）以非洲的公司为样本，提出在新兴经济体中，负债融资的持久性受到公司的治理结构、管理水平等因素的影响，进而在内生视角下补充了债权人治理的研究范畴[②]。蔡洁等（2011）研究发现公司财务杠杆与公司股价具有显著的负向变动关系，随着负债比例的增加，公司破产概率、财务限制性以及未来投资水平均会降低[③]。丹尼斯（2013）以金融危机时期的俄国公司经验数据为样本，探讨了负债融资来源与公司绩效之间的关系。研究表明依靠银行借款融资的公司绩效，远远优于发行公共债券的公司绩效。说明金融危机时期，银行借款比公司债债券更有具价值[④]。非利浦（2011）通过选取2004年1月至2006年9月间65535家中小公司向一家大型巴西银行的贷款申请为研究样本，对贷款决策进行分析。结果显示大部分公司面临的贷款定额配给问题，主要原因在于

① Konstantinos Drakos, Nicholas Giannakopoulos On the determinants of credit rationing: Firm-level evidence from transition countries [J]. Journal of International Money and Finance, 2011 (30): 1773 –1790.

② Stella Muhanji, Kalu Ojah. Management and sustainability of external debt: A focus on the emerging economies of Africa [J]. Review of Development Finance, 2011, 1 (3): 184 –206.

③ Jie Cai, Zhe Zhang. Leverage change, debt overhang, and stock prices [J]. Journal of Corporate Finance, 2011, 17 (3): 391 –402.

④ Denis Davydov, Sami Vähämaa. Debt Source Choices and Stock Market Performance of Russian Firms during the Financial Crisis [J]. Emerging Markets Review, 2013, working paper.

信息不对称带来的成本、抵押物依存性和限制性①。穆罕默德（2011）对信贷配额与公司资本积聚的关系展开研究，信贷配额随着资本的不断积聚和代理成本的减少而减少。该结果在进一步验证信贷配额影响因素的同时，指出信贷配额与公司规模的影响关系②。

在此基础上，拉尔（2011）探索了信贷配额对上市公司出口的影响。通过分析意大利制造业公司数据，选取生产能力和公司属性为控制变量，基于信贷配额的内生属性，拉尔提出信贷配额的公司出口可能性降低39%，出口总量降低38%。可见信贷配额抑制了上市公司国外市场的扩张，并对高科技工业和对外依存度较高的企业成长产生了阻碍③。泽婕拉（2010）运用面板数据模型分析了西班牙上市公司成长机会与负债之间的关系。研究结果表明成长机会与负债之间表现出三次方曲线关系。当公司成长机会较少或较多时，成长机会与负债之间存在正相关关系；当成长机会适中时，二者呈负相关关系④。成长机会与负债之间的关系，受到资本结构决策中众多因素的影响。当高成长机会存在时，债权人能够将其识别；当成长机会较低时，负债能够有效约束经理人行为。尼古拉斯（2010）分析了信贷配额与社会失业的关系，指出信贷配额以及债券市场缺陷能够同时对失业水平和失业的持续性产生影响。可见信贷配额虽然在遏制宏观经济危机，避免金融效率低下等方面产生积极作用，但是信贷配额下的债务融资约束在一定程度上抑制了公司发展和成长⑤。

有学者认为当企业陷入财务危机时，银企之间的私人关系能够帮助

① Felipe Zambaldi, Francisco Aranha, Hedibert Lopes, Ricardo Politi. Credit granting to small firms: A Brazilian case [J]. Journal of Business Research, 2011 (64): 309–315.

② Mahmoud Sami Nabi, Mohamed Osman Suliman. Credit rationing, interest rates and capital accumulation [J]. Economic Modelling, 2011 (28): 2719–2729.

③ Raoul Minetti, Susan Chun Zhu. Credit constraints and firm export: Microeconomic evidence from Italy [J]. Journal of International Economics, 2011 (83): 109–125.

④ Zélia Serrasqueiro, Paulo Maçãs Nunes. Non-linear relationships between growth opportunities and debt: Evidence from quoted Portuguese companies [J]. Journal of Business Research, 2010 (63): 870–878.

⑤ Nicolas L. Dromel, Elie Kolakez b, Etienne Lehmann. Credit constraints and the persistence of unemployment [J]. Labour Economics, 2010 (17): 823–834.

企业获得债务展期的机会①。詹斯和艾莉佛（2013）探讨了债权人对公司并购决策的影响，其利用美国公司经验数据发现，当公司董事会中由债权人成员时（Creditor – Director），公司的并购决策与低水平的股权价值和高水平的债权价值相关，进一步说明股东与债权人之间的目标冲突会导致并购后的公司价值损失②。

宏观视角下，债券市场竞争程度、市场状况均会对债权融资成本、融资规模和信用利差产生影响，进而对上市公司治理产生作用。特拉根（2010）实证研究了市场和违约风险的交互作用对信用利差的影响，运用信用违约掉期理论，研究发现信用利差随着 GDP 的升高而降低，但是随着 GDP 和股票市场的波动而增长③。在市场层面，投资者情绪是决定信用利差的重要因素。公司层面，现金流量随着市场条件的变化而变化，信用利差随着现金流量的波动而增加。同时，他指出隐含波动率是决定公司违约风险的重要因素。信用利差在较大程度上导致了违约风险，宏观经济变量对违约风险解释程度较小。卡尔（2010）指出通过研究商业信用与供应商的市场结构，指出市场竞争与商业信用之间存在倒 U 型关系④。另外，外国直接投资（FDI）与外资银行的进入对我国本土债权人的信贷供给等行为能够产生显著影响。林慧丹（2011）分析了国外银行进入对中国本土公司对银行贷款的影响。外国银行进入后，盈利性公司更倾向于选择长期贷款。民营公司可以通过长期银行贷款替代商业信用。信息不对称程度较低的公司以及民营公司能够从外资银行补充活力⑤。杰洛米（2009）选取 1300 家国内公司 2000 年至 2002 年的数据作为样本，对外国直接投资与债务约束的关系展开研究。研究

① Jiang – Chuan Huang, Chin – Sheng Huang. The effects of bank relationships on firm private debt restructuring: Evidence from an emerging market [J]. Research in International Business and Finance, 2011, 25 (1): 113 – 125.

② Jens Hilscher, ElifŞişli-Ciamarra. Conflicts of interest on corporate boards: The effect of creditor-directors on acquisitions [J]. Journal of Corporate Finance, 2013, 19 (2): 140 – 158.

③ Dragon Yongjun Tang, Hong Yan. Market conditions, default risk and credit spreads [J]. Journal of Banking & Finance, 2010 (34): 743 – 753.

④ Kyle Hyndman, Giovanni Serio. Competition and inter-firm credit: Theory and evidence from firm-level data in Indonesia [J]. Journal of Development Economics, 2010 (93): 83 – 108.

⑤ Huidan Lin. Foreign bank entry and firms' access to bank credit: Evidence from China [J]. Journal of Banking& Finance, 2011 (35): 1000 – 1010.

结果显示，与国外公司建立跨境关系能够帮助国内民营公司克服融资和法律障碍①。

债权人治理对上市公司治理特征的影响研究多见于国内。众多学者探索了负债融资相关变量对公司财务绩效、治理效应、大股东侵占等状态变量之间的相关关系。杨棉之、张中瑞（2011）选取资产负债率和长期负债比例作为衡量债权治理机制的代理变量，探索了债权治理对公司绩效的影响，并给出我国债权人治理效率较低，应适当增加负债比例，优化资本结构等结论②。黄文青（2010）以主营业务利润率作为衡量治理效应的指标，探讨了负债总体水平、债务期限结构和债权人性质对公司治理效应的影响③。尽管同样得出资产负债率的治理效用弱化的结论，但是长期借款和公司债券表现出较强的治理效应。除针对债权治理与总体治理效应的相关研究外，其对公司专项治理的效应研究中，银行借款和短期借款对大股东的侵占行为表现出显著的抑制效应（雒敏，2011）④。在控股股东性质的调节作用下，债权人对民营上市公司的大股东侵占抑制更为显著。表明债权人对我国上市公司中的专项治理具有明显效果。

2.2 债权人风险及保护

2.2.1 债权人风险形成机理及其评价

委托代理理论是债权人风险研究的重要理论基础。在信息不对称条

---

① Jerome Hericourt, Sandra Poncet. FDI and credit constraints: Firm-level evidence from China [J]. Economy Systems, 2009 (33): 1 – 21.

② 杨棉之，张中瑞. 上市公司债权治理对公司绩效的实证研究 [J]. 经济问题, 2011 (3): 57 – 60.

③ 黄文青. 债权融资结构与公司治理效率——来自中国上市公司的经验证据 [J]. 财经理论与实践, 2011 (2): 46 – 50.

④ 雒敏. 国家控制，债务融资与大股东利益侵占——基于沪深两市上市公司的经验证据 [J]. 山西财经大学学报, 2011 (3): 107 – 115.

件下，公司决策者（代理人）很有可能在自利动机的影响下作出损害债权人权益的决策，进而形成代理冲突，为债权人带来风险。詹森和麦克林（1976）提出债权人在为债务公司提供贷款的过程中，将会面临资产替代的可能性①。贷款发放后，债务资本的使用权便过渡到债务人手中。在契约履行过程中，债务人比债权人拥有更强的信息优势和支配权对债务资本进行控制。作为外部人，债权人不可能对公司事务进行全过程监督。基于信息不对称和对利益的最大化追逐，风险偏好型的公司股东通常会将资金注入到高风险的项目中。项目一旦成功，剩余收益将大部分由股东获得，而债权人只获得固定的本息和，同时债权人要承担由项目失败带来的巨大财务风险。因此股东和管理层存在通过资本替代风险伤害债权人利益的可能性（史密斯、沃默尔，1979）②。江伟和沈艺峰（2005）从负债代理成本的角度，考察了在我国对债权人保护较弱的情况下，控制上市公司的大股东利用资产替代来侵害债权人利益的行为，指出公司的投资机会的增加能够对股东资产替代行为产生影响，进而损害债权人利益③。童盼和陆正飞（2005）指出债权融资带来的股东与债权人之间的冲突，能够引起股东和经理层的资产替代和投资不足行为④。因此，股东和经理层的资产替代行为能够为债权人带来风险与收益的不匹配，降低了公司的资源配置效率，对债权人利益产生严重损害（理查德森，2006）⑤。

利润分配顺序决定了债权人在公司利润分配上具有获得本息的优先权。当一个投资项目的净现值等于或者小于债务资本成本时，项目带来的收益将用来全部支付债权人本息，股东报酬率为零。因此，股东有足够的动机放弃净现值等于或者小于债务资本成本的项目，造成投资不足

① Jensen M, Meckling W.. Theory of The Firm: Managerial Behavior, Agency Costs, And Ownership Structure [J]. Journal of Financial Economics, 1976 (3): 305-360.

② Smith C. W., Warner J. B.. On financial contracting: an analysis of bond covenants [J]. Journal of financial economics, 1979 (7): 117-161.

③ 江伟，沈艺峰. 大股东控制、资产替代与债权人保护 [J]. 财经研究, 2005 (12): 95-106.

④ 童盼，陆正飞. 负债融资、负债来源与企业投资行为——来自中国上市公司的经验证据 [J]. 经济研究, 2005 (5): 75-84.

⑤ Richardson S.. Over Investment Of Free Cash Flow. Review Of Accounting Studies, 2006 (11): 159-189.

的局面（米耶斯，1977）。相比于负债水平较低的公司，高水平负债公司更倾向于放弃有正的净现值的投资项目。即负债水平越高，越有可能放弃有利的成长机会，负债水平的提高导致了公司的投资不足。投资不足降低了债务人的偿债能力，增加了债权人蒙受财务风险的可能性。如果未来成长机会和具有净现值的投资项目能够被识别，公司可以近期调整资本结构，降低负债水平，抑制投资不足问题，进而获得较高的成长性。但是，只要控制链条足够长，控制性股东便可以以最小的投入获得较大的公司控制权，进而获得控制权收益的同时只承担较少的损失（米耶斯，1977）①。大股东的"掏空"行为在信息不对称条件下加剧了大股东与中小股东及其他利益相关者的利益冲突（约翰逊，1993）②。自从2008年次级贷款危机引发金融海啸以来，国外学者针对债权人财务风险评价问题展开一系列研究，研究目标基本立足于寻求全面、科学的评价方法，对债权人所承担的风险进行准确、客观评价。模型开发与评价方法创新是债权人风险评价相关研究的重要课题。安德娜（2011）成功地开发了基于神经网络的信贷风险评价模型③。周晓飞（2010）利用最近子空间方法对债务风险评价模型进行了建立和开发。有学者针对银行债务风险特点，开发了银行债务风险集中度分配模型，该模型的设计能够决定银行分支机构信用风险分配情况和集中程度④。有学者通过引入了"违约距离"概念，将违约可能性进行定量化，针对上市公司资本结构和信用评级机构风险识别两个重要组成部分进行了债务风险迁移的结构方程模型开发⑤。安丹娜（2010）在差异性神经元模型和学习

① Myers S. . Determinants of corporate borrowing [J]. Journal of financial economics，1977，5 (2)：147 - 76.

② Johnson J. , Sakano, T. , Cote, J. , The Exercise Of Inter-Firm Power And Its Respercussions In U. S. - Japanese Channel Relationships [J]. Journal Of Marketing, 1993, 57 (2): 1 - 10.

③ Adnan Khashman. Credit risk evaluation using neural networks：Emotional versus conventional models [J]. Applied Soft Computing, 2011 (11)：5477 - 5484.

④ Yusuf Tansel. Development of a credit limit allocation model for banks using an integrated Fuzzy TOPSIS and linear programming [J]. Expert Systems with Applications, 2011, working paper.

⑤ Ngai Hang Chana, Hoi Ying Wonga, Jing Zhaob. Structural model of credit migration [J]. Computational Statistics and Data Analysis, 2012, working paper.

机制的基础上，对债务风险进行了神经网络模型的设计和开发①。葛娜尔（2011）利用神经网络评价模型对土耳其的中小上市公司债权人风险进行了系统评价②。此外，针对债权分风险评价的模型开发还包括多分类器结构模型（史蒂芬，2011）③、支持向量机模型（王刚，2011）④等。债权人风险评价模型的开发为客观评价债权人风险水平提供了良好的系统工具，有利于其检测自身风险，及时对上市公司决策行为作出有效回应，避免自身利益受损。但评价模型种类繁多，指标选择标准具有差异性，因而单一风险评价模型的普适性有待进一步考察和系统分析。即代理问题和信息不对称问题能够为债务风险评价带来偏差⑤。

2.2.2 债务契约中的债权人保护

由于地域、国家间法律环境、制度环境和经济环境的差异性，债权人受法律保护程度也相互有别。债权人保护程度比较高的国家或地区，债权人在与上市公司进行债务契约缔结、资本运营监督、破产清算话语权等方面具备相当优势，因此债权人法律保护程度应与其议价能力具备同向变动关系。同样在法律环境异质性影响下，不同国家或地区对债权人所赋有的权力范围也各不相同。权力范围较宽的债权人能够通过参与上市公司治理，实现债务资本的增值，保障自身权益不受侵害，而债权人权力较小的国家或地区，其蒙受财务风险的概率相对较大，自身利益无法保障。同理，债务定价能力同样可以反映出债权人才与公司治理的

---

① Adnan Khashman. Neural networks for credit risk evaluation: Investigation of different neural models and learning schemes [J]. Expert Systems with Applications, 2010 (37): 6233 – 6239.

② Gulnur Derelioglu, Fikret Gurgen. Knowledge discovery using neural approach for SME's credit risk analysis problem in Turkey [J]. Expert Systems with Applications, 2011 (38): 9313 – 9318.

③ Steven Finlay. Multiple classifier architectures and their application to credit risk assessment [J]. European Journal of Operational Research, 2011 (210): 368 – 378.

④ Gang Wang, Jian Ma. A hybrid ensemble approach for enterprise credit risk assessment based on Support Vector Machine [J]. Expert Systems With Applications, 2011, working paper.

⑤ Hsien-Hsing Liao, Tsung-Kang Chen, Chia-Wu Lu. Bank credit risk and structural credit models: Agency and information asymmetry perspectives [J]. Journal of Banking & Finance, 2009 (33): 1520 – 1530.

动机强弱。

维拉尔（2011）分析了多个国家债权人权利保障程度和公司风险投资行为的关系，认为债权人保护程度越高，公司风险投资行为越少，两者的负相关关系再次印证了债权人治理的合理性。但维拉尔同时指出，过强的债权人保护能够引致上市公司负面效应，遗憾的是负面效应的具体表现形式尚不明显①。然而，债权人权利保障与上市公司风险承担的关系受到部分学者质疑，乔（2010）在针对二者关系的研究中引入信息共享变量，发现债权人保护程度与银行的风险承担行为具有正相关关系，同时债权人权利保护促进了公司成长性，债权人之间的信息共享同样对银行收益水平具有促进作用，但对公司财务风险和金融风险具有抑制效应②。当公司经历投资不足风险时，债权人授权下的公司债务重组行为同样会对公司成长机会、财务杠杆效应产生消极影响。可见债权人与公司谈判的议价能力能够充分决定债权人控制权大小进而影响公司投资决策。

巴萨克和莫妮卡（2011）探讨了跨国公司中债权人权利与最优负债结构的关系。研究结果显示，债权人受保护程度较高或较低时，负债结构的集中程度越高。当债权人权利水平适中时，集中型的负债结构能够有效抑制对于经理人"帝国建造"的动机公司③。詹宁（2009）选取西欧 12 家公司为研究样本，对样本公司终极控制权及投资者保护与公司价值的关系展开研究。研究结果显示，公司倾向于调整终极控制权结构以规避由低投资者法律保护带来的价值降低的风险。可见投资者保护程度与上市公司价值之间具有正相关关系④。保罗（2009）选取了 52 个国家中的 12 万家公司作为研究样本，对债权人保护程度与股利政策、债务融资成本的关系展开研究。研究发现，在缺乏债权人保护的国家，

---

① Viral V. Acharya, Yakov Amihud, Lubomir Litov. Creditor rights and corporate risk-taking [J]. Journal of Financial Economics, 2011 (102): 150 – 166.

② Joel F. Houston, Chen Lin, Ping Lin, Yue Ma. Creditor rights, information sharing, and bank risk taking [J]. Journal of Financial Economics, 2010 (96): 485 – 512. ''

③ Basak Akbel; Monika Schnitzer. Creditor rights and debt allocation within multinationals [J]. Journal of Banking & Finance, 2011, 35 (6): 1367 – 1379.

④ Jannine Poletti Hughes. Corporate value, ultimate control and law protection for investors in Western Europe [J]. Management Accounting Research, 2009 (20): 41 – 52.

股利支付水平和可能性均较低。债权人权利指数从高到底的减小过程中，股利发放可能性降低了40%，股利发放比例降低了60%。相较于股权代理成本，债权代理成本在决定股利发放政策上扮演着更重要的角色。除了在企业破产时发挥作用以外，债权人在公司决策制定过程中发挥了重要作用①。而朱莉（2012）利用35个国家的公司数据，分析了债权人权力、股东权力以及公司的股利政策之间的关系。研究结果显示，债权人权力、股东权力以及公司的股利政策均能够显著影响股利分配的可能性和分配额度，但债权人权力的影响最显著。债权人权力越大，股利分红数额越大②。有学者利用5个南美国家中359个非金融公司的面板数据探讨了区域金融发展水平和制度环境与公司债务期限的关系。研究结论指出区域金融发展水平与债务期限无显著关系，但制度环境却对债务期限具有显著影响③。就国别差异而言，郑晓兰等（2012）研究发现国家之间的文化差异是影响公司负债规模的重要因素，认为推行集体主义、权力距离较高、尚行男权主义的国家中，公司更倾向于短期借款。研究结果，阐释了文化差异是国家之间公司负债期限不同的因素之一④。另外，克劳迪娅等（2012）指出从1976到2008年间，美国公司长于3年的债务从53%衰减至6%，债务期限结构向短期债务偏移的原因，在于严重的信息不对称和股权融资比例的提高⑤。

麦克斯（2010）基于债务清偿权对债务定价结构方程模型进行了开发，对违约和清算时间、最优资本结构和资本收益率的影响进行定量评估。研究指出，若股东较早地违约决定，能够引致债权人较早地做出

① Paul Brockman, Emre Unlu. Dividend policy, creditor rights, and the agency costs of debt [J]. Journal of Financial Economics, 2009 (92)：276 - 299.

② Julie Byrne, Thomas O'Connor. Creditor rights and the outcome model of dividends [J]. The Quarterly Review of Economics and Finance, 2012, 52 (2)：227 - 242.

③ Guilherme Kirch, Paulo Renato, Soares Terra. Determinants of corporate debt maturity in South America：Do institutional quality and financial development matter? [J]. Journal of Corporate Finance, 2012, 18 (4)：980 - 993.

④ Xiaolan Zheng, Sadok El Ghoul, Omrane Guedhami, Chuck C. Y. Kwok. National culture and corporate debt maturity [J]. Journal of Banking & Finance, 2012, 36 (2)：468 - 488.

⑤ Cláudia Custódio, Miguel A., Ferreira, Luís Laureano. Why are US firms using more short-term debt? [J]. Journal of Financial Economics, 2012, Working paper.

清偿决定，则二者在互动过程中便产生代理问题①。艾伦（2011）以小规模公司为研究样本，研究了债务人保护程度对公司贷款水平和贷款可能性的影响。他指出，在债务人破产法相对"友好"的州，公司较强的法律保护能够降低其获得贷款的可能性②。

2.3 简要述评

已有文献主要围绕公司负债结构与公司投融资行为、能力特征的关系，以及债权人风险评价和债权人保护的主体展开研究，缺乏对中国本土情境下上市公司债权人治理机制和治理效应的深入剖析。公司的负债特征与投融资行为间的关系研究，侧面上反映了债权人规避风险的动机，但未上升到债权人治理的高度，针对投融资行为与债权人风险关系的实证检验较少，并且静态视角下探讨债权人权益保护机制缺乏解释力；由于研究目标的差异性和研究范式过于单一，负债特征与上市公司成长性、盈利能力关系的研究也不能纳入上市公司债权人治理的研究范畴；债权人风险评价的相关研究能够在一定程度上刻画债权人风险承担水平，但遗憾的是，尚未触及到债权风险规避行为的探讨，即只有治理目标缺乏治理行为。尽管有少量文献将公司负债特征与治理效应联系在一起，但从研究方法方面分析，该类文献通常将财务绩效作为被解释变量。然而，财务绩效反映了上市公司的总体资源配置能力，是盈利能力的一种体现，而治理效应应体现公司利益主体间的权利均衡，并非财务绩效越高，治理效应越强，因此财务绩效对治理效应的反映程度十分微弱，进而容易造成研究偏误。

治理转型背景下，梳理和构建上市公司外部治理机制，发挥外部利益主体的治理作用，实现内部治理与外部治理的协同，是推动上市公司

---

① Max Bruche, Hassan Naqvi. A structural model of debt pricing with creditor-determined liquidation [J]. Journal of Economic Dynamics& Control, 2010 (34)：951 – 967.

② Allen N. Berger, Geraldo Cerqueiro, María F. Penas. Does debtor protection really protect debtors? Evidence from the small business credit market [J]. Journal of Banking& Finance, 2011 (35)：1843 – 1857.

由行政型治理向经济型治理转型的关键因素。国内外针对债权人治理的研究主要遵从的研究范式，分别为"资本结构——财务绩效"（黄文青，2010；杨棉之、张中瑞，2011 等）、"负债特征——公司能力特征"（康斯坦提诺斯，2011；菲利普，2011；罗尔，2011 等）、"债权人风险形成机理及评价"（詹森和麦克林，1976；史密斯和沃默尔，1979；江伟和沈艺峰，2005），丰硕的研究成果为后续学者对债权人治理的研究奠定了厚实的学术基础。然而，遗憾的是，已有文献或尚未触及到债权人治理的本质，或未针对债权人治理进行中国本土化研究，因此为本书继续探索中国情境下债权人治理机制的运行留下研究空间。

在现代公司治理体系中，公司治理的目标以由"股东利益最大化"演变为"利益相关者权益均衡"，在新的治理目标导向下，本章指出中国上市公司债权人治理应从风险的动态防御视角和外部性视角进行突破。第一个突破点补充了债权人风险评价的相关研究内容，在动态视角下，着重讨论了企业生命周期的不同阶段中债权人风险形成和防御机制。第二个突破点将 Hart 模型引入本书的分析框架，着重探讨在中国情境下债权人对"股东—经理"代理框架产生的影响，并将这种治理作用归纳为依靠负载融资特征和债权人监督干预行为对公司治理框架产生额外部性效应，进而在补充债权人治理理论的同时，为债权人治理的本土化实践提供参考。

第3章

双重视角下的债权人治理理论框架

本章首先分析了债务代理成本的形成过程，并对债务代理成本向债务风险转化的机理进行阐述，构造了债权人代理成本生成模型、债权人风险体系等理论框架，进而提出风险规避动机下的债权人内源性治理研究视角。以此为前提，进一步揭示债权人外部性治理的产生动因，并给出两类视角下债权人治理研究的理论基础。

3.1 双重视角的提出与阐释

3.1.1 由债务代理成本到债权人风险

1. 债务代理成本

在由债权人和负债公司双方所结成的债务契约关系中，债权人向公司提供借贷资本，公司通过经营运作将资本升值，并通过还本付息的方式保障债权人的资本收益。若公司的经营情况良好，偿债能力稳健，到期能够偿还债权人的本息，则债权人实质上是将借贷资本的使用权安全地过度给公司，自身仍保留借贷资本的所有权。这种债权人提供资本，公司提供资本增值项目的交易行为实属二者经济关系的帕累托改进。在债务契约缔结时，债权人与公司之间存在博弈关系，债权人对公司的还债能力以及自身抵御风险的能力进行考察与评价，公司就自身对借贷资本的运营能力以及经营项目的风险水平进行考虑。当双方就风险、收益等方面达成一致后，博弈均衡出现，债务契约得以缔结，债权人作为委托人将借贷资本委托给公司进行经营管理，公司作为代理人帮助委托人实现资本增值。

成功缔结的委托代理关系对契约双方的整体运作进行了帕累托改进，但同时也割裂了借贷资本的所有权与控制权。在借贷资本所有权与控制权相分离的情况下，公司与债权人之间的委托代理关系所包含的内生要素以及外生要素开始发挥作用，催生代理成本。委托代理关系所包含的内生要素，主要有信息不对称、不完全契约以及交易成本。外生要素主要为公司特征要素，包括有限理性、机会主义、道德风险。信息不对称是指某一经济关系中的双方所拥有的信息含量以及信息质量的不均衡状态。一般而言，由于获取信息的成本较高，渠道较单一，债权人通常处于信息弱方，其无法全面、准确、及时地了解关于公司生产运营的完备信息。具有信息优势的公司通常会在缔结债务契约以前，对公司负面信息进行遮盖或者粉饰，进而获取较高的信用评级，促成借贷资本的流入。而在契约缔结以后，公司同样会利用信息优势对真实的生产经营信息，尤其是对涉及财务状况、资本用途方面的信息进行"加工"，干扰债权人的决策，提高债权人交易成本。信息不对称的存在使得债权人无法了解公司的真实情况，其务必耗费更多的成本对公司进行监督和约束，因此对推动了代理成本的产生。

不完全契约是债权人与公司之间委托代理关系的另一内生要素。双方在签订贷款协议时，债权人无法全面对履约过程中公司及其外部环境所有可能发生的情况进行准确考虑，并列于契约内容。即契约内容是不完备的，不能将所有条款全部涵盖于内，无法对各种情况下缔约双方应该采取的行为作出规定。所以，不完全契约，一方面为交易双方带来决策上的机动性和灵活性，另一方面不完全契约中的"契约空隙"为公司在特定情况下获得剩余索取权以及剩余控制权创造了条件，进而为公司的自利行为奠定基础。然而，条款的完备程度以及契约有效性的关系能够随着债权人与公司之间的博弈类型的改变而发生变化。伯明翰和温斯顿（1998）根据决策的同时性与否，将缔约双方之间交易成本的博弈模型划分为静态和动态两种类型。静态博弈模型中，契约的有效性与条款的完备性具有密切关系，前者的发挥完全依赖与后者[1]。然而这种依赖关系随着动态模型的出现而减弱。在动态博弈模型中，条款的策略性模糊甚至能够激发缔约一方的执行动机，提高契约效率。现代契约理论认为，契约的不完全性与第三方（如法院）对契约可执行性的验证具有密切关系。尽管在特定情况下契约是可执行的，但如果法院不能够验证契约的可执行性，那么契约仍然是不完备的。虽然"契约空隙"在客观上不可避免，但通过优化契约内容里的激励机制和约束机制，实现债权人和公司激励相容，并对公司自利行为进行有效约束，不完全契约仍然能够发挥完全契约的效用。Maskin 和 Jean（1999）提出的不相关定理中指出，认为是否将不可验证的契约内容写进条款与契约的完全性以及有效性并无太大关联[2]。完全契约的设计关键在于将缔约双方的预期收益以及成本涵盖全面。如果仅仅考虑到契约的完备性，将大量第三方可验证的条款写入契约，缔约双方的执行重点很可能被偏误性引导，造成对不可验证条款的忽略，造成缔约双方经济效率的降低（艾伦和戈尔，1992）[3]。可见，债权人与公司之间委托代理问题的产生原因之一是契约的不完备性。同时应该注意到，不完全契约的激励以及约束机制的设计和完善才是解决债务委托代理问题，降低代理成本的重要途径。

债权人与公司缔结成的委托代理关系中，交易成本在一定程度上削弱了债权人割裂已有的债权债务契约，并选择高质量债务人进行合作的动机，进而纵容了负债企业的风险投资等一系列损害债权人权益的行为。在债务契约缔结以前，债权人通常会耗费一定量的财力、人力和物力去搜选和筛选具有优良资质的债务人[4]。在此过程中，为保障贷款的

[1]　Bernheim B. Douglas, Michael D. Whinston. Incomplete Contracts and Strategic Ambiguity [J]. American Economic Review, 1998 (88): 902 – 932.

[2]　Maskin, Eric, Jean Tirole. Unforeseen Contingencies, Property Rights, and Incomplete Contracts [J]. The Review of Economic Studies, 1999, 66 (1): 83 – 114.

[3]　Allen N. Berger, Geraldo Cerqueiro, María F. Penas. Does debtor protection really protect debtors? Evidence from the small business credit market [J]. Journal of Banking& Finance, 2011 (35): 1843 – 1857.

[4]　王贞洁在文章《我国上市公司债权人治理效率——基于内部视角的联立方程研究》中指出，债权人治理机制可被划分为筛选机制与监督机制。

安全性，降低自身风险，大量的搜寻成本以及信息成本被投入。当债务人选定后，债权人同样会支付一定的成本与债务人进行谈判、签约。债务契约缔结完成后，债权人需要支出监督成本对债务人经营管理状况进行监督。如若债务人违背契约条款，进行自利行为导向下的低效率投资，债权人还需要支付违约成本。债务人违约或契约到期时，债权人会根据自身需求重新与债务人谈判，进而支付谈判成本。可见，债权人为完成与债务人的借贷资本的交易需要交付高昂的交易成本。当委托代理问题出现时，债权人与债务人的目标函数变得不一致，代理成本上升，同时非效率投资行为可能为公司引致偿债风险，造成资本损失。在代理问题可控的前提下，如果维系现有契约关系的交易费用低于重新与新的优质债务人缔结债务契约的交易费用，则债权人将会出于交易惰性而维系现有的契约关系，即表现出"契约惰性"。但维系原有的契约关系会导致以监督成本、信息成本和决策成本的飙升，并增加了代理冲突的可能性。另外，契约的完全性越高，意味着交易成本中的监督费用也越高。因此交易成本的存在降低了契约的完备性，为代理冲突进一步埋下伏笔。

信息不对称、不完全契约以及交易成本三大因素内生于债务契约双方结成的委托代理关系，这些因素的存在随着委托代理关系的产生而产生（图3-1）。当内生要素为代理成本的生成提供环境和基础的同时，外生于委托代理关系的要素刺激了债务人自利行为，为债务代理成本的出现提供本源动力。外生要素主要为借贷资本代理人的特征要素，包括有限理性、机会主义以及道德风险。通常在两种情境下公司决策者有限理性的特征能够推升债务代理成本，第一种情境为利益相关者的目标发生矛盾。在动态变化的环境面前，公司拥有的所有资源有时会表现出显著的不足。即使公司决策者的有限理性使得无法对有限的资源进行最优配置，来满足所有利益相关者的利益诉求。因此，包括债权人的部分利益相关者的目标函数无法实现，债务代理成本随即产生。第二种情境为利益相关者的共同风险。尽管公司没有违背债务契约，但其仍可能遭遇较大风险。此时，公司经营管理者的有限理性导致其风险处理能力可能不足，造成利益相关者利益损害，形成代理成本。

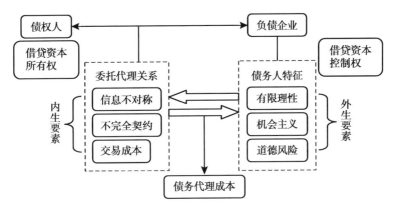

图 3 - 1　债务代理成本的生成模型

　　债务人的机会主义特征是在信息不对称条件下催生代理成本的另一重要外生因素。机会主义是指经济活动参与者在强烈地自利动机下，最大限度地进行利益获取和保护，以保证自身利益最大化的实现。通常这种利益获取和保护行为以忽略其他经济体或个人的合理利益为基础，即机会主义行为在较多情况下是一种不利于经济活动双方帕累托改进的低效率资源配置行为，其产生的重要条件之一是经济活动参与者之间存在信息不对称现象。在债务契约关系中，信息不对称的存在导致了公司自利动机凸显，使其得以在债权人不知晓的前提下对经营状况、运作能力、财务状况进行掩盖或修饰，进而在实现自身利益最大化的同时，对债权人利益进行挖掘。因此债权人为避免信息不对称引起的债务人机会主义行为，会支付更多的成本对债务人行为进行监督和管理。机会主义行为通常伴随着道德风险，当契约一方采取机会主义行为时，其并不承担全部的经济损失，部分经济损失会转嫁由契约另一方承担。因此，对机会主义行为不承担责任的一方会因为道德风险的存在蒙受利益损失。在债务契约关系中，债务人的机会主义行为通常会为债权人引致道德风险。当债务人忽视契约条款，将借贷资本进行自利性运作时，债权人的合法权益通常被忽略，但信息不对称的存在又导致债权人无法对其所面临的道德风险及时地察觉并且弥补损失。所以，机会主义和道德风险的存在是导致债务代理冲突的重要因素。

　　可见，债务代理成本的产生是在以借贷资本的使用权以及所有权相分离的条件下，债务契约内生要素与外生要素相互作用的结果。债务人特征要素中，有限理性、机会主义以及道德风险的存在为债务代理成本的产生提供了本源性动力，这种本源性动力在契约环境要素的影响下被激化和放大。被放大的有限理性、机会主义以及道德风险行为又加剧了契约的不完全性，提高了债务契约双方的信息不对称性以及交易成本。这种交互作用的重要结果，就是对债权人与债务人之间委托代理冲突的加剧和对代理成本的催生。

2. 债权人风险形成

由于债务代理成本涵盖了债务资本委托代理问题带给债权人的损失以及债权人为解决代理问题而支付的监督约束成本的总和。债权人风险水平从一定程度上反映了债务代理成本的高低。债权人风险越大，意味着其需要支付更高的监督和管理成本来约束上市公司决策者，或者需要支出更多的资金来弥补风险损失。风险越小，债权人利益更趋于稳定，相应的代理成本水平越低。因此，债权人风险与债务代理成本之间具有相互依存、相互转化的关系。

债权人在与公司维系债务契约关系的过程中，会接受到两类系统风险的冲击，分别是显性风险和隐性风险。当债务到期时，债务人若不能按时支付给债权人契约规定的本金和利息，则债权人会因债务人的偿债失败受到损失，接受第一类风险，即显性风险（图3-2）。这一类风险对于债权人来说是外在的，容易识别的，并具有较强的事后性。在债权

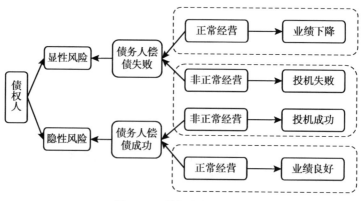

图3-2 债权人风险体系

人成功识别显性风险时，往往经济损失已经形成，债权人需要耗费更多的人力、财力、物力等企业资源对风险进行弥补。因此债权人如何有效地判别显性风险，对债务人不能偿债的行为进行预警和判定具有重要意义。

对导致债务人偿债失败的原因进行分析，可以将其归结为两类，第一类是债务人正常经营下的偿债失败，第二类为非正常经营下的偿债失败。在这里，债务人"正常经营"是指债务人能够严格恪守与债权人缔结的债务契约条款，按照契约要求，合理地使用借贷资金，借贷资金的使用用途与契约要求相符，变更使用用途应告知债权人并与之重新协商。在缔结债务契约之前，债权人已经对公司的经营状况、还款能力等方面的信息进行了搜集和了解。因此，本书可以合理假定债务契约是建立在债权人对债务人信息相对完全知情的前提条件下签订的。

公司在正常经营状态下的偿债失败，是由于公司外部生存环境变化以及内部管理水平下降导致的。其中，生存环境包括市场竞争、金融环境等宏观因素。替代品的产生、竞争者的技术创新、供应商及顾客的议价能力与市场饱和程度等方面均能够有效影响公司市场竞争环境，市场竞争压力的递增能够降低公司生存能力，并对公司业绩产生影响，进而降低公司偿债能力。另一方面，金融危机的存在使得公司在资金管理方面受到较大威胁。金融危机能够导致资金在公司层面的流量减小，流速减缓，公司蒙受资金链断裂的危险，降低公司偿债的可能性。管理水平的下降，同样也是导致公司在正常经营过程中偿债失败的另一重要原因。公司领导的更换、管理模式及管理风格的转变、道德风险滋生以及人才选聘机制的不合理等因素都为公司管理水平的降低带来可能，管理水平的降低直接导致管理决策的低效率，使得公司资源配置能力下降，偿债能力受到威胁。

公司不能按时偿债的另一个重要原因在于公司具备较高的投机动机，投机行为一旦失败，公司业绩将受到严重打击，直接减弱公司的偿债能力，造成债权人显性风险。在信息不对称以及不完全契约的条件下，公司的股东和经营管理人员具有强烈的自利动机，其通常会忽略债务契约上的限制性条款进行过度投资。从长期分析，债权人对公司的监督成本会不断上升，因此监督效率下降。当过度投资行为发生时，借贷资金被用于高风险的投资项目，如果项目失败，公司的股东只需承担有限责任，而债权人需承担所有本息损失。所以具有投机性质的过度投资行为，为债权人造成风险与收益的失衡，为债权人蒙受显性风险创造了条件。同时，如果投资项目的收益只能够支付债权人本息，而不能为公司股东带来利益，则公司可能会放弃投资项目，造成公司的投资不足，为债权人带来隐性损失。

然而，因为公司能够按时偿债可能是由于投机行为成功导致的，也有可能是正常经营状态下的偿债成功。因此，即使债务人在规定期限内能够支付债权人的本息，债权人同样可能承受由于隐性风险存在导致的利益损失。当债权人利用信息优势和契约的不完全性进行投机时，投机成功的可能性是存在的。尽管投机成功保证了公司在一定时期以内能够偿还本息，但却激发了公司长期的投机动机，诱发长期内持续性投机的可能。所以长期分析，债权人仍然面临着投机失败造成的隐性风险。同样，如果债务人恪守债务契约，并且经营状况良好，公司业绩优异，实现安全偿债。但是长期内公司内外部环境的变化仍有可能对其偿债能力形成压力和威胁，造成债权人的隐性风险。

3.1.2 内源性治理动机及治理效应扩散

现代公司治理的目标是利益相关者的责、权、利均衡。债权人作为重要的利益相关者，其参与公司治理，对公司决策行为进行监督和约束的本质动机，为降低风险，实现自我权益的保护具有重要意义。从这一角度分析，债权人对上市公司采取的监督、干预、管理、处置等行为实质上是一种通过债权人与上市公司信息不对称程度，缓解债务资本的委托代理冲突，降低债务资金的代理成本，进而实现借贷资金的安全增值的一种方式和手段。"内源性"一词来源于医学用语，是指源自人体内部因素产生或引起的物质、能力、状态。由于债权人对上市公司的干预动机具有自发性质，是债权人出于自身风险规避动机的主动行为，因此本书将债权人对上市公司进行监督、干预、管理和处置等进而降低自身风险的行为，称之为债权人的内源性治理。内源性治理的目标也就是降低风险，实现借贷资本的安全增值。

公司是多种利益主体形成的契约组合，利益主体之间能够形成多重委托代理关系。在诸多代理关系中，由股东与经理人之间以及大股东和中小股东之间形成的委托代理关系是公司治理领域中重要的两类治理问题①。然而，债权人对上市公司的关注焦点往往是公司的盈利能力、偿债能力、财务质量等，对公司中原始的委托代理问题并没有较强的关注动机。再者，在第一类委托代理问题中，在经理人与股东的目标函数差异性影响下，经理人往往会通过在职消费、非效率投资等方式获取私利。然而经理人由于职业防御动机，其自利行为具有隐蔽特征，并且自利行为的结果可能不以在较大程度上损伤公司财务质量为代价。因此使得债权人缺乏主动参与解决公司原始委托代理问题的动机。

实际上，负债融资和债权人的监督干预行为能够通过多种传导途径，对股东于经理间代理问题产生外部性效应。外部性治理效应来源于两个部分：第一，内源性治理对两类代理问题产生的效应扩散。第二，负债融资特征对两类代理问题产生的增量效应（图3-3）。为降低资金风险，债权人对上市公司进行定期的监督和干预。然而债权人的行为使得经理人和大股东务必以偿债为首要目标，因此其自利动机能够在一定程度上受到约束和限制，进而降低了两类委托代理成本。所以，这一途径实则为债权人针对资金风险进行内源性治理的效应向股东与经理间委托代理冲突扩散的过程。再者，负债融资在保证了债权人具有固定收益权的同时，对上市公司提出了刚性偿债的要求，负债融资的引入使得公司自由现金流受到限制，同时增加了公司的破产风险。因此对经理人自利和大股东侵占行为产生了约束效应，进一步对原始委托代理问题产生外部性效应。可见，债权人外部性治理效应的实现建立在债权人监督、干预行为和负债融资特征的基础上，是债权人内源性治理效应的扩散和负债融资对治理结构产生的增量效应的加总。图3-4阐释了债权人治理研究视角的提出过程以及研究的理论基础。

---

① 宁向东在《公司治理理论》（中国发展出版社2011年版）指出，股东与经理人之间的委托代理冲突为代理型治理问题，大股东与中小股东之间的代理冲突为剥夺型治理问题。

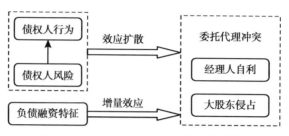

图 3-3　债权人外部性治理效应生成模型

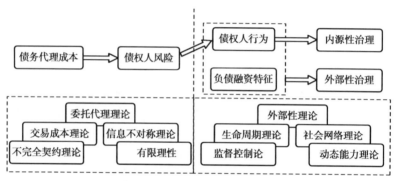

图 3-4　研究视角提出与理论基础

3.2　两类债权人治理机制的理论基础

1. 信息不对称

信息不对称是指参与市场经济活动的双方之间所具有的关于商品的信息，具有数量上和质量上的差异性和非对等性。掌握商品真实信息的一方往往具有信息优势，而信息匮乏的一方通常处于信息劣势的地位，这也构成了具有信息优势的一方可以向另一方买卖信息的前提条件。阿克尔洛夫（1970）指出，由于信息不对称的存在，商品市场上，消费者只能按照平均质量来为商品定价，高质量的商品便会被低质量的商品驱逐出市场，进而降低市场的资源配置效率，造成社会福利的损失①。斯宾塞（1973）②、罗斯柴尔德和史迪格里兹（1976）③ 又将信息不对称现象推广至劳动力市场、金融市场和保险市场，得出的共性结论是信息不对称条件下，参与交易活动的一方总会因为信息优势赚取额外报酬。因此信息不对称是造成交易双方利益失衡，市场资源配置效率低下、非公平市场交易活动的主要因素。信息经济学指出，交易活动过程中，信息能够以"租金"的形式出现。出于信息劣势的一方往往需要支付一定的费用来"寻租"，以获得更为对等的谈判地位，进而更全面的掌握交易的商品信息，以降低风险，做出更科学的决策判断。在这种视角下，信息已成为同劳动力、土地、厂房等生产要素一样的资源，参与交易的经济主体需要支出额外的成本来获取信息，获取信息的质量、全面性以及速度成为在交易中占据主动地位的关键。

新古典经济学指出，企业是在既定资源与技术等条件约束下产出利润的黑箱，外部环境对于企业内部的资源配置模式、配置效率以及资源投入方向具有较强的不确定性。由于债权人以及公司在信息的获取渠道、获取能力以及信息来源和处理能力均存在较大的差异，二者之间存在显著的信息不对称现象。委托代理框架中，债权人属于债务资本的委托人，而公司为代理人，对于自身的经营状况、盈利能力、成长前景方面，代理人有着较为显著的信息优势，而债权人则处于信息劣势地位。在交易双方关系中，债权人为债务资本的卖方，而债务公司为资本的买房，公司需要支付一定的利息（资本价格）来购买债务资金的使用权。因此，买房具有充足的动机和信息优势来包装和粉饰自身的经营管理状况，以获得债权人的信任，这为代理成本和债务风险的构成了先决条件。

2. 不完全契约

不完全契约理论指出，交易活动中，由于交易人的有限理性、信息

---

① Akerlof, George. The Market for Lemons: Quality Uncertainty and the Market Mechanism [J]. Quarterly Journal of Economics, 1970 (84): 488 – 500.

② Spence, Michael. Job Market Signaling, Quarterly Journal of Economics [J]. 1973 (83): 355 – 374.

③ Rothchild, Michael, Stiglitz, Joseph. Equilibrium in Competitive Insurance Marker: An Essay on the Economics of Imperfect Information [J]. Quarterly Journal of Economics, 1976 (90): 629 – 649.

的不完备性和交易条款的难预测性，参与交易活动的主体无法将维系契约的过程中可能发生的所有情况都列在契约之内。换言之，将维系契约过程中缔约双方所有可能发生的情况都列于契约之内的交易成本是高昂的，即高昂的完全契约不被缔约双方所接受和执行（哈特，1990；Hart，哈特和摩尔，1995）①。不完全契约理论由格林斯曼、哈特和摩尔共同创立，因此又被称为 GHM 理论。哈特（1990）从三个方面阐述了不完全契约理论的合理性和存在性：首先，参与缔约的双方具有有限理性的特征。由于现实环境的快速变化，人们无法完全预测到未来发生的各种情况，并作出具有针对性的计划和方案。其次，缔约双方缺乏语言的共通性。即便是能够针对某种情况作出相应计划和方案，但由于双方很难用共通的语言来表达和描述相应的方案和行为，因此很难达成一致性协议。并且，将这一理论延伸，假定双方针对未来的某种特定情况，运用具备共通性的语言达成协议，但二者出现矛盾冲突时，第三方（如法院）是否能够正确理解契约中的条款意义，并执行下去是值得怀疑的。

不完全契约理论对公司治理研究框架的重要贡献在于将公司的权力结构划分为特定权利、剩余控制权和剩余索取权。GHM 模型认为，利益相关者与公司之间所签订的契约协议中所明确规定的双方享有的权利为特定权利。例如，债权人在债务契约中所享有的债务公司对其进行还本付息的权利，便属于债权人的特定权利。而契约中没有明确规定的权利为剩余权利。哈特（1990）认为，在企业中，由于非对称信息的存在，剩余控制权常常也呈现出非对称分布的状态，最合适的剩余权利配置应当是一方将剩余权利全部购入，并且购买者由于激励机制存在而取得的收益必须能够与出售者在激励上的损失。同时，在不完全契约的情况下，哈特将物质资本的所有权列为企业权力体系的基础和拥有人力资本的决定性因素，并认为剩余索取权等同于剩余控制权。

博尔顿（1992）在 GHM 理论的基础上对其进行了拓展，并提出控制权最优配置理论，认为企业家以获取货币收益和在职收益为目标，而

---

① Hart O., Moore J. Debt and Seniority: All Analysis Of Hard Claims In Constraining Management [J]. American Economic Review, 1995 (85): 567－587.

投资者仅以货币收益为目标①。当企业的财务收益与企业家或者投资者的收益具有单调变动关系时，以企业家或者投资者为主体的单边治理模式为最佳控制权配置模式，当单调关系不存在时，相机治理模式为最优控制权配置模式。拉杰等（1998）打破了哈特（1990）提出的物质资本依赖理论，认为公司的权力配置基础来源不应局限于物质资本，而是公司所拥有的关键资源②。同时，诸多文献也围绕"物质资本是企业权力配置的基础"这一命题展开对 GHM 理论的批判性探讨，张维迎（1995）指出不完全契约理论将所有权的定义重点放于对财产的支配上而不是对行为的支配上③。迪克（2004）则认为企业能够存续和发展的重要基础是组织盈余，而不是单纯的物质资产，技术条件以及市场的差异性决定了关键资源的变化，进而决定了组织盈余水平，而控制权的决定基础是关键性资源，尤其是人力资本价值，而不单纯依靠物质资产的所有权④。

尽管不完全契约理论存在一定的不完美之处，但其足以解释委托代理框架中，缔约双方之间代理冲突以及代理成本的成因。债权人与上市公司所缔结的债务契约同样具有不完全性，这种不完全契约的存在导致了就借贷资本的使用方面，上市公司具有剩余控制权，在剩余控制权尚不能合理度量和买卖的前提下，债务公司出于信息优势可能做出非效率投资等决策，使得债权人风险和收益无法匹配。同时，债权人也会因权力配置失衡而蒙受经济损失。因此，其需要支付额外的费用来监督债务公司的资源配置行为，以降低借贷资本的委托代理成本，规避自身财务风险。

3. 交易成本

由罗纳尔德科斯 1937 年提出的交易成本理论是新制度经济学的重

---

① Philippe Aghion, Ptrick Bolton. An Incomplete Contracts Approach to Financial Contracting [J]. Review of Economic Studies, 1992 (59): 473 – 494.

② Rajan R., Zingale L.. Financial dependence and grow [J]. American Economic Reviews, 1998 (88): 1421 – 1460.

③ 张维迎. 企业的企业家——契约理论 [M]. 上海：上海人民出版社, 1995.

④ Dyck, Zingales. Private Benefits of Control An International Comparison [J]. Journal of Finance. 2004, 159: 537 – 600.

要组成部分。科斯（1937）认为作为两种资源配置模式，建立企业比市场机制的更具有优势的一个主要原因是企业内部的资源配置成本较低，而价格机制本身是有成本的。[①] 而康芒斯（1932）将"交易"的概念一般化，并作为经济学的基本分析单位，是交易成本理论提出的重要基础[②]。康芒斯（1932）指出作为经济活动中最基本的单位，"交易"包含了"冲突、依存和秩序"三个原则，即交易由冲突产生，其本身也包含着冲突，交易双方存在相互依存的关系，并且交易过程的进行需要依照交易秩序。社会成员之间的交易可以概括分为三种类型：买卖的交易、管理的交易和限额的交易，无数次的交易最终促成了整个经济体系的建立和运行。康芒斯将视角聚焦为"交易"行为，并将其与经济制度的运行联系在一起是科斯交易成本理论的重要基础，也是对经济活动和制度运行进行科学分析的重要贡献。

科斯在《企业的性质》中并没有明确提出交易成本的思想，仅仅是在对比企业和市场两种资源配置模式的基础上，重新界定了企业的性质和边界。尽管科斯在《社会成本问题》中继续延伸了交易成本的思想，认为由于需要搜寻交易双方的交易意愿，谈判交易参与主体的交易条件，并最终形成交易契约，同时监督契约条款的履行等，市场交易过程一定会存在各种成本，但其仍未提出交易成本的概念。科斯认为由于市场交易中存在着极端的和高昂的成本，使得无需成本的定价制度安排成为泡影。柯尼斯第一次使用了"交易成本"的概念，指出交易成本是市场失灵的主要原因，交易成本甚至能够在特殊情况下阻碍市场的形成。后期威廉姆森证实了这一论断，指出交易成本如同物理过程中的摩擦力，治理结构是解决"摩擦力"的关键。根据交易发生的先后顺序，交易成本可划分为契约缔结前交易成本和缔结后交易成本，前者包括搜集交易双方信息、草拟契约和谈判成本，后者包含了监督交易主体履行责任和义务，交易主体与环境的客观冲突，更改契约条款和退出契约的各项成本。马修斯（1996）进一步将交易成本定义为事前交易双方为

---

① 奥利弗·威廉姆森，斯科特·马斯滕. 交易成本经济学 [M]. 北京：人民出版社，2008.

② Commons J. R.. The Problem of Correlating Law, Economics, and Ethics [J]. Wisconsin Law Review, 1932 (8)：3–26.

达成契约所发生的成本和事后的对契约履行状况进行监督发生的成本总和。不同于生产成本，交易成本为契约形成过程和执行过程发生的成本①。米歇尔（1999）按照交易主体为达成交易契约而发生的操作行为，认为交易成本包括搜集信息、主体谈判、制定和履行契约的成本。张五常（2001）在此基础上认为界定和实施产权、监督管理和改变制度所需要的成本也属于交易成本的范畴②。

交易成本理论一方面解释了企业存在的意义和企业扩张的边界，另一方面能够从交易的角度阐释上市公司治理结构中利益相关者多元化和契约结构网络化的原因。客户、供应商、债权人等利益相关者均存在着与上市公司之间的多种交易形式。债权人是上市公司重要的利益相关者，同时也是主要的外部治理主体。以债务契约为纽带，债权人向上市公司提供借贷资金，通过上市公司的资源配置后，借贷资本得到增值，并向债权人进行还本付息。在这个过程中，上市公司和债权人就借贷资本展开交易活动的前提，在于上市公司内源融资和股权融资产生的交易成本要高于负债融资。债权融资能够为上市公司带来降低税率、提高股东收益效率等优势，而这些降低交易成本优势是其他融资方式所不具备的。因此上市公司会放弃企业内部资源配置和股权融资的方式，选择与债权人进行交易。同样，对于债权人而言，相比于其他盈利模式，存贷利差的盈利模式带给债权人的交易成本是较低的。因此在交易双方充足的动几下，债务契约得以达成。

4. 有限理性

西方古典经济学将完全理性作为"经济人"理论的假设前提，指出"经济人"是以追求物质利益最大化为目标的经济主体。其具备较为完善的知识体系，具有较强的预测能力、判断能力，能够准确地根据现状来预判未来的发展趋势，并且对于备选决策的各种结果都是已知的。因此"经济人"能够从容应对动态变化的外部环境，并及时作出"最优"的决策，以保障自身利益的实现。20 世纪 40 年代，赫伯特赛

---

① Matthews R. The Economics of Institutions and the Sources of Growth [J]. Economic Journal, 1996（12）：903 – 910.

② 张五常. 经济解释 [M]. 北京：商务印书馆，2001.

萌对于"经济人"假设进行了批判性修正，指出环境具有复杂性。并且人们对于环境的认识以及自身的知识储备实际上是十分有限的，环境当中的不完全信息、高昂的交易成本以及决策者有限的信息处理能力和决策能力导致"最优"决策并不存在，人们只能尽可能做出最满意的决策。

债务契约关系中，有限理性模型能够有效的解决债权人风险和借贷资金代理成本的产生原因。在债务契约缔结以前，债权人根据申请贷款的公司的相关信息，对其进行评价和筛选，并选择偿债能力强，发展前景良好，信誉水平较高的公司形成契约关系。然而，由于有限理性的存在，债权人一方面往往很难掌握所有关于债务公司的信息；另一方面，债权人也无法对债务公司在契约形成之后的决策变化作出充分的计算、预测和估计，并制定相应的措施来保障自身的财务安全。因此，有限理性的存在使得债权人在债务契约缔结以前对债务公司的选择效率受到一定程度的限制，也为债务风险的形成埋下隐患。当债务契约形成之后，债权人定期对债务公司的特定财务和非财务指标进行观测，以及时了解公司的运营状况、财务质量、偿债水平，进而正确评价贷款风险。在这个过程中，贷款风险评价的最低值是债权人的最优目标。然而，实际上，由于外部环境的动态变化，债权人零风险是不存在的，即不存在"最优的"风险标准。同时，有限理性的债权人甚至无法察觉全部的风险因素，所以债权人仅能将风险控制在满意程度之内。

债务代理成本和债权人风险存在的另一原因，在于债务公司在进行决策的时候同样受到有限理性的影响。当利益相关者的目标实现发生冲突时，债权人利益可能会受到威胁。在动态变化的环境面前，公司从外部环境中汲取的资源可能会受到种种因素的限制。公司的资源配置能力也会表现出一定的波动性特征，有限理性使得公司决策者无法对有限的资源进行最优配置，来满足所有利益相关者的利益诉求，包括债权人的部分利益相关者的目标函数也无法实现。并且，公司决策者还可能会牺牲债权人利益来换取内部人利益，债务代理成本随即产生。

5. 资源依赖理论

菲佛和斯兰克在《组织的外部控制》中首次提出资源依赖理论，

是组织关系理论的重要理论分支。资源依赖理论的假设体系包括四个部分：关注核心假说、资源需要假说、组织互动假说、资源控制假说。即企业最关心的核心问题是自身的生存与发展，企业决策制定以及行为选择均围绕着如何更好地生存这一核心命题而展开。在这一命题的基础上，资源依赖理论认为，资源是维系企业生存，是推动企业不断发展的核心要素。因此，企业需要不断地获取资源，并通过一系列的资源配置行为来提高企业价值，为企业成长提供动力。在获取资源的过程中，企业必须与其他组织进行沟通和互动，通过建立良好的沟通渠道来补充用以支撑自身发展的资源基础。另外，针对企业与其他组织构建的关系网络，企业需要建立能够控制和运用关系的能力，以保证源源不断的资源供给（菲佛，1978）。资源依赖理论的核心假设是任何一个企业都不能实现资源的自给自足，其务必需要建立自身的资源获取渠道，通过与其他组织进行资源交换来实现自身的生存目的。资源依赖理论的前提假设是企业之间具有异质性的资源储备，受到组织才能、价格机制等因素的影响，这种异质性资源储备在企业间的流动具有限制性，所以在资源获取和目标之间存在的战略差距成为企业间构建互动关系的基础。

　　资金资源是维系企业生存，推动企业发展的重要资源，往往也是企业之间的争夺对象。作为重要的外部融资渠道之一，与股权融资相比，负债融资更具比较优势。负债融资不仅能够为股东带来更高的收益效率，并且其能够产生税盾效应，提高企业的盈余水平。因此，企业往往对债权人拥有的资金资源表现出较强的资源依赖性，并积极地与债权人构建关联，形成长期的战略联盟关系。因此，债权人已成为大多数企业的重要外部利益相关者和治理主体，构建债权人治理机制，发挥债权人的治理效应，对于提升企业的整体治理水平具有重要意义。

6. 外部性理论

　　"外部性"概念最早由彼古提出，彼古（1920）从福利经济学的角度上，将边际私人产值与边际社会产值两个概念引入外部性的定义，认为外部性现象是由二者背离产生的。边际私人产值是某一个体企业增加一单位的生产要素所实现的产值增量，而边际社会产值是全社会中所有企业追加一个单位的生产要素产生的产值增量[1]。尽管彼古对外部性的阐述建立在马歇尔和西奇威克的外部性概念基础上，但二者又有较为显著的差异。例如彼古的外部性概念以两个联系不紧密的行为主体为分析对象，而马歇尔的外部经济概念来源于对经济活动直接参与者的分析，这些直接参与者往往处于共同的行业中。经过发展，经济学家对外部性的定义逐渐向"宽泛化"发展，米德（1952）认为外部经济（或外部不经济）是指一个（或几个）行为主体作出某个事件的决策时，对未参与相关事件的行为主体产生的可察觉的利益或损失[2]。Bator（1958）从帕累托改进的角度指出，外部性的概念扩展研究是积极的，其内涵是指这样一种情况：运用价格机制来解决成本与收益问题时，出现的非帕累托的成本与收益关系[3]。换言之，当某项交易活动（生产或消费）对其他人的成本与收益产生了影响，而其他人却不必为这种影响支付成本时，外部效应便产生了。并且，这种外部效应无法通过货币或市场得到反映[4]。

罗士俐（2011）将外部性理论应用范畴拓展至企业（组织）内部，指出企业内部的侵害问题是很多重大社会问题和矛盾的根源[5]。布坎南（1962）用经济模型阐述了外部性的内涵：如果 $UA = UA(X1, X2, \cdots, Xn, Y1)$，其中，$UA$ 表示 A 的个人效用，$X1, X2, \cdots, Xn, Y1$ 为保证效用实现的活动，但 $X1, X2, \cdots, Xn$ 在 A 的控制范围内，但 $Y1$ 从属于另外的社会成员 B，B 会因为 A 的效用实现在收益和成本方面受到被动影响。债权债务关系中，债权人对股东与经理、大股东与中小股东之间代理冲突的影响，便具有强烈的外部性特征。债权人关注的是公司的偿债能力、盈利能力、财务质量等方面，但对两类代理问题缺乏关注动

---

① Pigou, Arthur C. . The Economic of Welfare [M]. London: Macmillian, 1962.

② Meade J. External Economies and Disexternal Economies in a Competitive Situation [J]. Economic Journal, 1952, 62: 54 – 67.

③ Bator F. M. . The Anatomy of Market Failure [J]. The Quarterly Journal of Economics, 1958, 72 (3): 351 – 379.

④ Samuelson P. A. , Nordhaus, W. D. . Economics (17th ed.) [M]. New York: McGraw – Hill, Companies, Inc. , 2001.

⑤ 罗士俐. 外部性理论价值功能的重塑——从外部性理论遭受质疑和批判谈起 [J]. 当代经济科学, 2011 (2): 27 – 33.

机，具有被动性特征（汉斯，2009）[1]。但在债权人权益实现过程中，会对两类治理问题产生影响。结合布坎南模型，假设 UA 为债权人 A 风险水平，Xi 为风险控制活动集，$UA = \sum_{i=1}^{i=n} Xi$，Xi 全部为 A 的控制范围内，但 Xm 这一控制活动会对债务公司经理人 B 产生延伸影响，延伸影响包括经理人对自由现金流使用的自由度降低，在职消费的动机削弱等。通过种种传导途径，经理人的行为响应能够使其目标函数发生变化，即债权人风险规避动机下的行为选择产生的延伸影响便会作用于股东于经理层的代理冲突，进而发挥外部性效应。

7. 生命周期理论

格瑞纳（1972）首次在《组织成长的演进与变革》一书中将生物学与企业成长相结合，提出"企业生命周期"的概念，认为企业的成长过程如同生物有机体一样，会出现阶段性特征，并且这种阶段性特征与生命体成长特征相近[2]。发展至今，企业生命周期理论已经形成较为成熟的研究体系，其主要涉及仿生论、阶段论、特征对策论、归因论等分支。企业生命周期理论发展初期，多数学者就其存在的科学性展开探讨，这一时期仿生论占据主要地位，但随着理论研究的不断深入，大量文献对企业生命周期阶段的划分，以及不同阶段中针对企业在投融资行为、战略选择以及公司治理方面展开对策性研究。在生命周期阶段论分支中，艾迪斯（1989）以灵活性和可靠性为判断依据，将企业生命周期换分为成长、成熟和衰退期[3]。盖尔布雷斯（1982）将科技型企业的生命周期划分为五个阶段：原理检验阶段（proof-of-principle stage）、原型阶段（prototype stage）、模型工厂阶段（model-shop stage）、启动阶段（start-up stage）和自然成长阶段（natural growth stage）。在阶段论的研究基础上，生命周期理论开始向特征对策论发展。初创期，企业的规模

---

[1]　Hainz Christa. Creditor passivity：The effects of bank competition and institutions on the strategic use of bankruptcy filings ［J］. Journal of Comparative Economics，2009（37）：582 – 596.

[2]　Greiner L. E. Evolution and Revolution as Organizations Grow ［J］. Harvard Business Review，1972（8）：1 – 11.

[3]　Adizes I.. Organizational Passages：Diagnosing and Treating Life Cycle Problems in Organizations ［J］. Organizational Dynamics，1979，9（1）：3 – 24.

小，出资者与经理人员往往具有两职合一的特征，并且企业风险承担能力较小，融资渠道较窄，应对市场变化的水平较低，但往往具有良好的技术优势和成长前景。成长期，企业的销售规模激增，盈利能力迅速提高，组织结构复杂化，职业经理人被引入，代理问题逐渐显现。成熟期，成长潜力达到极值，自由现金流累积，过度投资问题凸显。衰退期，企业利润水平下降，盈利能力锐减，并面临着并购或破产的风险（史密斯，1985；扎瓦尔，2001）①②。

由于企业在生命周期不同阶段内具有不同特征，尤其是股东与经理层之间的代理冲突，会在生命周期演进的过程中发生波动。这种波动一方面能够影响债权人的风险承担水平，另一方面会对债权人外部性治理效应的发挥产生影响。例如，当企业在初创期，两职合一的现象使得股东与经理之间的目标函数趋于一致，代理问题尚不明显。由于初创期企业对资源的依赖性较强，企业决策者的行为对负债融资以及债权人的敏感性也相对较高。成熟期，企业资源基础深厚，代理链条增长。随着可支配资源的增加和信息不对称的加剧，经理层在职消费动机得到增强，此时债权人风险上升，其相应的防御型治理力度也会相应提高。因此在生命周期视角下，以风险规避为导向的债权人动态治理以及外部性治理效应的发挥依赖于债权人动态能力构建的基础上。根据企业在生命周期不同阶段表现出的异质性治理特征，进行债权人动态治理，才能实现公司治理水平的整体提升。

8. 社会网络理论

嵌入性理论指出，企业的经济行为嵌入在其所处的社会关系和社会结构中，社会关系会对企业的决策行为产生影响（格兰沃特，1985）③。实际上，企业是社会网络中的个体，由于嵌入性的作用，社会网络往往

① Jawahar I. , McLaughlin, G. . Toward a Descriptive Stakeholder Theory: An Organizational Life Cycle Approach [J]. Academy of Management Review, 2001, 26 (3): 397 –414.

② Smith K. G. , Mitchell, T. R. , Summer, C. . Top Level Management Priorities in Different Stages of the Organization Life Cycle [J]. Academy of Management Journal, 1985, 28 (4): 799 – 820.

③ Granovetter, M. . Economic Action and Social Sturcture: The Problem of Embeddedness [J]. American Journal of Sociology, 1985, 91 (3): 481 –510.

能够对企业的资源获取、信息捕获、互惠合作和结构支持等行为选择方面产生影响（孙大鹏，2010）①。詹姆斯（2006）指出为应对外部环境的快速变化，为应对外部环境的快速变化，企业一直生存于其本身与其他各类组织构成的价值网络体系或价值生态系统中，不断与其他组织进行着资源和信息的交换②。社会资本理论和资源依赖理论从不同的视角阐述了企业与其他组织构建关联，来获取用以支撑自身发展的资源。企业高管倾向于与外部环境构建两类网络关系：第一类为价值链网络，包含企业与供应商、客户、竞争者等关联关系（横向网络）；第二类为企业与政府各部门构建的垂直管制关系（纵向网络）③。价值链网路能够帮助企业从供应商获得高质量的原料和服务，培育客户良好的品牌忠诚度，及时了解市场供需状况、行业发展动态等，进而提高在价值链中的协调能力，并在信任和互惠的基础上提高合作效率④。社会网络已成为众多学者研究的焦点。段海燕（2012）利用上市公司截面数据发现连锁董事网络中，企业的连锁董事数量对企业创新绩效有正向影响，并且能够有效减少组织冗余⑤。钱锡红等（2010）发现，在企业创新网络中，企业拥有的结构洞数量、中心性和间接联系能够提高企业的创新能力⑥。

　　连锁债权人网络也属于企业价值网络的一种，连锁债权人网络的形成建立在债权人存贷利差盈利模式和公司负债融资动机的基础上。债权人是公司的重要资金提供者，向公司提供贷款同样是债权人的重要获利手段。一方面，银行作为我国公司的主要债权人，盈利模式仍以传统存

　　① 孙大鹏，朱振坤. 社会网络的四种功能框架及其测量［J］. 当代经济科学，2010，32（2）：69 - 127.

　　② James F. Moore.. Business Ecosystem and the View from the Firm［J］. Auti-trust Bulletin，2006，51（1）：31 - 75.

　　③ Juan L. J. Laura，P.，Zheng，Z. K.. Do managerial ties in China always produce value? competition，uncertainty，and domestic vs. foreign firms［J］. Strategic Management Journal 2008，29（4）：383 - 400.

　　④ Peng M. W.，Luo Y. D.. Managerial ties and firm performance in a transition economy：the nature of a micro-macro link［J］. Academy of Management Journal，2002，43（3）：486 - 501.

　　⑤ 段海燕. 连锁董事、组织冗余与企业创新绩效的关系研究［J］. 科学学研究，2012，30（4）：631 - 640.

　　⑥ 钱锡红，徐万里，杨永福. 企业网络位置、间接联系与创新绩效［J］. 中国工业经济，2010（2）：78 - 88.

贷利差业务为主。所以，银行通常贷款对象，通过对贷款申请人进行财务质量、偿债能力、盈利能力等方面的评价和筛选，选取优质的公司来缔结债务契约关系。并且，在利益最大化驱使下，一家银行往往与多个公司具有债权债务关联。另一方面，对于公司而言，负债融资能够提高股东收益效率，为公司带来税盾效应，因此大量公司选择银行贷款融资，与银行结为联盟关系。并且为使得融资渠道更加多元化，增加企业内部资源调配的灵活性，公司也会与多家银行建立金融关联。如此便形成了以银行和债权人为两元节点的连锁债权人网络。连锁债权人网络中，不同的网络位置对企业的资源获取能力和获取规模有重要影响，经理人员可支配资源的增加有可能作用于其自利动机和自利行为选择上，因此对债权人的外部性治理作用产生影响。

3.3 本章小结

本章涵盖了全文的逻辑框架，着重介绍了债务代理成本的产生机理、债务代理成本向债务风险转化的过程、债权人内源性治理机制即效应扩散以及两类债权人治理机制的理论基础。债权人治理的根本动因在于信息不对称、不完全契约等因素造成的债务代理成本。当债务代理成本转化为债权人风险时，债权人风险规避动机下的内源性治理机制便开始运行。内源性治理机制的运行能够对公司决策者（大股东、经理层）的行为选择产生影响。由于债权人关注公司治理的动机不足，因此这种影响具有显著的外部性特征，所以本书将其称之为债权人的外部性治理。随后，梳理了债务代理成本的生成以及两类债权人治理机制方面的理论基础，其中不完全契约理论、交易成本理论、生命周期理论和社会网络理论是合理阐述和正确理解债权人治理机制高效运行的核心理论依据，同时也是全文得以顺利展开的重要基础。

第4章

债权人内源性治理：债权人利益的本位思考

本章首先分析了债权人的权力属性，并在探讨银行债权人的盈利模式基础上，对比研究了债权人与公司的股权、债权两类契约模式。对不同契约联结模式下的债权人内源性治理机制进行区分。无论哪种联结模式和治理机制，债权人内源性治理的根本出发点，均在于其对自身利益的本位思考。这种本书思考导向下的治理行为是对现代公司治理目标的一种契合，同时也是提高公司治理水平的重要途径。

4.1 债务契约中债权人权利基础

4.1.1 债权人权力属性

债权人权力体系是上市公司债权人治理机制的运行基础，决定了债务契约中债权人的风险防御能力和对上市公司委托代理问题的治理能力。在现代公司借贷契约关系中，债权人与债务人享有平等地位。在契约缔结以前，债权人对于债务人的筛选具有自愿性，任何组织几个人不得将其意志强加于债权人，不得剥夺或干扰其权利、义务。同样，债务契约关系的维护过程中，双方仍具有相应的责任与义务，任何个人或组织不得随意干预或者改变。债权人的权利及义务得到了法律体系的规范和保护，涉及的法律包括《中华人民共和国商业银行法》（以下称商业银行法）、《贷款通则》、《破产法》等，通过对相关法律体系的梳理，债权人权力体系包含以下几个维度：

1. 知情权

在债务契约形成以前，债权人有权获得关于申请贷款的公司盈利能力、运营能力、偿债能力等方面的财务情况以及贷款用途等方面的重要信息。通过对相关信息的搜集与整合，筛选优质的债务人，保障自身资金安全。债务契约缔结后，对于债务公司的资金运转情况、贷款使用方向、偿债能力重要指标信息，债权人仍享有知情权，并根据信息内容对公司进行监督、干预，进而保障债务人能够在规定的借款期限内对债权人还本付息。在此过程中，债务公司同样有义务向债权人提供真实、详尽的信息，以保证债务契约的公平性和自愿性。因此，知情权是保障债权人资金安全的重要基础①。

2. 监督权

我国公司债权人对于监督权的行使主要发生在借贷契约缔结之后，按照契约规定的关于借贷资本用途的相关初始信息，债权人有权对借贷资本的实际用途以及使用效率进行跟踪了解，及时发现债务人的违约行为，并采取相应措施予以干预和制止，降低风险，进而保障债权人风险和收益的良好匹配。作为债务契约的另一方，债务公司应接受债权人对贷款资金使用情况和有关生产经营、财务活动的监督。同时，遵循债务契约中规定的贷款使用用途，按时清偿本息②。

---

① 《商业银行法》第七条：商业银行开展信贷业务，应当严格审查借款人的资信，实行担保，保障按期收回贷款。商业银行依法向借款人收回到期贷款的本金和利息，受法律保护。第三十五条规定：商业银行贷款，应当对借款人的借款用途、偿还能力、还款方式等情况进行严格审查。《贷款通则》第十九条：借款人的义务包括应当如实提供贷款人要求的资料（法律规定不能提供者除外），应当向贷款人如实提供所有开户行、账号及存贷款余额情况，配合贷款人的调查、审查和检查。

② 对于债权人在缔结债务契约关系后所拥有的监督权，《合同法》也作出相应规定。《合同法》第二百零二条指出：贷款人按照约定可以检查、监督借款的使用情况。借款人应当按照约定向贷款人定期提供有关财务会计报表等资料。

3. 干预权

在债务契约维系的过程中，债权人对公司运营情况进行监督。当公司未遵循契约使用贷款，或债权人察觉公司的盈利能力、偿债能力下降，威胁到自身利益时，债权人有权对债务公司进行合理干预，可以通过沟通、敦促、指导等方式，使得公司提高资源配置能力，降低财务风险。债权人同样有权依合同约定要求借款人提前归还贷款或停止支付公司尚未使用的贷款；在贷款将受或已受损失时，可依据合同规定，采取使贷款免受损失的措施。

4. 处置权

当公司经营状况持续恶化，财务质量下降，资不抵债时，债权人可以通过破产清算的方式获得债务人的控制权，进而对公司相关事务进行处置，以保障或弥补债权人合法权益。债权人处置权的获取，建立在债务人无法偿还债务的基础上，是债权人在债务契约关系即将破裂或者破裂以后的控制模式，具有事后性。这种在特殊条件下的控制权转移，是债权人对公司相机治理的实现途径。《破产法》指出，当清算程序启动后，债权人可以通过债权申报、聘请清算组、召开债权人会议、建立债权人委员会等形式对债务人财产进行管理和分配，以保障债权人利益。

4.1.2 银行债权人盈利模式

在金融危机的冲击下，我国商业银行不断拓展非利息业务来降低盈利的波动性和周期性经济危机对银行业带来的冲击。2010年年末，16家上市银行的手续费及佣金收入为2979亿元，约是2003年的16倍（郭娜，2012）[①]。尽管如此，利息收入仍是我国商业银行的主要盈利来源，主要原因在于利率管制、高储蓄率、融资偏好等因素。我国自1996年便开始了利率市场化进程，但实际上央行对贷款利率的浮动仍进行着严格的管制，使得我国商业银行的息差水平一直在3%～4%浮

---

① 郭娜，祁怀锦. 上市银行盈利模式与银行价值创造的实证研究 [J]. 中央财经大学学报，2012（7）：32－37.

动，进而为商业银行带来了丰厚的利润来源。再者，在政府信用的支撑下，受到传统文化的影响，我国商业银行一直具有较高的储蓄率，进一步刺激了银行固守通过息差收入来盈利的稳定模式。

作为公司资金的重要来源，债权人向公司提供贷款，经过公司的资源配置后，获取贷款利息。以息差为主的盈利模式，一方面能够刺激债权人围绕贷款形成有效的治理机制；另一方面也表明债权人已成为上市公司重要的外部利益相关者和治理主体。为保障利息业务的安全运作，提高盈利模式的安全性，债权人将会充分利用知情权、监督权、干预权和处置权构成的权力基础对上市公司采取相应的措施，保障借贷资金能够安全的增值，进而降低资金风险，实现自身权益保护。在这个过程中，债权人的作用与股东相似，二者都向公司提供资金，并从中获得利益。不同点在于公司对债权人进行利息支付具有较高的优先级别，而股利支付排在利息支付之后。因此债权人的收益权实质上是一种固定要求权，而股东获得股利实质上市剩余索取权（刘迎霜，2010）[①]。并且，债权人的收益权不与公司的盈利水平挂钩，具有收益固定、支付优先的特点。在债权人对收益的固定要求权的影响下，上市公司的决策往往对负债融资具有一定的敏感性，上市公司的投融资决策、管理行为在一定程度上受到负债融资的限制，其务必以保证上市公司的偿债能力和财务质量为首要目标，减少非效率投资和资源浪费。因此债权人的收益特征构成了负债融资对经理人以及大股东行为产生约束的重要基础，成为债权人治理能够有效发挥的先决条件。

4.2 债权人与上市公司的契约联结模式

4.2.1 债权契约联结模式

债权契约联结模式中，银行与企业之间仅存在债务契约形成债权债

---

① 刘迎霜. 论公司债债权人对公司治理的参与 [J]. 财经理论与实践. 2010 (1)：120 – 124.

务关系，而不存在股权持有关系。根据《商业银行法》第四十三条规定，商业银行在中华人民共和国境内不得从事信托投资和证券经营业务，不得向非自用不动产投资或者向非银行金融机构和企业投资，但国家另有规定的除外。因此，银行作为我国公司的主要债权人，只能通过缔结债务契约的方式形成对公司进行监督和干预。

银行与企业之间的债权债务纽带既能够给银行和企业带来优势，同样也会由于联结模式的单一和负债融资的特点给双方带来劣势（图4-1）。就银行债权人而言，债权模式能够有效地避免债务企业风险通过持股关系向其自身的转移。当银行与企业之间具备股权关系时，银行的收益权与其他股东一样，是一种剩余要求权，尽管剩余要求权不具备优位支付的条件，但其能够与企业的盈利水平挂钩，具有较高的收入弹性。当企业的盈利能力较强，利润水平较高时，银行能够通过股权关系获得较高的收益，这种收益比债权关系为其带来的固定索取权具有比较优势。然而，当企业由于决策失误或市场环境恶化带来的经营绩效下降时，股权关系能够直接将企业的财务风险转移至银行，风险大小与股权大小具有同向变动关系，进而为银行带来经济损失。相比之下，依靠债权与企业形成的联结，能够得到法律体系的有效保护，公司盈利后，首先应支付债权人本息，其次是优先股股东的股利。并且《公司法》规定，

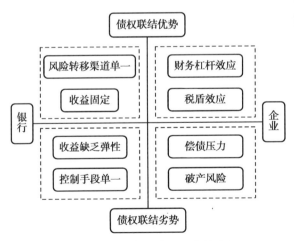

图 4-1　债权联结模式优劣势分析

当企业因财务风险而申请破产时，应成立债权人会议，企业的控制权在一定程度上转移至债权人手中。在交付完相关税金后，首先对债权人进行本息偿付。法律体系的保护不仅使得债权联结模式比股权联结模式具有更小的风险转移水平，并且在一定程度上保证了债权人稳定的收益来源，这也成为银行将存贷利差视为主要盈利模式的重要原因。

对于企业而言，银行贷款比其他融资渠道同样具有优势。其中，较为显著的优势为财务杠杆效应和税盾效应[①]。财务杠杆效应是指由于债权人和优先股股东的收益权均是一种固定索取权，即债务利息以及优先股股利是固定的。当企业盈利情况良好，利润水平不断增加时，平均到每一单位的盈余的借款利息、应付票据利息等财务费用将会减少，进而使得普通股股东的盈余水平上升，即发挥财务杠杆效应。企业不断地增资扩股能够对原始股东的收益稀释，而财务杠杆效应的存在使得负债融资可以提升原始股东的盈利效率，进而产生比较优势。负债融资为企业带来的另一优势是税盾效应，税盾效应的产生依然来源于企业对本息、税金和股利的固定支付顺序。由于债务产生的利息具有优位支付的特征，企业需在上缴税金前支付债权人本息，而企业对股东的回报排在税后。即负债高的企业比负债低的企业缴纳的所得税要少。所以，债权融资的资本成本低于股权融资的资本成本，提高负债融资在资本结构中的比例能够降低企业的综合资本成本。这同时也是股权融资对企业的盈利要求比债权融资更高的原因。

由于债权契约纽带能够带给银行和企业诸多优势，上市公司负债融资规模也表现出逐年递增的趋势。2007 年我国上市公司平均银行借款（长期借款与短期借款之和）水平为 11.13 亿元，2008 年攀升至 14.01 亿元，随着数据的持续上升，2009 年与 2010 年的银行借款规模为 16.02 亿元和 19.52 亿元，最终在 2011 年达到 19.23 亿元的较高水平，比 2007 年增加 13.6%[②]。这一数据变化表明银行贷款融资带来的诸多

---

① 税盾效应（tax shield），由于企业需要在缴纳所得税之前向债权人支付利息，而股权成本在税后支付，因此资本结构比重向债权偏重能够在一定程度上降低企业所得税税负，"差别税收假说（differential tax hypothesis）"能够很好的支持这一观点（王跃堂等，2010）。

② 样本中，2007 年涵盖上市公司 2228 家，2008 年 2468 家，2009 年 2583 家，2010 年 2578 家，2011 年 2488 家。所有数据来源于国泰安 CSMAR 数据库。

优势引起了企业的关注，在企业充足的负债融资动机和银行对存贷利差盈利模式的固守下，企业的银行贷款水平表现出逐年递增的趋势（图4－2）。

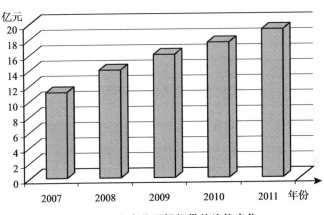

图 4－2　上市公司银行贷款均值变化

　　然而，债权联结模式同样会对银行和企业产生相应的劣势。一方面，尽管存贷利差是银行的主要盈利模式具备稳定性的优点，但作为一种固定求偿权，其为银行带来的收益水平仅仅与贷款规模和利率高低有关，与企业的经营业绩无关。并且，银行经过严格的系统筛选，成为其贷款对象的企业往往具有较好的发展前景和成长潜力，财务业绩也具有攀升的动力和可能性。所以，债务契约为银行带来的固定收益权，在一定程度上限制了银行的收益弹性，降低了银行的利润空间。另一方面，股权融资保证了股东参与企业管理和治理的权力，股东能够通过向企业派驻董事、监事、选举管理人员等方式对企业实行控制，或给予科学的政策建议，进而通过提高企业的资源配置来实现股东权益的保护和利益的最大化。而债权人作为企业的"外部人"，无法通过派驻董事等途径来实现对企业的控制，并且对企业真实的运转信息缺乏全面和及时的了解。由于具有信息优势，企业有可能在自利动机的驱使下做出过度投资或投资不足行为，直接导致债权人风险与收益的匹配失衡，进一步造成债权人的利益损失。

　　再者，负债企业需要在财务杠杆与财务风险之间做出均衡决策。负债融资为股东提高收益效率的同时也能够为企业带来偿债压力，甚至财务风险。在复杂多变的生存环境中，企业的收益水平具有波动性。假设企业投资资金全部来源于贷款，当企业运转情况良好，发展潜力较大时，企业的投资收益率高于债务利息率，企业便能够从负债融资的杠杆效应获益；若由于决策失误或因外部环境变化造成运转效率低下，投资收益率低于债务利息率时，企业不仅不能享受杠杆效应，还有可能因为负债的刚性要求而陷入财务风险甚至破产风险。

2007 年至 2008 年，上市公司银行贷款占总资产的比例增加显著，从 23.7% 增加值 45.2%，进一步表明企业对负债融资在资本结构中重要性的认同。但负债融资同时可能为银行和企业带来的风险，使得二者务必根据自身和对方的经营状态变化，及时对资本结构进行策略性调整，实现风险和收益的匹配，因此银行贷款在总资产中的占比表现出波动性特征。2009 年，银行贷款占比降至 19.9%，并持续下降至 2010 年的 17.1%，2011 年银行贷款占比为 16.5%，比 2008 年下降 63 个百分点（图 4 - 3）。

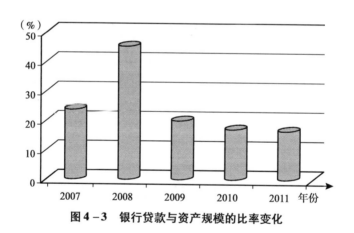

图 4 - 3　银行贷款与资产规模的比率变化

4.2.2　股权契约联结模式

以股权为纽带的银企关系中，银行对企业直接持有股份。同样，这种联结模式能够给银行与企业带来诸多竞争优势的同时，也会在风险转移、经营自主权方面受到影响。银行对企业投资持股，使其具备了企业的股东地位。当成长潜力强，发展前景良好的企业获得高水平的利润时，银行通过股东身份获取的股利也随之而来，进一步拓宽了银行收益渠道，提升了银行的盈利能力。这种盈利模式比银行的传统利率业务更具灵活性。另外，银行作为投资主体，其可以通过投资对象多元化进一步拓展盈利渠道的同时，降低投资风险水平，实现风险与收益的均衡匹配。再者，联盟企业中，控制方式的不同将直接影响联盟中的价值创造效率（戴尔，1998）①。与债权关系相比，银行与企业之间的股权关系能够提高银行对企业的控制能力，使得银行的管理意志能够在企业中得以实现。股东地位保证了银行具备向企业派驻董事、监事，选举企业高级管理人员的可能性，极大地提升了银行对企业的管控能力，保证企业的经营管理行为能够有效的贯彻银行的思想，进而保障了银行债权人的预期收益率。显然，债权关系并不能帮助银行实现利益渠道多元化和盈利模式的有效创新。

事实上，股权纽带帮助银行与企业形成了良好的联盟关系。由于获得和保持稀缺性和有价值的关键资源对于公司战略具有重要意义，企业往往由于资源稀缺性而产生构建联盟的动机，进而形成资源互补的协同效应（巴尼，1986）②。传统的资源学派更强调稀缺性资源交换带来的租金收入，联盟间企业资源的交易成本要远远低于市场交易，这也构成了联盟的形成动因（谢恩等，2012）③。当银行与企业之间形成股权关系后，资金资源便成为维系二者联盟关系的重要因素。银行向企业提供资金资源，企业通过一系列的资源配置行为将投资资金升值，并且向股东（银行）回报股利（租金）。当企业挖掘出预期收益水平较高的项目时，能够充分利用银行的资金资源进行投资。当企业陷入财务困境时，银行也能够伸出援助之手，对企业进行资源支持，恢复企业的运转效率，这不仅可以保护联盟利益，同时也是提高银行自身盈利能力，抵御股东风险的重要措施。因此，相比于债权关系，股权关系能够在较大程

---

① Dyer J. H. , Singh H. . The relational view: Cooperative strategy and sources of interorganizational competitive advantage [J]. The Academy of Management Review, 1998, 23 (4): 660 – 679.

② Barney, J. . Strategic factor markets: Expectations, luck, and business strategy [J]. Management Science, 1986, 32 (10): 1231 – 1241.

③ 谢恩，黄缘缘，赵锐. 战略联盟的控制机制对于联盟价值创造效率的影响研究 [J]. 科学学与科学技术管理，2012，33 (2): 138 – 145.

度上实现银行与企业的目标函数趋同，进而可以帮助提升市场环境应变能力和风险防御水平。

股权关系同样能够在风险转移、经营自主性等方面带给银行和企业一定的劣势（图4-4）。由于银行的主要依靠贷款利率与存款的利率差来盈利，其务必需要通过建立各种风险阻隔机制来减小客户的存款风险。债权关系中，法律和制度体系的保护能够降低银行的贷款风险，进而避免存款客户的经济损失。但是在股权关系中，银行对企业的投资失败将直接影响银行的财务质量。由于银行与企业的利益趋同，其可能会产生挪用存款资金来填补投资损失，当其因无力偿债而宣布破产时，由于银行金融中心的位置，内部风险会通过种种传导机制迅速向周围环境扩散，形成区域风险，甚至引发金融危机。因此，在银行与企业之间的股权关系中，银行独特的盈利模式和二者形成的战略联盟的风险共担特点，极有可能在银行自利动机的催化下，引发银行内部风险由证券业向传统存贷款业务的转移，进而通过金融中心的传导机制向社会其他组织扩散，并通过金融乘数效应不断放大，造成整个社会的经济损失。

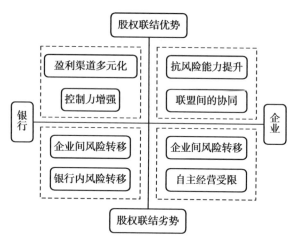

图4-4 股权联结模式优劣势分析

由于企业处于被持股地位，其经营自主性往往受到一定程度的限制，尤其是当银行居于控股地位时，企业的经营管理行为充分体现着银行的意志。由于外部环境的快速变化，银行有时不能完全把握企业的全部信息，而基于此作出的管理决策有可能不具备科学性、准确性和合理性，造成资源的低效率配置。另外，由于涉足的行业不同，被持股企业在运转中所配置的无形资产具有专用性特征，这种专用性有可能成为银行跨行业经营的障碍，造成对企业的指挥失误，将企业陷入财务风险。同时，股权关系使得企业在管理人员选聘、经营战略制定等方面的自主性受到约束，这种约束有时是一种非必要的、不积极的决策束缚，降低了企业的创新性和持续成长的潜力。

4.2.3　股权、债权混合联结模式

从债权人收益的角度上分析，混合联结模式是否能够为债权人带来丰厚的收益取决于两个因素，第一，取决于其借贷给公司的资本与购买其股票的资本之间的比例，即资本输出结构；第二，取决于公司的经营状况。在混合联结模式中，尽管股权所具有的控制优势和信息优势以及债权所拥有的控制优势能够为债权人带来协同效应，但是，每条控制链均拥有最脆弱的一环。对于股权关系来说，银行的股东身份具有较大的风险。股东对公司的目标预期是公司价值的提升，其负有一定的冒险精神和创新特质，希望公司能够在高风险的投资项目中获得较高的资金回报，以获得高额的股利分配。然而，作为债权人，其目标期望在于获得固定本息，并不关注高风险项目带来的超额收益，反而其厌恶高风险投资项目引致的收益不稳定。所以，银行作为债权人又具备充足的动机去利用契约手段或其他途径制止公司的高风险创新活动。可见，银行股东身份对于风险和创新的目标预期与债权身份对财务稳定的目标预期产生了矛盾。对于经营状况良好，并拥有稳定的现金流量以及投资项目的公司，由于单位股权资本带来的收益较高，在给定输出总额的前提下，银行可以通过增加股权资本输出，降低债权资本输出的方式调节资本输出结构，来实现最大化的收益。对于经营状况一般，投资项目收益性较低的公司，银行可以通过增加债权资本输出，减少股权资本输出的方式来降低自身财务风险，同时为公司带来较大的负债压力，通过财务风险和破产风险的引致效应，使公司能够规范经营管理行为，提高财务资源的配置效率。

若企业与债权人之间即具备股权关系又有债权关系时，多元化的融资渠道能够提升企业的资源储备，并且两种渠道能够为企业带来协同效应，协同效应的强弱同样取决于债权人的资本输出结构。当股权融资比例高于债权融资时，负债融资带给企业的偿债压力有可能通过股权融资渠道得到缓解，并且还有利于企业摆脱财务困境，或者为创新活动奠定资源基础。但同时股权融资通常意味着债权人对企业的强力控制，在一定程度上束缚了企业的自主经营意识。另外，无形资产的专用性可能导致债权人对企业的管理不善，降低联盟利益。当债权人对企业的贷款比例高于股权投资规模时，企业在享受到杠杆效应带来的较高水平的盈利效率时，同时可能会因偿债压力而陷入流动性风险。

4.2.4 银企关系的国别比较

1. 德国：高效的角色协同

在德国，银行能够通过债权契约和股权契约两种途径参与到公司的治理过程中。由于证券业与银行业并没有实现分离，德国银行既具有普通商业银行的存贷款业务职能，还可以持有企业股票，扮演着投资银行的角色，因此德国的银行常被称为"全能银行"（Universal Bank）。

德国拥有银行总量大约在 4500 家左右，地方性银行、合作制银行等小型银行以及公共储蓄银行大约占 3000 家。扮演有重要角色的大型银行，例如德意志银行、德国商业银行、德累斯顿银行以及巴伐利亚银行在信贷市场上占有较大规模，并且具有"主办银行"的性质，其常拥有大量公司股份，并为公司办理发放贷款、账务结算等经常性业务。介于主办银行与公司之间的股权纽带十分坚韧，1986 年，德意志银行、德累斯顿银行以及德国商业银行分别拥有戴姆勒——奔驰公司股票 41.80%、18.78%、1.07%，拥有西门子公司股票 17.64%、10.74%、4.14%。1994 年，德意志银行持有奔驰公司股份仍高达 24.42%。凭借强有力的股权关系德国的银行能够对公司产生十分显著的控制能力，依靠大量股权，银行作为大股东能够良好地行使自己的投票权，向公司派驻董事，通过董事会的表决程序来达成自己的意愿，保障自身权利不受损害，实现利益最大化的追求。以德意志银行为例，其曾拥有 44 家公司董事会中的 54 个席位。1990 年，银行占据德国 100 家大型公司董事会席位的 8%，甚至一位银行家曾经担任 20 家公司的监督委员会主席①。另外，代理投票制度是德国银行获得控制权的另一重要途径。代理投票制度下，众多分散的中小股东能够通过委托代理的方式将投票权集中于银行，银行利用凝聚的股权进行投票，以达成中小投资者意愿。1978 年，银行利用代理投票制度持有 100 家大型公司的 36% 的股权，加上自身持有的股票，其拥有的公司股票超过了 50%（查克姆，2005）。

　　由于欠完善的资本市场，德国的公司对与银行贷款的资源依赖程度较高，公司愿意将大量的资金业务交由主办银行管理。而主办银行也得以在获得大量公司信息的基础上，承办公司结算业务，参与公司外汇交易，帮助发行公司债券并从中获利。同时，由于银行持有公司大量股份，其务必承担股东所具有的公司风险。因此银行能够在长期的与银行合作过程中对其进行支持或救助，以避免风险，提高收益的稳定性。利用股东身份，通过派驻董事和监事，银行能够掌握大量公司信息并得以获取一定的控制权，充分将自己的意志充分灌输于公司的决策、控制和监督过程中。作为公司股东和债权人，银行可以利用行政命令以及债务契约所赋予的知情权来获得公司的经营管理信息，定期对公司呈交的财务报表进行审核，并对公司的经营活动进行决策和监督。在股权和债权为银行带来的"双控制链"中，一方面，股权关系所为其引致的控制优势和决策优势能够显著降低因债权关系为银行带来的财务风险，例如过度投资和投资不足风险；另一方面，详细的债务契约又增强了银行的监督和控制能力。所以，德国银行与公司之间所形成的联盟关系具有较强的稳定性。

2. 日本：主银行的相机治理

　　"二战"以后，日本的公司面临着严重的资金短缺，银行贷款是公

------

① 德国银行持股数据、董事会席位数据以及下文中日本企业银行借款数据均来源于"乔纳森·查卡姆. 公司长青：英、美、法、日的公司治理的比较 [M]. 北京：中国人民大学出版社，2005"。

司最重要也是最便捷的融资渠道。20 世纪 70 年代中后期，日本大型制造业的银行借款占总资本的比例曾高达 63.0%，90 年代初期银行借款比例维持在 23.0% 左右。与德国类似，日本债权人治理的最大特点是主银行制。一般而言，日本的公司都有一个主银行，主银行为公司提供较大规模的贷款。同时，日本法律规定主银行可以持有公司不超过 5% 的股份，使得主银行成为公司的大股东之一，主银行与公司之间常常具有交叉持股的关系，这使得二者组成的联盟具备了更强的稳定性。尽管日本与公司之间同样具备双重纽带关系，但是其通常扮演消极股东角色，当公司在经营状态良好，财务业绩比较优秀时，主银行并不过多的干预公司的正常经营。当公司陷入困境时，主银行通常能够伸出援助之手，注入新资本，通过相机治理机制来更换管理层，参与决策等方式帮助公司起死回生。并且，主银行对公司具备较高的事前筛选效率，在缔结债务契约前，主银行通过对公司偿债能力、信用等级、经营状况、盈利能力等方面的全面评价来决策是否与其建立借贷关系，其他金融中介机构往往通过主银行对公司的评价结果来判断是否与该公司建立金融关系。另外，主银行在公司经营过程中会规律性的对其进行监督，以保证自身利益不受损害。再者，当公司陷入财务危机后，主银行能够对经理层做出相应的惩罚措施，迫使经理层在公司正常运营过程中勤勉工作，尽职尽责。

然而，20 世纪 90 年代初，日本金融危机的爆发对主银行制带来沉重打击。由于房地产价格的剧烈下跌，银行财务状况急剧恶化，不得不提前收回贷款，抛售公司股票，消极股东角色被主银行扮演的淋漓尽致，主银行制得到了多方面的强烈质疑。首先，日本政府的"护航政策"为银行寻租带来强烈动机，银行在忽略贷款质量的基础上扩大贷款规模，催生了经济泡沫，并为自身带来财务风险。再者，随着资本市场的完善以及公司经营状况的改进，公司融资渠道被拓宽，并形成了一定规模的自由现金流，这直接降低了公司对主银行的依赖程度，进而造成主银行的监督效应降低。另外，尽管主银行与公司之间存在双重纽带关系。但是在正常的经营过程中，主银行并没有起到积极股东的作用，没有积极地参与到公司治理的过程中，只是在财务危机发生之后进行相机治理，具有较强的事后性。

在法律制度不健全的环境中，银行参与公司治理能够有效降低信息获取成本，减小因信息不对称带来的道德风险，银行对陷入困境的公司进行救助，从一定程度上能够成为法律保护的替代机制。然而，日本和德国债权人面临着同样的问题，就是如何实现双链控制模式的协同效应，进而通过完善公司治理来实现银行与公司的双赢。

3. 美国银企关联模式

在美国，股权关系是银企关联的典型模式。但相较于日本和德国的银企关系而言，美国具有"企业—银行—企业"的长链条关联模式。即，各大财团出资兴办银行，银行可通过持股的方式对企业进行投资。不同银行的持股对象具有不同特征。按照《银行持股法案》（The Bank Holding Act）的规定，除投资银行以外，其他银行被禁止持有与自身业务无关的股票。尽管银行在企业的治理结构中占据股东地位，但其对企业的治理具有一定的事后性和被动性特点。在企业正常运营的过程中，银行较少直接参与其治理过程，很少对其管理行为和管理决策进行干预。当公司价值被证券市场低估时，银行可能会通过进一步收购公司股份、替换管理人员的方式对企业进行监督和干预，提高决策者的资源配置效率。作为机构投资者，除直接持有企业股票外，美国银行下设的信托基金通常具有个人股票的代理人身份，中小投资者可以将股票委托给信托基金进行运作管理，进一步凸显了银企关系中银行的股东地位。

美国的银行有时能够为公司充当保险公司的角色。公司陷入财务困境时，银行需要投入大量的资金资源对其进行救助，银行为避免大量资金投入而造成的流动性风险，往往会在公司运转良好时，向公司收取一部分"保险金"，当公司出现运转困境时，银行能够调用"保险金"对公司进行支持，而不至于将公司风险引入银行内部。尽管银行能够持有公司的股票，但银行与公司之间的债权债务关系在英国和美国仍然较为普遍，在债务契约形成前，银行会对公司的经营状况进行考察，并对公司盈利能力、偿债能力、经营方向进行全面评价，然后选择优质的公司结成契约关系，美国银行、渣打银行等针对公司贷款都具备一套全面、科学的评价指标体系。银行的筛选行为为那些希望从银行贷款的公司带来了规范效应，使其能够根据银行的评价标准来规范公司行为，通过提升管理水平，改善经营方式来提升业绩。在契约维系过程中，美国的公司通常情况下对银行的干预和监督表现出消极的情绪，但是当公司陷入财务危机时，银行会根据公司的具体风险情况考虑是否对其进行贷款救助，必要时银行会以替换管理层为条件为公司再次贷款。次贷危机发生以后，美国金融机构加强了自身风险的管理和控制，对贷款申请人信用等级、财务状况等方面的考察和评价更为严格和全面，当借贷资本交付给公司后，银行对公司的经营管理的干预和监督更为频繁和有效。这无疑加强了公司的自律行为，迫使其加强对债权人利益的重视，并通过优化和改善经营管理来保障按时偿付贷款本息，以维护公司良好的信用状况。

从债权人治理的角度上分析，银行应该力求实现过程导向下的股权与债权协同治理。以联盟利益为出发点，通过构建高效的筛选、决策、监督、激励与救助机制，达到公司利益相关者的责、权、利平衡。债权人应充分利用自己的双重身份，通过强有力的投票权向公司派驻董事与监事，强化公司管理层决策效率，并对管理层行为进行相应监督和激励。通过债务契约的约束力量和事前的筛选效率。对公司行为进行有效约束和控制。通过甄别公司发展潜力和风险责任，对财务困境下的公司进行管理救助和资金救助，替换低效率管理层，建立高效的救助机制，实现长期内的联盟共赢。

4.3 联盟组合与债权人协同型治理

4.3.1 联盟组合与价值创新

1. 联盟组合的内涵与形成动因

经济全球化背景下，企业所面临的市场格局发生巨大变化。一方面快速多变的市场环境为企业带来诸多成长和发展机会；另一方面，来自行业竞争和经济环境的压力使得部分企业举步维艰。随着市场竞争程度的日益加剧，资源成为企业得以生存和发展的重要基础。在诸多企业资源捕获行为的合力作用下，资源在不同产业间的横向流动以及在同一产业链条上的纵向流动速度不断加快，进一步增加了企业竞争资源的难度。并且，在资源争夺过程中，由于商业模式和技术创新能力的落后，企业的盈利能力、发展能力不断受到新技术和新商业模式的威胁，核心竞争力的培育过程不断受阻。所以，如何能够迅速捕获资源，提高资源储备，并将其进行价值创造成为企业得以持续成长的关键。联盟是一种能够整合资源并提高价值创造效率的组织形态，企业间能够通过各种联结途径形成联盟关系。因此，利用联盟之间的成员企业所具备的异质性资源来获取支撑自身生存、成长和发展的动力成为解决企业资源困境，减缓外部环境压力的重要途径。

现有围绕"企业联盟"展开研究的文献可以大体分为两类："战略联盟"学派和"联盟组合"学派。战略联盟主要是指共同战略目标导向下的以契约或协议为纽带的多个企业联合体。具有互补性特征的资源能够在企业间流动，企业间风险共担、利益共享，是一种具有明确战略意图的合作关系。战略联盟的关注焦点在于联盟的共同利益。而"联盟组合"更关注焦点企业（The Focal Firm）对企业关系网络中资源的识别、获取和运用，以焦点企业的战略目标为落脚点。因此，联盟组合也可以被称之为是一种围绕焦点企业战略目标形成的资源企业集合。古拉提（1998）认为联盟组合是一种双边联盟，处于组合中的企业能够从合作伙伴处获取网络资源。因此，价值创造导向下的联盟组合（Alliance Portfolios）构建成为企业获取关键资源，实现可持续成长的重要途径（刘雪梅，2012）①。沃斯摩尔（2010）、欧思侃（2009）认为"联盟组合"中更关注某个单体企业的发展，其被称之为"焦点企业"，与焦点企业具有直接联系的组织集合为联盟组合②。同样，鲍姆（2000）等将联盟组合视为以焦点企业为中心的联盟网络，网络中焦点企业与其

---

① 刘雪梅. 联盟组合：价值创造与治理机制［J］. 中国工业经济，2012（6）：70 - 82.

② Wassmer U.. Alliance portfolios：A review and research agenda［J］. Journal of Management，2010，36（1）：141 - 171.

Ozcan, Pinar, Kathleen M. Eisenhardt. Origin of Alliance Portfolios：Entrepreneurs，Network Strategies，and Firm Performance［J］. Academy of Management Journal 2009，52（2）：246 - 279.

他不同的合作成员具有直接联系①。孔格特（1991）、瓦斯洛（2004）将期权理论引入联盟组合，其认为焦点企业能够在联盟组合的维系过程中取得增长期权，而联盟组合便是由一系列增长期权的结合体。

无论何种视角下的"联盟组合"内涵，其最终都要落脚在焦点企业通过关系网络进行资源交换活动，并对资源进行价值创造。刘雪梅（2012）认为，熊彼特的创新理念在于对企业家精神折射出的原有资源配置模式、经营理念、管理行为等进行"创造性破坏"，进而在商品、技术、组织等方面实现创新，但这种创新模式局限于企业内部，并不能契合于新经济时代资源在产业链或产业间迅速流动的背景。即资源的分散性、流动性以及新的利润增长点的不断转移使得传统的封闭式的价值创造过程和创新模式不能够满足企业日益增长的发展需求。加之内部创新往往具有较高的机会成本、交易成本和创新成果的不确定性，使得联盟组合成为焦点企业战略选择的最终诉求产物。联盟组合有利于焦点企业摆脱内部创新带来的高成本、高风险等不利因素，实现内部创新向开放式创新模式的转型。进一步的分析，尽管联盟成败的关键原因在于能否降低投机风险和交易成本（谢恩等，2012）②，但交易成本的分析框架内"联盟"形式的企业间合作关系往往是不具备效率的（格氏尔，1996）③。因此，联盟的形成根本目标是交易价值的最大化，而不是交易成本的最小化。

2. 联盟组合的价值创造

价值代表了价值载体对主体效用的满足程度（谢恩等，2012）。普通意义上，在经济交易活动中，卖方向买方提供商品或服务，而买方愿意为此支付的价格便在一定程度上反映了相应商品或服务的价值。即产

---

① Baum J. A. C., T. Calabrese, B. S. Silverman. Don't go it alone: Alliance network composition and startups' performance in Canadian biotechnology [J]. Strategic Management Journal, 2000, 21（3）：267 – 294.

② 谢恩，黄缘缘，赵锐. 战略联盟的控制机制对于联盟价值创造效率的影响研究 [J]. 科学学与科学技术管理，2012，33（2）：138 – 145.

③ Ghoshal S. Moran P.. Bad for practice: A critique of transaction cost theory [J]. Academy of Management Review, 1996, 21（1）：13 – 47.

品或服务的价值可以通过价格来衡量（波特，1985）①。而租金理论则认为租金是投资价值与投资过程所支付的资源成本的差值，所以价值能够通过企业对租金收入的获取能力来反映（默克多克，2001）②。因此，在该分析框架下，企业价值创造能力的高低，取决于两个核心要素：资源组合成本和企业的资源配置能力。当某项投资活动即将展开时，较低的资源成本投入和较高的资源配置能力均能够有效提升每一单位资源所产生的租金收入，甚至当投入规模达到一定程度时，边际资源租金会表现出递增的现象，进一步提高企业的租金收入能力和价值创造能力。同样，默克多克（2001）认为企业主要能够从资源获取（Resource – Picking）和能力建造（Capability – Building）两个方面创造租金收入③。而联盟组合能够有效地降低两种租金创造机制所需要支付的成本，进而提高租金收入效率。

　　首先，联盟组合中，焦点企业对成员企业的多元化控制和治理机制降低了获取资源过程中产生的投机风险和交易费用。刘雪梅（2012）认为，在联盟组合中，存在着以焦点企业为治理主体的正式和非正式治理机制。其中，正式治理机制包括以契约为核心的组织机制（德克尔，2004），谢恩等（2012）将其称之为基于契约的正式控制机制。无论是治理机制还是控制机制，这种以契约、合同、协议为核心的联盟组合中企业成员所认同的正式制度安排，对实现成员企业间的责、权、利均衡有着正向的影响。同时，正式的控制机制所具有的第三方权威（法律体系、政府支持）能够为制度安排的运行提供强有力的信用支持和担保效应，进一步对成员企业行为产生约束、监督效应。另外，古典契约与新古典契约的优势互补作用能够弥补不完全契约特性带来的交易成本和交易损失。古典契约中，参与交易的各个利益主体所具有的权利和应尽的义务得到了明确的规定，但受限于快速变化的市场环境、投资和资产的专用性特征。新古典契约的动态性能够较好的弥补古典契约的缺陷，其

---

　　①　Porter M. E.. Competitive advantage: Creating and sustaining superior performance ［M］. New York: Free Press, 1985.

　　②　Makadok, R.. Toward a synthesis of the resource-based and dynamic-capability views of rent creation ［J］. Strategic Management Journal, 2001, 22 (5): 387 –401.

　　③　Makadok, R.. Toward a synthesis of the resource-based and dynamic-capability views of rent creation ［J］. Strategic Management Journal, 2001, 22 (5): 387 –401.

专注于对动态变化的环境中合作企业间具备的权利和义务作出规定。因此，新古典契约能够在较大程度上提升联盟组合中正式治理机制的柔性和有效性。

联盟组合中，以契约为核心的正式治理机制能够有效地降低成员企业进行资源交易所产生的交易费用和投机风险，进而降低资源组合的投资成本，提高租金收入的创造能力。由于联盟组合中的契约往往能够对资源交易的价格、方式、资源的质量等关键方面作出明确的规定，并且这些规定通常具有法律效力，使得各成员企业具有较高的违约成本。另外，联盟企业之间具有较高的信息对称性，彼此之间具有交易默契，所以相较而言，从联盟组合内部获取资源比从外部市场更具有时间效率。同时，联盟组合中，成员企业的凝聚动机是长期合作精神和共赢精神。若企业忽略了契约的条款规定，除会受到第三方的规制作用外，还能够通过多种信号传递渠道将违约行为传递给其他成员企业，甚至其他联盟组合，降低了企业声誉，对企业绩效产生负面影响。由于联盟组合可能针对某一资源具有多个买方，因此，资源卖方企业能够得到多方企业的共同监督，进一步降低了投资风险和交易成本的产生。可见，联盟组合中，正式治理机制所产生的约束效应，以及延伸出的声誉负向激励和共同监督效应，能够有效降低成员企业从联盟内部获取资源的交易成本，极大的提高企业的交易效率和租金收入能力。

作为正式治理机制的必要补充，联盟组合中的以"社会关系"为核心非正式治理机制对联盟的维系和运作同样具有重要意义。正式制度安排的作用机理是其能够使得联盟组合中成员企业的行为对契约中的约束条款产生被动响应；而关系治理的作用机理恰恰相反，其对成员企业行为产生的"自我加强"效应是该类非正式制度安排得以运行的重要基础。"自我加强"效应的存在往往不需要政府和法律体系的介入（戴尔，1998）①，是一种成员企业自发性的目标趋同。关系治理机制的运行基础在于成员企业之间能够建立良好的社会信任关系。信息时代，企业的竞争对手针对不同的商业模式和竞争性资源均具备了较高的学习能力和模仿能力，而具有信任基础的社会关系需要交易双方较高的时间成

---

① Dyer J. H. , Singh H. . The relational view: Cooperative strategy and sources of interorganizational competitive advantage [J]. The Academy of Management Review, 1998, 23 (4): 660 – 679.

本投入、良好的企业声誉甚至相互认同的以企业核心价值理念为主导的企业文化。这些因素的共同作用下产生的良好的社会关系资源是竞争对手难以模仿和复制的，具有较高的资源专用性和复杂的社会性。罗家德（2010）将社会关系中的信任划分为制度、契约产生的一般信任与行动者之间互动产生的特殊信任。我国本土情境下，作为一种非正式的制度安排，基于特殊信任所产生的社会关系的研究更为重要①。刘雪梅（2012）认为，联盟组合中，关系治理的最高表现形式是成员企业之间共享企业愿景，具有共同承担风险和自我调适的主动意识。

从社会关系治理机制的特点可以看出，联盟组合中，这种非正式的制度安排能够使得成员形成良好的信任关系的基础上，降低投机风险产生的损失，同时能够通过提高企业的学习能力来加强资源配置效率。社会关系治理过程中，信任使得交易主体之间的资源共享规模提高，信息不对称程度降低。降低了资源交易的投机风险和道德风险。关系治理的存在使得焦点企业和伙伴企业的互动模式更为柔性，能够在以契约为核心的正式制度安排之外，灵活的进行资源获取，根据不断变化的市场环境及时的调整资源战略，提高应对复杂环境的适应性。另外，社会关系治理机制能够通过影响企业的资源配置能力，来提高企业的租金收入和价值创造能力。相较于正式治理机制，社会关系的存在使得联盟组合中，知识在成员企业中进行转移的效率更高。拓宽的转移途径、积极的转移意愿和丰富的协调机制是社会关系治理能够保证知识在成员企业间高效转移的条件。由于企业建立了良好的信任关系，长期合作和联盟共赢的意识便能够成为企业间互动行为的主导理念，焦点企业与伙伴企业间通过知识转移来增强彼此学习能力的意愿得到增强，进一步增加了企业的资源配置能力。拉尔森（1992）指出，社会关系治理机制保证了成员企业间具有丰富的协调和沟通机制，减少了知识在多环节的传递过程中产生的信息误差，使得成员企业能够获得更为准确的知识，为进一步提高企业的资源配置能力和租金创造能力打下基础②。

---

① 罗家德. 社会网分析讲义 [M]. 北京：社会科学文献出版社，2010.

② Larson A. . Network dyads in entrepreneurial settings: A study of the governance of exchange relationships [J]. Administrative Science Quarterly, 1992, 37 (1): 76 – 104.

4.3.2 债权人——企业联盟组合的形成

1. 形成动因

联盟组合的形成动因在于焦点企业中关键资源的稀缺性以及伙伴企业对关键资源的持有。企业创造价值的过程中，往往不能完全依赖于其已有的资源基础。尤其是在竞争环境不断激烈的前提下，企业需要不断地进行资源补充来培育、保持和加强企业的核心竞争能力。一般意义而言，资金是企业存在和发展的核心要素，企业对资金的需求和债权人对资金的持有也构成了债权人——企业联盟组合（债企联盟）形成的最根本动因。

在债企联盟中，债权人为资金供应方，企业为资金需求方。由于债权人与企业之间具有三种契约联结模式，不同联结模式下联盟组合中成员企业的紧密程度、价值实现方式、价值分布格局均有所不同。股权联结模式下，债权人的身份与角色实质上已转化为企业的股东，债权人向企业投资，在经过企业一系列的资源配置行为后，资金资源得到升值，使得股东能够在企业利润分配中获取股利。因此，股权联结模式下的债企联盟组合的形成动机一方面源于企业对资金资源的诉求，另一方面源于债权人获取股利的盈利模式。债权联结模式下，债企联盟组合的形成动因依然来源于企业对资金资源的需求，但债权人在联盟组合获利的方式在于通过企业对债务资本的配置并使其升值后获得债务利息。股权和债权双重纽带联结下的债企联盟组合中，债权人双重身份导致的其对股利和债务利息的诉求构成了债企联盟组合的形成动因之一。

实际上，尽管围绕"联盟组合"展开研究的文献主要从焦点企业的生存和发展进行视角切入，但"企业联盟"的形成与运行需要成员在资源交换的基础上，关注伙伴企业的运营状况和联盟利益的最大化。这不仅仅有利于联盟组合协同效应的产生，并且对焦点企业对资源的战略性捕获和可持续发展具有现实意义。因此企业联盟需要成员企业能够一定的了解彼此的经营状况、管理信息、财务质量等方面的信息，并在联盟利益导向下根据不同的信息作出能够影响相应成员企业的权变决策，进而促进成员企业间的协同效应，推动联盟组合整体利益的发展。就债权人与企业之间所具备的三种联结模式而言，单纯的债权联结模式下，债权人更关注债务利息的获取，其对债务企业的关注动机仅来源于风险防御，缺乏主动参与债务企业的管理和治理的动机，也无法构成在联盟组合中与伙伴企业的积极互动。再者，债权联结模式下，当债务企业的运营状况恶化时，财务质量下降，偿债能力受到威胁。此时，由于债权人，尤其是银行债权人在社会中所具有的金融枢纽地位，会出于风险防御动机，在政府的担保效应以及法律、制度环境的支持下，通过提前收回贷款、提高利率、降低企业信用评级等措施来减少风险损失。尽管债权人权益能够在一定程度上得以保全，但不能形成成员企业间的协同，不利于联盟利益的最大化。

与之成为鲜明对比的是，有股权参与的债企关系更能够契合"联盟组合"的内涵。股权关系的存在，使得债权人与企业的利益目标在较大程度上形成了趋同。债权人同时也是企业的股东，在为企业提供资金资源的基础上，通过帮助企业优化研发、生产、销售等业务流程，提高企业的管理能力和经营水平，进而推动企业实现利润的最大化，以获取更多的股利分红的方面起到了重要作用。并且，联盟组合中的债企行为不仅仅表现为双方在正常经营时互助与支持，当企业陷入财务危机时，债权人同样会向其伸出"援助之手"，通过资金支持、人员支持等方式帮助企业走出困境，进而促进联盟运转的稳定性，保障联盟组合的整体利益水平。另外，为得到债权人在长期的资源支持，企业也会努力经营，不断提高资源配置效率，呈现出良好的绩效表现。在债权人与企业的互动过程中，联盟利益最大化和个人利益最大化的目标是趋同的。相比于单纯的债权联结的银企联盟，具有股权参与的银企关系更具备协同动机，彼此之间的资源交换更为频繁，资源交换效率更高，联盟利益导向下的决策行为更多。因此，具有股权参与的债企关系更符合"联盟组合"的特质。

2. 债企联盟组合的特征维度

由于联盟组合的特征属性中包含竞争性、冗余性和紧密性三个维度

（詹也、吴晓波，2012）①，因此根据不同的维度特性，联盟组合也能够划分为不同的类型。格拉蒂（1998）指出联盟组合中，成员企业之间不仅具有合作的关系，还存在着因资源争夺产生的竞争关系。成员企业为争夺联盟中的关键资源，如资金、人力、原材料等，常常会展开竞争活动，竞争的激烈程度取决于关键资源的稀缺性、成员企业的行业异质性和彼此之间的议价能力差异②。然而，当焦点企业与其他伙伴企业所处的行业不同，而伙伴企业具有行业一致性时，这种分布格局有利于焦点企业在联盟中控制力的提升和绩效水平的改善。在债权人与企业组成的联盟组合中，竞争性是否有助于焦点企业的成长与发展取决于企业的盈利模式、发展前景以及与企业联结的债权人数量。当企业具有独特的核心竞争优势时，其资源配置效率和盈利能力往往高于同行业的其他企业。良好的发展前景能够吸引更多的债权人将资金投放给企业，通过企业优秀的盈利模式来实现资金的升值。然而，由于融资成本的限制，以及企业资源吸收能力的影响，企业从债权人获取资源的规模同样有限，仅能通有限数量的债权人形成契约联结关系，于是便构成了众多债权人对优质企业资源配置优势的竞争性。成员企业竞争性的存在能够有效提高企业对债权人资质的筛选效率，使得企业能够选择融资成本更低，融资条件更为优厚的债权人形成联盟组合。

詹也和吴晓波（2012）将联盟组合中的冗余性定义为联盟伙伴之间资源的重叠程度，并指出冗余性与成员企业的同质化程度有关，冗余性越高的联盟组合，价值创造效率更低。然而，本书认为这种对冗余性的定义过于泛化，有悖于联盟组合的形成条件。联盟组合的形成动因很大程度上在于企业对异质性关键资源的稀缺，是基于资源交换动机的企业集合。当成员企业间的资源冗余性过高时，直接降低了联盟组合的紧密程度或形成动机，可能会导致联盟组合的解体。因此本书将联盟组合的冗余性特征维度定义为成员企业非关键资源的重叠程度。非关键资源的冗余性取决于成员企业之间行业、经营风格、盈利模式、管理思想的

---

① 詹也，吴晓波. 企业联盟组合配置战略与组织创新的关系研究 [J]. 科学学研究，2012，30（3）：466－473.

② Gulati R.. Alliances and networks [J]. Strategic Management Journal，1998，19（4）：293－317.

差异程度。非关键资源重叠性越高，冗余性相应越高。但这种冗余性的存在不会对联盟组合的紧密性产生影响，仅可能会引起联盟组合价值创造水平的降低。债企联盟组合中，资金是维系联盟组合运转的关键资源。由于银行债权人与其他类型的企业往往处于不同的行业，并且具有不同的盈利模式。因此成员企业之间的除资金以外的非关键冗余性较低，这能够在加强联盟机密性的基础上，拓展焦点企业与伙伴企业之间的价值增值渠道，提高联盟组合的价值创造水平。

刻画联盟组合的另外一个特征是成员企业间的紧密程度。成员企业之间合作的时间越长久、合作频率越高、合作的强度越大，表明该联盟组合越紧密（开普拉多，2007）①。在债企联盟组合中，债权人对企业进行资金支持的时间越长、对企业的管理和治理进行干预的频率越高、资金支持的规模越大，均能够表现出二者之间紧密的联盟互动关系。

3. 债企联盟组合价值创造途径

企业存在的目的在于创造价值，而企业联盟的根本目标在于促使交易价值实现最大化（查洁科，1993）②。联盟组合价值创造的基本机制在于资源交易与能力构建过程中产生的价值转移和增值（谢恩等，2012）③。债企联盟组合中，价值的创造主要源于债权人对企业资源配置模式的借用、债权人与企业对彼此管理经验、经营方式的学习以及资源在网络中的转移。

（1）资源配置模式的借用。债企联盟组合中，债权人将资金资源转移给企业的直接原因在于其缺乏企业的资源配置模式，而同样的资金在企业的资源配置过程中所得到的增值要比债权人更有效率。尤其对银行债权人而言，其盈利模式以信贷利差或对外投资为主，其可以通过债权或股权两种形式与其他企业形成资源输送通道，资金资源得到企业的

---

① Capaldo A.. Network structure and innovation: the leveraging of a dual network as a distinctive relational capability [J]. Strategic management journal, 2007, 28 (6): 585 – 608.

② Zajac E. J., Olsen C. P.. From transaction cost to transactional value analysis: Implications for the study of interorganizational strategies [J]. Journal of Management Studies, 1993, 30 (1): 131 – 145.

③ 谢恩，黄缘缘，赵锐. 战略联盟的控制机制对于联盟价值创造效率的影响研究 [J]. 科学学与科学技术管理，2012, 33 (2): 138 – 145.

整合与配置后实现升值，进一步将股利或债务利息返还给银行。在这个资源配置模式的借用过程中，银行债权人已对模仿企业资源配置模式的回报率和资源配置模式借用的回报率进行对比。显然，重置和模仿企业的资源配置模式需要耗费大量的成本，尤其是在企业的萌芽和成长阶段，继续大量的资金投入以维系企业的运作和抵抗来自外部环境以及其他成熟企业的竞争压力和风险，对于具有金融中心地位的债权人而言，选择这种获利方式是需要十分谨慎的。资源配置模式的借用的表现形式是债权人和企业双方利用对方的资源直接创造价值增值的机会，这种价值创造机制能够在资源的广度和深度上对企业形成支持（刘雪梅，2012）。作为一种资源交易形式，成员企业在联盟组合内进行资源交易要比同组和外部的组织进行交易具有更低的投机风险和交易费用，因此能够形成具有比较优势的李嘉图租金收入（理查德蒂安）①。

（2）能力学习：联盟组合的另一价值创造途径是焦点企业和伙伴企业之间能够通过不同的渠道对彼此先进的管理经验、运作模式、经营理念等方面进行学习和模仿，并运用于自身企业内部，提高企业的运作效率，实现资源价值的迅速增值。拉度等（1997）认为租金收入是从企业对资源的识别、获取、配置和利用的一系列活动中产生的②。因此，企业围绕资源所开展的一系列活动的能力基础对租金收入具有重要影响。能力学习的目的在于实现对企业组织形式、技术水平、管理模式的创新，这种由于组织创新所带来的经济租金被称之为"熊彼得租金（Schumpeterian Rents）"。债权人和企业形成的联盟组合中，二者之间往往具有良好的互动行为，特别是当股权关系参与到联盟中时，债权人和企业均关注于联盟利益的实现。因此，合作频率更高、合作规模更为庞大、合作时间也更为长久，在这种紧密型的联盟组合中，债权人对金融、财务管理方面具有比较优势，而企业良好的发展前景也得益于其技术或管理优势。债权人能够通过向企业派驻董事、监事或顾问的形式及时地掌握先进的企业管理信息，并将其运用到自身的运作过程中。同

---

① 李嘉图租金（Ricardian Rents）是附着于资源的，由于企业的异质性能力使得成本降低而获取的租金收入。

② Lado A. A., Boyd N. G., Hanlon S. C.. Competition, cooperation and the search for economic rents: A syncretic model [J]. Academy of management review, 1997 (1): 110 – 141.

样，企业也能够在金融和财务方面得到合作伙伴的指导，进一步提升资源配置效率，提高租金创造能力，实现单位资源边际价值的递增效应。

（3）资源的网络转移：由于企业无法完全从内部获得用以支撑其存在和发展的所有资源，因此在资源交换过程中形成联盟组合。实际上，任何一个联盟组合均具有开放性的特征，联盟组合的边界也随着成员企业对资源依赖程度的提高而不断向外扩张，因此便形成了联盟组合网络。在网络形态下，各网络成员之间的强连带和弱连带关系成为信息和资源传递的渠道，这无疑为某个具体的联盟组合中的焦点企业进一步拓展了资源获取途径。格兰温特（1985）提出的弱连带优势理论认为，相比于强连带关系，弱连带关系更具备良好的信息传递质量[①]。即便如此，网络中成员企业间的连带关系为债权人——企业联盟组合中的焦点企业带来了更丰厚的网络资源。由于资本总朝着能够产生利润的方向流动，因此债权人所持有的资金资源能够通过网络途径朝着更多的优质企业进行转移。这无疑推动了网络中企业间资源配置的帕累托改进，提高了企业的价值创造效率。

4.3.3 债企联盟组合协同型治理

1. 治理目标：联盟价值创造效率的提升

联盟组合治理目标的确定，取决于联盟组合所创造的总价值在各成员企业中的布局结构。企业的价值基础战略理论中，将联盟中的价值区分为价值创造与专有价值两个方面（布兰德伯格等，1996）[②]。价值创造是指由整个联盟中成员企业所创造的价值总和，也就是焦点企业及其伙伴企业所创造的共同利益与私有收益的总和。价值创造具有整体性，是整个联盟组合通过成员企业合作、资源整合、资源配置等方式产生的价值，其规模要高于联盟组合解体后各个成员企业创造的价值之和，其

---

① Granovetter, M.. Economic Action and Social Sturcture: The Problem of Embeddedness [J]. American Journal of Sociology, 1985, 91 (3): 481–510.

② Brandenburger A., Stuart H. W.. Value-based business strategy [J]. Journal of Economics and Management Strategy, 1996, 5 (1): 5–24.

本质是一种联盟租金（Alliance Rent）（刘雪梅，2012）。专有价值是各成员企业在联盟价值创造中享有的比例。

联盟组合治理的目标在于提升联盟的价值创造效率，而不是仅关注焦点企业或其他伙伴企业本身的价值或绩效水平。这是因为即便是实现了成员企业的专有价值的最大化，而忽略联盟组合中企业间的协同，所有的成员企业专有价值之和必定低于联盟组合的价值创造。这无异于从联盟组合外部环境中进行资源交换和资源整合，联盟组合的构筑意义也会因此丧失。再者，联盟组合中，各成员企业之间具有趋同的目标函数，各自持有其他伙伴企业赖以生存或发展的关键资源。若设联盟组合的治理重点向焦点企业的绩效水平转移，联盟组合中的资源输送渠道均指向焦点企业，甚至以牺牲成员企业的利益或发展潜力为代价。但由于成员企业资源的互补性，焦点企业尽可能在短期内实现价值的迅速提升，但从战略意义上并不利于焦点企业的持续成长。因此，联盟组合的治理目标是以通过焦点企业和伙伴企业的资源战略协同，来提升整个联盟价值创造的效率。过分的关注某个成员企业的既得利益不仅会阻滞资源配置在联盟中的帕累托改进，降低联盟整体的价值创造能力，同时还会损伤该企业的成长潜力。

债企联盟组合中，股权联结使得债权人利益与企业利益趋于一致，企业利润的最大化能够给债权人带来股利或债务利息，债权人向企业注资并对企业的经营进行监管又促进了企业利润最大化的实现。所以债企联盟组合的治理目标务必通过实现二者的战略协同来提升联盟的价值创造效率。一方面，债权人本身不具备像企业一样的资源配置模式，每一单位资金在债权人内部所产生的边际利润要低于企业对每一单位资金边际利润的产出。另一方面，由于联盟组合带来的低交易成本和投机风险，企业从债权人获取每一单位资金资源所支付的边际成本要低于从联盟组合外部的融资渠道进行融资的边际成本。因此债企联盟组合中的资源互补优势需要通过债权人和企业的战略协同实现，而过多的关注债权人或企业均不利于协同效应的产生。所以债企联盟组合的治理目标是联盟价值创造效率的提升。

2. 治理主体

由于联盟组合的治理目标在于推动整个联盟价值创造效率的提升，

任何成员企业不可能总成为治理主体，因此联盟组合的治理主体角色需保持一种动态性，即任何成员企业均有可能成为治理主体和客体。而为了保证这种治理主体动态性选择的效率，需要完善联盟组合中成员企业之间开展合作活动的契约、协议等制度体系，依靠良性制度安排的运行，实现在不同的治理环境中，治理主体权利能够顺利的归属给恰当的成员企业，通过治理机制的顺利运行，保障联盟组合中成员企业的责、权、利均衡，并实现联盟价值创造效率的最大化。

需要指出的是，联盟组合中，治理主体和治理客体的角色可能归属于不同的企业，也可能归属于同一个企业。在信息不对称条件下，当联盟组合中的某一成员企业利用信息优势，对其他成员企业的利益造成损害时，剥夺型的治理问题便产生了。此时，治理主体和客体分立于两个企业，需要依靠以契约为核心的制度运行或非正式的社会关系机制来约束、惩罚成员企业的利益剥夺行为，实现治理目标。但成员企业可能是具有独立法人地位的公司，当公司规模较大，组织结构复杂时，企业内部同样可能由于信息不对称和自利动机出现治理问题，企业内部的治理问题通过种种传导机制来影响企业决策制定和行为选择，甚至降低企业盈利能力和绩效水平。此时，联盟组合中两成员企业之间由于资源交换形成的较为紧密和持久的组织联系可能成为风险的传播渠道，通过对资源质量、供给效率、经验学习等产生影响，进而将某一单体企业的治理风险传播给其他联盟成员，降低整个联盟企业的价值创造能力。

在债企联盟组合中，治理主体角色在债权人和企业之间进行动态选择。当企业行为和决策契合联盟价值最大化的共同目标时，其绩效表现仍有可能因为外部经济环境、制度环境变化产生的生存压力而受到威胁，进而对联盟价值创造效率产生负面影响。此时，债权人作为治理主体，应向企业进行支持型治理，通过资源支持、人员支持、管理支持等一系列的支持手段来帮助企业走出发展困境，推动联盟价值的最大化实现。当企业利用信息优势和自利动机提高债权人风险，挖掘债权人（股东）利益时，债权人（股东）同样应该发挥治理主体的作用，对企业进行约束、惩罚。同样，在具有股权参与的债企联盟组合中，具有股东身份的债权人同样可能具有利益剥夺动机，通过非公允的关联交易、资产转移等方式剥夺公司的利益。此时，治理主体角色转移至企业手中，企业务必通过构建权力制衡机制、完善制度体系等手段避免债权人（股东）的利益挖掘。因此，债企联盟组合中，治理主体和客体的角色均能够在债权人和企业间做出动态选择。

3. 治理机制

（1）正式治理机制。在债权人与企业组成的联盟组合中，协同治理机制对维系成员企业责、权、利均衡，推动联盟价值创造效率的提高具有重要意义。联盟组合的协同治理主要包含正式与非正式两类治理机制（如图4–5）。其中正式治理机制是指围绕债权人与企业之间的合同、协议展开的一系列正式的制度安排，主要包含了两类治理机制：外部契约治理与内部制度调整。由于债权人具有股东和债权人双重身份，其能够与企业缔结债权和股权契约。尽管不同的契约具有不同的表现形式，但内容上可以大体分为两类条款：常规条款与备择条款。常规条款主要针对双方在正常运营时，债权人与企业的合作方式、资源交换条件、利润分配原则等方面做出规定。在常规条款中，债权人往往需要对债务资本的用途、利率、偿债期限等方面做出规定，以保证债务资本能够得到安全增值。股权契约能够保证出资人的股东身份，进而为向企业派驻董事、监事，选举高级管理人员奠定基础。契约中的备择条款往往能够限制联盟组合中焦点企业以及伙伴企业的行为选择，尤其当一方作出的管理决策能够引起其他企业的利益损失时，备择条款能够启动相应的约束、惩罚机制来降低自身风险。例如，在债企联盟组合中，如果企业将债务资本用以高风险项目的投资，使得偿债能力和财务质量下降，债务契约中的备择条款可以允许债权人提高利率或提前收回贷款，令债权人风险和收益实现匹配与均衡。当经理层挖掘股东利益时，债权人（股东）能够利用备择条款提出更换经理人的要求，降低利益损失水平。需要指出的是，在外部契约运行的过程中，其治理对象不仅仅是伙伴企业，企业自身同样可能成为治理客体。例如，为降低债权人风险，债务契约往往能够对企业的一些财务指标作出规定，企业务必努力提高经营效率，以满足相关条款的约束，达到债权人要求的信誉和管理水平。

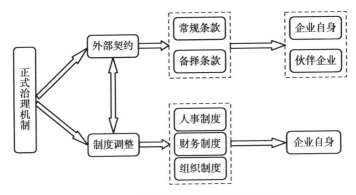

图 4-5 债企联盟组合正式治理机制

债企联盟组合中，另一项正式治理机制为各成员企业在契约影响下做出的制度调整。为了长期维系债权人与企业之间良好的联盟关系，外部契约虽能够约束伙伴企业的行为、决策，但在信息不对称的情况下，成员企业仍可能因为自身利益忽略联盟伙伴的权益，利用信息优势对他方造成损失。此时，在外部契约的影响下，对企业内部原有制度体系进行适应性调整，能够监督和约束成员企业的行为选择。当债权人与企业之间具有股权和债权双重契约链接模式时，债权人的股东身份能够保障其向企业派驻董事、监事，选举高级管理人员等一系列权利，企业可以通过建立和健全相应的人事制度，保障股东能够顺利地参与到企业的日常运作和管理中，提高彼此之间信息对称程度和沟通效率，进而促进债权人与企业的责、权、利均衡和良性互动。依照债权债务契约，企业为获得债权人长久、持续的支持，需要提高管理运作效率，并对偿债能力、运转能力、盈利能力等财务分析指标进行长期跟踪、监测和分析，通过建立财务质量评价体系、风险预警体系、信用波动监测体系等措施来完善财务制度，以此来契合外部契约对企业行为作出的行为要求，促进债权联盟组合的良性发展。再者，组织制度也是保障债权联盟组合能够持续、健康运作的要素。良好的组织环境和科学的组织设计能够顺利推动债企联盟组合中的人员沟通、人员委派、资源交易等互动机制，还能够帮助债权人和企业抵御来自经济环境和竞争对手的风险，进而提高联盟组合的成长潜力。

（2）非正式治理机制。非正式治理机制主要包括债权人与企业之间的社会关系治理和两者之间共同遵守的但尚未列入契约条款中的默契、准则。在债企联盟组合中，关系治理机制的运行状况决定了债权人与企业、债权人与债权人甚至是企业与企业之间进行合作的广度与深度。联盟组合所形成的关系网络，同样是债权人与企业所具备的重要资源，成员企业对关系资源的储备规模，能够对企业与潜在债权人或其他形式的合作伙伴建立关联的效率产生影响。因此，建立良好的关系治理机制有助于企业在更大规模的网络中整合资源，夯实企业的资源基础。

在债企联盟组合中，社会关系治理的重要目的在于降低债权人与企业之间的交易风险，在较大程度上避免成员企业之间因机会主义产生的利益损失，减少资源交易摩擦和交易成本。刘雪梅（2012）指出，关系治理机制主要包括了成员企业之间向彼此表达善意、构筑良好的信任关系、隐性的处罚机制（图4-6）。可见，与正式治理机制不同，社会关系治理机制能够形成对成员企业的正向激励，具有自我强化的特点。在联盟组合尚未形成以前，债权人或企业首先向彼此"表达善意"，即通过对对方经营项目、信誉水平、管理风格、运营质量等方面的了解和评价，表达合作倾向，发出共建合作关系的建议。当联盟组合形成后，为维系良好的联盟关系，搭建共赢的合作平台，债权人和企业都具备一定的动机去建立良好的信任关系。并且，双方会为此不断加强企业自身的管理，提高运营能力和财务绩效，通过"自我加强"的方式来满足对方提出的合作需求。此时，成员企业之间已从"了解"升级为"接受"与"契合"，成员企业对彼此的运作方式、经营理念已经熟悉，能够共同遵守非正式契约化的交易原则，形成了交易默契，甚至表现出相互融合的状态，能够共建联盟愿景，并为联盟愿景和共同利益分担交易风险，自我调适行为模式。这无疑能够极大地降低成员企业资源交换过程中产生的交易风险和交易成本，推动联盟价值创造效率的提升。当某个成员企业在自利动机下做出损伤伙伴企业的行为时，联盟组合中的隐性惩罚机制便开始运行。其他成员企业会降低其信用评级，减少合作次数和合作规模，或强化契约中条款内容的约束力度，减少企业的资源交换，进而降低其可持续成长潜力。由此可见，在社会关系治理机制中，表达善意、信任关系和隐性惩罚是一种具有层次递进性质的自我加强的治理体系，是对正式治理机制的重要补充。

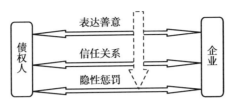

图 4 - 6　债企联盟组合社会关系治理

4.4　风险规避驱动下的动态防御治理

很多转型国家中，债权人与企业之间并不具备股权关系，而是单纯的依靠债权债务关系来形成与企业的互动。相比于股权关系，债权关联使得债权人与企业之间缺乏协同动机。在企业，股东追求的是股东收益的最大化，而债权人的目标仅在于固定获取债务利息。当股东利用信息优势选择资产替代行为时，债务代理成本和债权人风险便随之产生。并且，单纯的债权关系不能保证债权人通过高管派驻的方式对企业进行管控，进一步增加了债权人风险。因此，债权联结模式下，债权人构建风险规避导向下的防御型治理对于保护债权人利益，实现公司利益相关者的权益均衡具有重要意义。

依据企业生命周期理论，在不同的生命周期阶段，企业的组织特征、经营状况、管理模式及风格往往能表现出较为显著的差异性（米勒，1984）[1]，这种差异性的存在导致企业的信息不对称情况和债权人风险会随着生命周期发生变化。基于此，根据企业不同生命阶段的差异性特征，债权人出于利益保护往往会构建动态治理能力，降低资金风险。本节根据企业生命周期理论和动态能力理论，尝试探讨以下几个方面的问题：债权人的风险水平是否会在债务公司不同的生命阶段表现出显著差异？在不同的生命周期，利益保护导向下，债权人的动态治理是否会对其风险水平产生差异化的影响？

---

[1]　Drazin R. , Kazanjian R. K. . A Reanalysis of Miller and Friesen's Life Cycle Data ［J］. Strategic Management Journal, 1990, 11（4）：319 - 325.

4.4.1 生命周期与企业异质性特征

"企业生命周期"的概念由格林纳（1972）首次提出。在《组织成长的演进与变革》一书中，格林纳将生物学与企业成长理论相结合，认为企业的成长过程如同生物有机体一样，会出现阶段性特征，并且这种阶段性特征与生命体成长特征相接近①。如今，企业生命周期理论已成为组织理论中重要的组成部分，其主要涉及仿生论、阶段论、特征对策论、归因论等分支。在企业生命周期理论发展初期，多数学者就其存在的科学性展开探讨，这一时期仿生论占据主要地位，研究主题主要围绕企业生命周期是否存在，企业成长轨迹和成长特征是否能够借用生物学理论进行研究与分析。当企业生命周期的存在性得到学术界和实务界的认同后，研究的视角又拓展到企业生命周期的阶段论分支。在生命周期阶段论分支中，阿迪斯（1989）以灵活性和可靠性为判断依据，将企业生命周期划分为成长、成熟和衰退期。盖尔布雷斯（1982）将科技型企业的生命周期划分为五个阶段：原理检验阶段（proof-of-principle stage）、原型阶段（prototype stage）、模型工厂阶段（model-shop stage）、启动阶段（start-up stage）和自然成长阶段（natural growth stage）。在阶段论的研究基础上，生命周期理论开始向特征对策论发展。大量文献开始围绕不同阶段企业表现出的差异化特征，是否能够契合有机体在生长过程中表现出的不同体征这一主题展开研究。并在企业生命周期的阶段进行科学划分的基础上，对不同阶段中企业在投融资行为、战略选择、管理风格以及公司治理方面所应采取的对策进行探讨。

初创期，企业往往凭借一定的技术优势或资源优势进入某一行业。尽管在产品生产方面，企业由于资本和经验的限制无法迅速提高生产力水平和产出能力，但技术和资源优势能够保证企业一定的资源配置效率，进而获得市场准入机会。技术优势的存在使得企业具备较高的创新能力，但受到有限的资本、经验和简单的组织结构的影响，其创新动力稍显不足。虽然如此，技术创新先发优势的存在使其具有同行业较为领

---

① Grener L. E.. Evolution and Revolution as Organizations Grow [J]. Harvard Business Review, 1972 (8): 1 – 11.

先的技术水平。再者，企业在初创期的组织结构较为简单。由于企业刚刚创立，其管理、生产、销售、财务任务均较少，所需要的员工规模较低。虽然与成熟期和成长期的企业相比，初创期企业中员工工作总量水平较低，但出于对成本的控制，员工人均工作量较多，人均工作任务较为繁重。另外，较低的生产力水平抑制了企业对新市场的吸收能力，销售规模较低，但大量市场资源也表明企业具有较大的成长空间和成长潜力。初创期的企业往往不具有较强的抵御风险的能力，其资金储备较低，缺乏先进的管理经验和风险预测能力，很容易受到周期性的经济波动以及行业内其他竞争者的影响。另外，外部投资者无法准确判断初创期企业的发展潜力，因此企业的外部融资渠道也较为闭塞。

　　成长期的企业在成长速度、组织结构、技术创新等方面上具有鲜明的特征。在初创期积累的经验的影响下，成长期企业规模迅速提高，技术与资源优势进一步凸显。随着生产、销售能力的提高，企业对新市场的开发速度明显增快，销售收入激增。为了能够适应较快的发展速度，使得生产力和成长速度相匹配，企业需要增加组织结构的部门设置，优化不同部门内和部门间的业务流程，强化部门之间、人员之间的沟通效率。在快速捕捉市场信息的基础上，降低企业内部信息传递成本，提高信息处理效率，以迅速适应快速变化的外部环境，识别并抓住市场机遇，推动企业成长加速。快速成长的企业具备了一定的资金积累，使其对外部环境的风险抵御能力提高。并同时得到了诸多外部投资者的青睐，融资渠道不断被拓展。但需要指出，成长期的企业主要精力在于开拓市场、扩大规模，其技术创新的动机逐渐下降，部门之间的协同能力较差。并且，企业的快速成长往往能够吸引，外部环境中竞争者的关注，核心技术面临被模仿的风险，外部竞争压力开始增强。

　　企业在成熟期的规模到达顶峰，但成长潜力急剧下降。从成长期发展而来，企业在成熟期已经形成了颇具规模的组织结构，部门和岗位的重复设置使得组织结构冗余现象严重，在较大程度上降低了信息传递效率，并缺乏有效地团队沟通，资源配置效率下降。企业管理者通常会产生"松懈"的管理态度，享受长期发展带来的丰厚"果实"。成熟期的企业在同行业中已经具备了一定的地位，在市场上享有较好的声誉，但销售市场几近饱和状态，市场开发速度降低，大量的资金、人员的投入均用来维系既有市场。尽管企业成长性下降，但在信息不对称条件和企业声誉的影响下，较高的行业地位仍然能够为企业带来诸多投资者的支持，使得企业获得更多的自由现金流，使得企业盈余资金进一步充实，这一方面保障了企业较高的风险抗击能力，另一方面使得企业多元化战略的执行成为可能。在创新方面，由于竞争者的模仿与跟随，企业已经失去原有的创新优势，甚至远远落后于竞争者的创新水平。随着创新能力的降低，企业的发展速度和成长潜力进一步被抑制。

若企业未能在成熟期成功找到新的利润增长点，仅依靠对原有资本积累的蚕食来维系争创运作，企业则很快进入衰退期。在衰退期，企业不具备任何的成长能力，企业规模开始缩减。企业内部管理人员表现出"疲软"现象，组织结构冗余突出，部门间摩擦不断，团队缺乏凝聚力，员工和管理人员流失严重，工作效率急剧降低。管理费用、财务费用以及一系列成本支出使得企业的现金流锐减。随着管理水平的下降，企业在成长期和成熟期形成的品牌效应不复存在，企业和产品声誉受到影响，客户忠诚度和满意度均急剧降低，长期积累形成的销售市场不断萎缩。巨大的偿债压力使得企业面临破产风险，股票价格的下降使得企业成为资本市场上的并购目标。

4.4.2 生命周期、代理冲突与债权人风险波动

由于在较多转型国家中的债权人与企业仅存在债权债务关系，通过构建风险防御措施来降低债权人损失成为债权人的重要保护机制和治理机制，是公司利益相关者实现权益均衡的重要手段。在静态研究范式下，企业负债水平与代理成本、财务绩效、资源配置效率等因素之间的关系成为探讨重点。哈特（1995）的模型中将公司负债视为缓冲股东与经理之间代理冲突的担保机制[1]。徐向艺和李鑫（2008）在自由现金流的视角下指出负债融资能够通过抑制经理层自由现金流的使用来减少

---

[1] Hart O. . Moore J. Debt And Seniority: All Analysis Of Hard Claims In Constraining Management [J]. American Economic Review, 1995 (85): 567 – 587.

非效率投资，进而证实了 Hart 提出的负债担保效应①。普林诺和维尔巴赫（1999）以 28 家公司经验数据为研究样本，分析了公司资本结构选择对股东与债权人利益冲突的影响②。然而，静态研究范式的劣势，在于忽略了债权人风险在企业生命周期演进过程中呈现出的异质性特征。债权人根据风险水平的差异来构建自身的动态治理能力的可能性，未能深层次的触及债权人治理的实质，使得债权人治理的研究领域仍有较大的解释空间。

在债务的委托代理视角下，企业在生命周期内演进的过程中，由于组织结构、代理链条、信息不对称程度、治理层级、投融资行为、财务状况等方面的动态变化，企业通过债权债务纽带为债权人带来的风险水平也具有显著的差异化特征。企业初创期，组织结构简单，企业的出资人与经理人往往具有两职合一的特征（史密斯等，1985）③，因此所有权与经营权尚未出现分离，二者的目标函数高度统一，代理链条长度几乎为零。尽管企业内部各管理层级之间的信息对称程度较高（阿迪斯，1989）④，内生于企业边界以内的代理成本水平较低，但是企业外部对企业内部的运营状况具有较高的信息不对称现象。对于外部投资者而言，企业的成长前景具有较高的模糊性，无法准确判断企业的运作能力、财务质量和风险抵御能力，因此其通常怀有审慎和观望的态度，企业的融资渠道也就相应较为闭塞。在初创期时，企业的大量资源用于固定资产购置、市场调研、人员招聘等基础建设方面，盈余资金较少，企业决策者不具备进行非效率投资和资产替代的动机和能力。尽管如此，面临巨大地市场潜力和严重的资金限制，企业有可能放弃净现值为正的

① 徐向艺，李鑫. 自由现金流、负债融资与企业过度投资——基于中国上市公司的实证研究 [J]. 软科学，2008（7）：124 – 139.

② Parrino R. , Weisbach M. S. . Measuring Investment Distortions Arising from Stockholder-bondholder Conflicts [J]. Journal of Financial Economics, 1999, 53（1）：3 – 42.

③ Smith K. G. , Mitchell, T. R. , Summer, C. . Top Level Management Priorities in Different Stages of the Organization Life Cycle [J]. Academy of Management Journal, 1985, 28（4）：799 – 820.

④ Adizes I. . How and why Corporation Grow and Die and what to Do about it: Corporate Life Cycles [M]. Englewood Cliffs, NJ: Prentice Hall. 1989.

高质量投资项目，形成投资不足的局面（李云鹤等，2011）①。当企业进入成长期时，高速发展为企业带来大量的管理任务，经理人或职业管理团队被聘入企业，对企业进行委托管理，经营权和所有权出现分离，代理链条增长（扎瓦尔等，2001）②。此时，由于股东对经理具有较强的警惕性和监督意识，经理人为维系其在经理人市场上的声誉，自利行为不明显，代理成本较低股东与经理之间的代理冲突并不十分显著。原有的简单的组织结构已经不能适应公司的快速扩张，随着组织结构的复杂化，组织内部的信息不对称程度增加。企业的快速成长带来了外部投资者的关注，融资渠道被打开，在外部利益相关者的制衡下，信息在组织边界内外的不对称程度有所缓解。在成长期，企业决策者的将大量可支配资源用于企业的市场扩张、品牌树立等方面，为获得规模更大的资金支持，积极地与外部投资者构建良好的社会关系，进一步拓展融资渠道。所以成长期的企业尽管在经营权与所有权分离的影响下，显现出一定的代理冲突和风险投资的可能性，但总体上为债权人带来的资产替代风险并不显著。

当企业进入成熟期后，组织结构开始出现冗余现象，重复设置的组织结构极大地降低了资源配置和协调沟通效率。企业规模实现了最大化，经过成长期的高速扩张，企业有可能从单体公司转化为母子公司或者企业集团，构成庞大的金字塔形态，治理层级的增加使得代理链条急剧拉长。由于组织结构冗余和治理层级增加的影响，企业内部的信息不对称现象凸显，部门之间、公司之间为争夺资源容易形成明显的本位思想。在第一类委托代理关系中，成熟期的企业经理人更具备充足的动机和优势来选择在职消费、渎职等行为，增加股东与经理层之间的代理成本。在第二类委托代理关系中，企业积累的大量盈余资源极大地刺激了股东通过非公允关联交易、资产转移的方式剥夺中小股东和公司的利益。两类代理问题均有可能降低企业的偿债能力和财务质量，进而引发债权人风险。另外，大量的盈余资金构成了企业利用信息优势接受净现

---

① 李云鹤，李湛，唐松莲. 企业生命周期、公司治理与公司资本配置效率 [J]. 南开管理评论，2011，14（3）：110 - 121.

② Jawahar I., McLaughlin, G.. Toward a Descriptive Stakeholder Theory: An Organizational Life Cycle Approach [J]. Academy of Management Review, 2001, 26 (3): 397 - 414.

值为负的投资项目，造成过度投资，为债权人带来风险与收益的失衡。衰退期，企业规模急剧萎缩，可支配资源减少，企业代理链条中，各个利益主体利用信息优势选择自利行为的能力减弱。相反，由于衰退期的企业成长性和灵活性下降，企业内部官僚作风凸显，财务绩效较差，股价滑落严重，时刻面临着被并购或破产的风险（阿迪斯，1979）[①]。此时，一部分经理人可能会选择辞职，另一部分经理人会出于职业防御心理，勤勉工作，努力提高企业的运作效率（斯科特，1992）[②]。虽然企业决策者在资源和利益相关者的限制下，丧失了过度投资的动机，但企业可能产生的投资不足问题或较低的偿债能力仍有可能为债权人带来财务风险。

因此，可以看到，当企业在生命周期内演进时，由于企业规模、信息不对称程度、组织结构的复杂性、资源储备等因素会随着企业的成长过程不断发生变化，公司治理的主体也应根据企业在不同生命阶段表现出的特点来选择差异化的治理机制（刘苹、陈维政，2003）[③]。所以，在企业不同的生命阶段中，债权人所承担的风险水平也会有所差异，基于此，风险防御导向下的债权人治理机制需具备动态、权变、灵活的特点，债权人需要针对不同生命阶段中所承担的差异化风险，制定防御强度、风险控制点、参与力度差异化的动态治理机制。

4.4.3　二维动态性的债权人防御型治理

资源是企业存在和发展的重要因素，诸多文献围绕"资源"和企业业绩之间的关系展开研究，可以大致分为资源基础论和动态能力理论两类。前者认为，企业获得超额利润的条件在于其丰厚的资源基础。在资源基础论导向下，企业务必需要通过积累核心技术、知识产权等重要

---

① Adizes I. Organizational Passages: Diagnosing and Treating Life Cycle Problems in Organizations [J]. Organizational Dynamics, 1979, 9 (1): 3 – 24.

② Scott, M. G. Entrepreneurial Careers and Organisational Life Cycles [M]. Switzerland: Rencontres de St. – Gall, 1992.

③ 刘苹，陈维政. 企业生命周期与治理机制的不同模式选择 [J]. 财经科学，2003 (5)：73 – 76.

资源，制定资源战略，才能取得良好的业绩（蒂斯，2007）[1]。然而，资源基础论"天然"的静态视角使其在解释当面临不断变化的外部环境，企业如何获得持续的竞争能力和成长潜力时不具备说服力，这也形成了公司治理领域的研究诟病，即静态治理机制不具备选择性和针对性，无法保证公司在动态的环境中维持较高的治理水平。动态能力理论能够从企业竞争能力的角度补充资源基础论的不足，认为动态能力是企业可以获取、维系和创造持续竞争能力的前提和根基（塞盟等，2007；焦豪等，2008）[2]。蒂斯（2007）将企业动态能力分析框架细化为"感知（Sensing）"、"攫取（Seizing）"和"转化（Transforming）"三种能力维度。感知能力能够使企业在快速变化的环境中，迅速对市场机会和信息进行搜寻、扫描、定位、识别、确认和修正。保证企业能够跨越组织边界，对市场环境或其他组织形式中的新技术、新机会等动态信息进行持续关注和感知。当企业捕捉到外部环境中技术创新、客户动态、供应商行为或债务人财务状况等相关信息后，能够运用企业内部的惯例（Routine）、流程（Process）以及企业生态系统（Eco-system）等机制进行攫取（Seizing），随后通过转化机制（Transforming）将搜集到的信息进行整合与吸收，并据此调整相关战略，研发新产品，开拓新市场，或创新业务流程，降低风险，提高盈利能力。因此，在企业动态能力构架中，对于外部信息和机遇的感知能力和攫取能力是决定动态能力机制能够有效运行的根源和关键（戴天婧等，2012）[3]。

在债权债务关系中，债权人往往采取筛选、监管和相机治理三种治理机制保证借贷资金的安全增值，降低自身风险。我国的《商业银行法》、《贷款通则》、《破产法》等一系列法律法规赋予债权人的知情权、监督权和处置权是债权人构建防御型治理体系的法律依据和基础。债权人与负债企业之间的债务契约从缔结到维系再到破裂的时序，是债权人筛选、监管和相机治理三种治理手段的选择和划分依据。在债务契约缔

① Teece D. J.. Explicating Dynamic Capabilities: The Nature and Microfoundations of (Sustainable) Enterprise Performance [J]. Strategic Management Journal, 2007 (28): 1319 – 1350.

② 焦豪, 魏江, 崔瑜. 企业动态能力构建路径分析: 基于创业导向和组织学习的视角 [J]. 管理世界, 2008 (4): 91 – 106.

③ 戴天婧, 汤谷良, 彭家钧. 企业动态能力提升、组织结构倒置与新型管理控制系统嵌入——基于海尔集团自主经营体探索型案例研究 [J]. 中国工业经济, 2012 (2): 128 – 138.

结之前，一方面，债权人根据风险评价体系中的相关指标，对企业的财务质量、发展潜力、盈利能力、偿债能力等方面进行科学评价，剔除不符合契约条款的贷款申请人。另一方面，为顺利获得债权人的资源支持，企业也通常会通过改善财务质量，提高盈利能力的方式来满足债权人的审核和筛选要求。因此债务契约缔结前，债权人筛选效率的存在能够在一定程度上规避潜在的财务风险。在契约维系的过程中，债权人可以通过对负债企业进行定期的监督的方式，跟踪了解企业的运营状况和财务质量，当发现某些风险指标发生异常变动时，债权人可以干预企业的经营管理行为，或通过提高利率、提前收回贷款的方式对企业决策者形成外部压力，敦促企业提高资源配置效率和财务质量，降低债权人的利益损失。在企业财务质量急剧恶化，偿债压力下降，申请破产保护时，相机治理机制能够将企业的控制权转移给债权人，通过资产清算、变卖或债转股等形式来降低或避免债权人所蒙受的经济损失。

可见，债权人筛选机制、监管机制和相机治理机制三种治理机制构成的债权人动态治理体系，能够针对债务契约缔结前、债务契约维系中和债务契约破裂后三个阶段中的风险水平进行防御和治理，并且其选择和划分本身具备了在时间维度上的动态性。然而负债企业在不同的生命阶段所表现出的差异化特征为债权人的动态治理能力构建提出了新的标准和要求。在不同的生命周期阶段，由于企业所表现出的盈利能力、融资特征、治理结构具有鲜明的差异，信息不对称程度也会发生变化。因此债权人需在构建动态能力的基础上，根据不同的生命周期特征，做出差异化的监督管理措施。当企业在初创期和成长期时，资源积累有限，不具备非效率投资的动机和能力，债权人和企业决策者具有较为一致的目标函数，即推动企业的健康成长。此时，债权人无须采取严格、苛刻的监督和干预行为对企业经营管理施加影响。相反，如果企业具有良好的发展前景、规范的管理制度，债权人可以适当放宽偿债条件，帮助企业解决初创期和发展期遇到的资源瓶颈问题，进而为双方在长期内获得稳定的收益打下基础。而当企业进入成熟期时，由于企业具有一定的动机通过非效率资源配置的方式侵占债权人利益，所以债权人务必通过提高对债务公司的监管力度，及时"感知"和"攫取"与债务公司的偿债能力、盈利能力以及财务质量变化相关的信息，优化监管措施，提高风险敏感性和防御力度等方式，调整动态治理策略，进而规避风险，减少财务损失。而衰退期时，一方面，企业决策者在职业防御心理的动机下，会努力工作，提高决策效率，减少非效率投资、在职消费等自利行为。另一方面，经理人有可能会放弃该企业内的职位，重新回归经历市场或选择其他企业。在这种决策思想的影响下，经理人可能会利用信息优势在较短的时间内大量攫取企业利益，侵占债权人权益。所以，债权人应加强对衰退期企业的关注，及时监督、干预企业的经营管理行为，避免内部人利益掏空和财务绩效持续下降带来的财务风险。因此，构建生命周期维度上的债权人动态治理机制对于防御财务风险同样具有积极意义。

债权人动态性防御治理机制的高效运行，依赖于债务契约和生命周期双重治理维度的有效耦合，仅依靠债务契约维度或生命周期维度的动态治理机制均不能形成债权人全面的风险防御效果。本书在动态能力理论的基础上，将以债务契约从缔结到破裂为时间导向的债权人动态治理，与负债企业生命周期演进导向的动态治理相结合，构建了二维债权人动态性防御型治理模型（图4-7）。

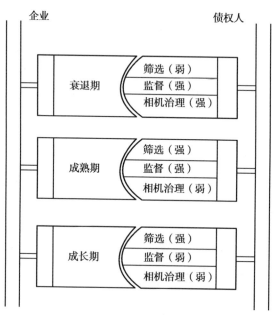

图4-7　二维债权人动态性防御型治理模型

契约维度和生命周期维度下的债权人治理机制耦合，是指针对负债企业所处的不同生命阶段，债权人应在筛选、监督和相机治理机制中进行合理搭配和选择，形成高效的治理机制组合，发挥不同治理机制间的协同效应，针对负债企业生命周期不同阶段为债权人带来的差异化风险特征进行动态治理。对于成长期的企业，大量资源被配置于规模扩张，尽管债权人可能因为企业的投资决策失败而蒙受一定的财务风险。但由于此时两者之间具有趋同性较高的总体目标，并且企业的成长前景良好，债权人应采取"宽容"和"支持"的合作态度，支撑企业发展，以实现二者在长期内的共赢局面。所以，在缔结债务契约前，债权人应保证申请贷款的企业具有较大的成长空间，较高的信誉水平，良好的财务质量。为此，债权人需要加强对企业的筛选效率，通过对企业的贷款资质进行全面、科学评价，降低债权人风险，为借贷资金的安全增值打下基础。而在契约维系过程中，债权人应在风险可控范围内，减少对债权人的监督干预频率和力度，使得企业在资源配置方面具备一定的灵活性和延展性，以适应快速变化的市场环境，迅速捕捉有利于自身成长的各种机会，进而实现快速、健康的成长。处于成长期的企业往往发展势头良好，企业决策者多抱有严密、全面、灵活的经营管理理念，具有一定的风险厌恶心理，此时企业走向衰败甚至破产的可能性不大。因此，相机治理不应成为债权人在此阶段的风险防御治理重心。

对于进入成熟期的企业，其拥有的大量盈余资金以及较高的信息不对称程度有可能成为其选择非效率投资、在职消费、资源浪费等行为的根源，非效率资源配置行为的存在能够极大地影响债权人利益，为债权人带来风险。所以，债权人对出于成熟期的企业仍需要构建有效的筛选治理机制，严格规范贷款流程，对企业的信誉水平、财务质量、盈利模式以及经营风格进行全面的了解和评价，规避潜在的财务风险。在债务契约缔结后，债权人需要保持审慎的治理态度，提高对企业经营状况进行监督和干预的频率和力度，及时发现潜在的风险源，进而调整风险防控策略，减小利益损失。由于在成长过程中企业积累了大量的资源储备，能够有效提高企业应对风险的能力，即便是决策失误导致一定程度的利益损失，也不会在较短时间内产生财务危机或申请破产保护。所以，对于成熟期企业，相机治理仍不能成为债权人风险防御的重点。

衰退期时，企业财务质量下降，偿债能力受到威胁，债权人应避免与处于衰退期的企业缔结契约关系，因而在筛选治理机制的选择上不具有选择动机。而在前期已经建立的债权债务关系，债权人应加强对衰退期企业的监督和干预，避免企业内部人做出进一步侵害债权人权益的行为。当企业财务质量持续恶化，申请破产保护时，债权人应启用相继治理机制，及时获得企业的处置权，减少或弥补利益损失。

4.5　本 章 小 结

本章在介绍债权人与企业两类联结关系以及法律体系所赋予的债权人权利体系的基础上，分析了具有股权关系的债企关系和单独债权联结下的债企关系的特征和运行模式。股权关系参与下的债企结合体实质上是一种联盟组合，债企联盟组合的形成动因在于成员企业间通过资源交换实现彼此的可持续成长。债企联盟组合中的协同型治理机制大体分为正式和非正式机制两类。其中正式治理机制是以债务契约为核心的一系列制度安排，而非正式治理机制为社会关系导向下的善意表达、信任行为和隐性的处罚机制。债企联盟组合中，有效的治理机制能够作用于债权人与企业间资源配置模式的借用、能力学习和资源的网络转移，进而实现联盟组合价值创造效率的最大化。单纯以债务契约为纽带的债企关系中，债权人治理的首要目标是风险防御。本章在动态能力理论基础上构建了债权人动态治理模型，认为债务契约缔结前、契约维系中和契约破裂后的筛选、监督和相机治理为债权人动态治理的第一维度，在此基础上，债权人需要针对企业在生命周期各阶段表现出的差异化特征构建动态治理的第二维度。而有效的债权人动态治理建立在以债务契约和企业生命周期为导向的二维治理机制有效耦合的基础上，只有将二维的动态治理机制有效的协同和耦合，才能够实现债权人风险防御效应的最大化。

第 5 章

债权人外部性治理：债权人对经理人决策的影响

本章立足于外部性的视角，在阐述外部性理论的基础上，通过数理分析的方法对外部性内涵进行了重新界定，对债权人外部性治理的作用机理进行论述。根据经理人在公司中的效用体系，构建经理人的效用函数，探讨经理人两类效用创造行为的最优条件。并重点分析当债权人外生变量引入经理人效用函数后，经理人行为和均衡点的效用产出受到的影响，以观测债权人对股东与经理人之间的代理冲突产生的作用。同时，在政治关联、两权分离、连锁债权人网络的角度，对公司内部治理环境和外部网络环境在债权人外部性治理效应中表现出的调节作用展开讨论。

5.1 外部性效应的形成机理

5.1.1 外部性的理论演化

福利经济学的视角下，彼古（1920）将边际私人产值与边际社会产值的背离作为外部性分析的逻辑起点。当边际私人产值的增加降低社会产值的创造效率时，由于单一企业的经营管理行为便开始对周边环境产生外部性作用[①]。这表明，外部性的产生具有被动性特征，是对未参

---

① Pigou，Arthur C.. The Economic of Welfare [M]. London：Macmillian，1962.

与某一特定经济或社会活动的行为主体产生的影响。这种影响并非来源于该行为主体的主观意愿，属于一种"强加"的外生力量。迈歇尔和稀奇维克的外部性理论中，将分析对象的外延进一步放大，认为某一项经济活动中，包含了直接参与主体和间接参与主体，直接参与主体为外部性分析框架中的内部人，而间接参与主体便构成了前者的外部性作用对象。直接与间接参与主体可能来自于同一个行业或不同的行业，直接参与主体间的相互作用通过价格机制、竞争机制或其他传导机制将影响传递给间接参与主体。例如一个乳品企业所饲养的牛与肉制品加工企业不存在直接的影响，但牛的饲料市场可能为二者提供了作用传导平台，进而当前者在进行日常的经营活动时，可能会对后者产生间接的影响，即 Marshall 外部性效应。

米德（1952）进一步提高了外部性理论应用的普适性，认为外部经济（或外部不经济）是指一个（或几个）行为主体作出某个事件的决策时，对未参与相关事件的行为主体产生的可察觉的利益或损失[①]。在米德看来，外部性包含了外部经济和外部不经济（即正外部性和负外部性）两类情况。当该事件的发生对未参与该事件的行为主体的成本与收益产生帕累托改进作用，且不必为此承担成本时，正外部性便产生了；若该交易活动产生了对其他行动者的非帕累托改进，且该行动者得不到任何利益补偿，即受到了负外部性的影响，并且大多情况下，外部效应无法通过货币或市场得到准确反映（萨姆勒森，2001）[②]。在这里，行动者之间的区分已经超越了企业边界，可以是不同企业之间的作用传递，也可以是企业组织内部不同部门和利益相关者之间的相互影响（罗士俐，2011）[③]。

综合以上学者对外部性的论述，本书认为，外部性应被定义为是某种特定行为对该行为的非直接参与者施加的被动性影响。根据外部性作用的产生主体的不同，本书进一步将外部性划分为效用外部性和过程外

① Meade J. . External Economies and Disexternal Economies in a Competitive Situation ［J］. Economic Journal, 1952, 62: 54 – 67.

② Samuelson P. A. , Nordhaus, W. D. . Economics (17th ed.) ［M］. New York: McGraw – Hill, Companies, Inc. , 2001.

③ 罗士俐. 外部性理论价值功能的重塑——从外部性理论遭受质疑和批判谈起 ［J］. 当代经济科学, 2011 (2): 27 – 33.

部性（图5-1）。在效用外部性中，行动无关方所被动接受的影响来源于一个或多个行动相关方进行某项活动的结果。例如公司员工在会议室内吸烟对他人健康产生的危害、在办公室养花对其他人带来的效用增加、发生在某企业门前的群体性斗殴事件对企业声誉造成的影响等。这类外部性中，具有相同目标函数的行为个体或单一的行动个体的某项行动结果对他人产生影响，即当行动方在为满足自身效用而采取一系列行动时，行动集合中的任意一项行为并不会对无关方产生影响，但行动集合的效用产出却能够通过种种传导机制对他人产生影响。

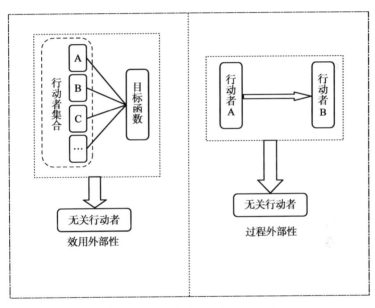

图5-1 效用外部性与过程外部性

过程外部性中，行动无关方所受到的影响来源于行动者对某项活动的参与过程或实施过程。例如，教师惩罚一个犯错的学生时，对其他学生形成的震慑作用；法律对偷税企业进行惩罚，对其他企业产生的约束作用；一家企业的促销活动，对其他企业形成的激励效应等。过程型外部性的产生主要源于某项活动的进行过程，同时也有可能源于活动的结果。例如，企业新颖的促销活动（过程）和该促销手段带来的企业市场份额的提升（结果）均可能产生对其他企业的激励作用。

5.1.2 外部性产生机理的经济分析

无论是效用外部性还是过程外部性，无关行动者均被动接受了某项活动或其参与主体的作用与影响。这些无关行动者对于外部性的发生与否、发生的强度等因素缺少一定的预判能力和控制能力。换言之，外部性效应的产生主体处于无关行动者的行动、信息和资源集合之外，属于无关行动者在生产经营活动中的外生变量，具有一定的不可控性。正是由于这种外生变量的存在，导致了外部性效应的被动性特征。在布坎南（1962）的模型中，$U_A = U_A(X_1, X_2, \cdots, X_n, Y_1)$，其中，$U_A$ 表示 A 的个人效用，$X_1, X_2, \cdots, X_n, Y_1$ 为保证效用实现的活动，但 $X_1, X_2, \cdots, X_n$ 在 A 的控制范围内，但 Y_1 从属于另外的社会成员 B，B 会因为 A 的效用实现在收益和成本方面受到被动影响。尽管 BS 模型形象地刻画了外部性效应产生的机理，但缺乏对外部性产生根源的进一步分析。

本书假设存在两个行动者 A、B，A 为某项活动的参与者（行动者），B 与该项活动无关。假设 A 的行动集合为 X：

$$X = \{X_1, X_2, \cdots, X_n\} \tag{5-1}$$

A 在该项活动中所要实现的目标函数为 $G_A = G_A(X)$，并且，行动者 A 在该项活动中的效用函数为：

$$U_A = U_A(X_1 \cdot X_2 \cdots \cdot X_n) \cdot \theta = F_1(G_A) \cdot \theta^{①}, \ 且 \frac{\partial U_A}{\partial G_A} > 0, \ \frac{\partial^2 U_A}{\partial GA^2} < 0. \tag{5-2}$$

由于行动者 A 的效用来源于 A 对行动集合中的行为进行选择和组合产生的结果，所以 A 的效用函数与 A 的特定目标函数 G_A 相关。例如，销售经理在实现既定销售目标（目标函数）的同时，自信程度、自我满意度、晋升的可能性等为其带来的整合效用均会有所增加 $\left(\frac{\partial U_A}{\partial G_A} > 0 \right)$。但随着目标函数的不断增加，其对行动者整体效用带来的边际贡献具有

---

① 在这里，$U_A = U_A(X_1 \cdot X_2 \cdots \cdot X_n)$ 为行动者 A 的效用函数，是其在行动集合中的选取的不同行为的组合所带来的效用。$X_1 \cdot X_2 \cdots \cdot X_n$ 表示 A 的行为组合方式，是一种策略函数。

下降的趋势 $\left(\dfrac{\partial^2 U_A}{\partial G_{A^2}} < 0\right)$，即随着时间的演进，每一单位的销售目标的增加为经理人带来的效用的提升幅度下降。（5 - 2）式中，θ 为活动进行过程中的自然状态，是不受行动者控制的外生随机变量[①]。

假设 B 的行动集合为：

$$Y = \{Y_1, Y_2, \cdots, Y_n\} \tag{5-3}$$

B 的特定目标函数为 $G_B = G_B(Y)$，由于 A 与 B 的目标函数具有差异性，即二者之间无显著的相关关系。因此，G_A 与 G_B 线性无关，即：

$$\forall X_n \in X, \ Y_n \in Y,$$

$$
r = \frac{\sum (G_A - \overline{G_A})(G_B - \overline{G_B})}{\sqrt{\sum (G_A - \overline{G_A})^2 \cdot \sum (G_B - \overline{G_B})^2}}
$$

$$
= \frac{\sum G_A G_B - \dfrac{\sum G_A \sum G_B}{n}}{\sqrt{\left[\sum G_A^2 - \dfrac{(\sum G_A)^2}{n}\right]}\sqrt{\left[\sum G_B{}^2 - \dfrac{(\sum G_B)^2}{n}\right]}} = 0 \tag{5-4}
$$

1. 效用外部性模型

当效用外部性不存在时，B 的效用为：

$$U_B = U_B(Y_1 \cdot Y_2 \cdot \cdots \cdot Y_n) \cdot \theta \tag{5-5}$$

即 B 的效用取决于其在行动集合中所选择的行为组合和行为实施时的自然状态。当行动者 A 进行某向特定活动，并形成其自身的效用时，B 的效用函数更替为：

$$U_B = U_B(Y_1 \cdot Y_2 \cdot \cdots \cdot Y_n) \cdot \lambda(U_A) \cdot \theta = F_2(G_B) \cdot \theta \tag{5-6}$$

（5 - 6）式表明，行动者 B 的效用仍然是其目标函数 G_B 的函数。尽管在该特定活动中，G_A 与 G_B 线性无关，但效用函数 $F_1(G_A)$ 与 $F_2(G_B)$ 却能够通过 $\lambda(U_A)$ 建立联系。即行动者 B 的效用不仅跟其在行动集合 Y 中进行行为选择和组合有关，并且受到行动者 A 效用的影响。（5 - 6）

---

① 诸多经济学分析论文（Hart et al. , 1995；Jesen，1976）中，θ 往往被称之为 "the nature of the world"，是不受分析主体控制的外在变量，包含经济、法律环境、制度条件以及其他能够影响主体效用的外生因素。

式与（5-5）式之差的同类项系数 $\lambda(U_A) - 1$ 便能够反映出 A 给 B 带来的效用变化，即外部性效应。

由于 U_A 是 G_A 的增函数，所以：

$$U_B = U_B(Y_1 \cdot Y_2 \cdots \cdot Y_n) \cdot \lambda(U_A) \cdot \theta$$
$$= U_B(Y_1 \cdot Y_2 \cdots \cdot Y_n) \cdot \lambda(F_2(G_A)) \cdot \theta \quad (5-7)$$

令 $U_B(Y_1 \cdot Y_2 \cdots \cdot Y_n) = Y^*$，

$$U_B = U_B(Y_1 \cdot Y_2 \cdots \cdot Y_n) \cdot \lambda(U_A) \cdot \theta = Y^* \cdot \lambda(F_2(G_A)) \cdot \theta$$
$$(5-8)$$

方程（5-8）对 G_A 求偏导，

$$\frac{\partial U_B}{\partial G_A} = \frac{\partial U_B}{\partial \lambda} \cdot \frac{\partial \lambda}{\partial F_2} \cdot \frac{\partial F_2}{\partial G_A} \quad (5-9)$$

由于 $\frac{\partial U_B}{\partial \lambda} > 0$，$\frac{\partial F_2}{\partial G_A} > 0$，即符合分析框架中的行动者 A 和 B 符合理性人假设，其作出的行为选择均为了获得更多的自身效用。所以，

当 $\frac{\partial \lambda}{\partial F_2} > 0$ 时，$\frac{\partial U_B}{\partial G_A} > 0$；当 $\frac{\partial \lambda}{\partial F_2} < 0$ 时，$\frac{\partial U_B}{\partial G_A} < 0$。

（5-8）式表明，在我们的分析框架中，尽管 $\lambda(F_2(G_A))$ 是 B 的外生变量，不受 B 的主观控制。但 B 的效用不仅仅取决于其对行动的选择，还受到 λ 的影响，即 B 的效用高低受到 B 的行为、A 的目标函数以及自然状态 θ 的多重作用。二者目标函数的差异性决定了 A 的目标函数对 B 的影响具有外部性特征，即 A 在该特定活动中的行为结果影响了无关行动者 B 的效用获取，是一种结果型的外部性作用。当 $\frac{\partial \lambda}{\partial F_2} > 0$ 时，$\frac{\partial U_B}{\partial G_A} > 0$，表明随着 A 的目标不断实现，A 获取的效用越高，其引起的 B 的效用增加量越多。说明在该行动中，A 在追求自身利益最大化的同时提高了 B 的效用，表现出一种帕累托改进状态。例如跨国公司在东道国产生的技术溢出效应，能够提高同行业中其他公司的技术创新水平，这无疑是对行业竞争能力的一种推动和促进。当 $\frac{\partial \lambda}{\partial F_2} < 0$ 时，$\frac{\partial U_B}{\partial G_A} < 0$，表明尽管在某项经济活动中，$A$ 实现了最大化效用的追逐，但其目标函数的实现对无关方 B 产生了负向的影响，降低了 B 的期望效用，即产生

了负的外部性效应。例如化工企业的污染物排放对食品加工企业产生的负面影响、企业员工的负面情绪对团队工作氛围造成的不良渲染等。

2. 过程外部性模型

效用外部性模型中，特定行动的无关方 B 的效用是相关方 A 的目标函数的复合函数，即 B 的效用收到 A 的行动目标的影响。而根据过程外部性的概念界定，某项活动的过程外部性产生于相关方之间或单个相关方的活动参与或行为实施过程，即 A 的行为对 B 的效用产生了影响。这种影响的传导途径有两类：行为—效用、行为—行为—效用，第一类传导途径中，A 的行为直接作用于 B 的效用。例如，政府审计部门针对某公司开展审计活动时，对另一家具有财务舞弊嫌疑的公司所产生的畏惧心理。第二类传导途径中，B 的行为受到 A 的行为的影响，进而引起 B 的效用水平变化。例如，当审计部门的审计活动使得某公司产生畏惧心理时，该公司闻警自省，规范经营，采取了一系列的纠正措施，进而带来相应的绩效变化。可见，两类传导途径属于同一外部性作用过程的不同阶段。

第一类过程外部性中，假设 A 的行动集合为 X。当外部性作用为 0 时，B 的效用函数为：

$$U_B = U_B(Y_1 \cdot Y_2 \cdot \cdots \cdot Y_n) \cdot \theta = Y^* \cdot \theta$$

当外部性存在时，A 的某项行为 X 直接引起了 B 的效用变化，此时，

$$U_B{'} = Y^* \cdot F(X) \cdot \theta \qquad (5-10)$$

（5-10）式中，$F(X)$ 为 A 的行为 X 对 B 的效用产生的影响。因为 $\Delta U_B = F(X) - 1$，当 $F(X) > 1$ 时，$\Delta U_B > 0$，A 对 B 产生的过程外部性为正，表明 A 的行为选择促进了 B 效用的增加，是一种积极的帕累托改进。当 $F(X) < 1$ 时，$\Delta U_B < 0$，表明 A 的行为降低了 B 的期望效用，产生了负的外部性作用。

第二类传导机制中，A 的行为首先作用于 B 的行为 Y，进而影响 B 的效用。

假设 $Y_i \in Y$，$Y_i = B(X)$，则：

$$U_B = U_B(Y_1 \cdot \cdots \cdot Y_i \cdot \cdots \cdot Y_n) \cdot \theta = U_B(Y_1 \cdot \cdots \cdot B(X) \cdot \cdots \cdot Y_n) \cdot \theta$$
$$= Y^*(Y_n \cdot B(X)) \cdot \theta \qquad (5-11)$$

对 X 求偏导，

$$\frac{\partial U_B}{\partial X} = \frac{\partial U_B}{\partial Y^*} \cdot \frac{\partial Y^*}{\partial B(X)} \cdot \frac{\partial B(X)}{\partial X}$$

由于 $\frac{\partial U_B}{\partial Y^*} > 0$，$\frac{\partial Y^*}{\partial B(X)} > 0$，所以当 $\frac{\partial B(X)}{\partial X} > 0$ 时，$\frac{\partial U_B}{\partial X} > 0$，$X$ 与 U_B 具有正相关关系，表明 A 在实现自身效用的过程中，其某项行为决策的实施提高了 B 的实际效用，即对 B 带来了正的外部性效应。当 $\frac{\partial B(X)}{\partial X} < 0$ 时，$\frac{\partial U_B}{\partial X} < 0$。表明 A 的行为选择降低了 B 的实际效用。

5.2 外部性治理机制与经理人一般效用模型

5.2.1 外部性治理的产生来源

1. 负债融资特征

负债融资要求公司务必在契约规定的时间内对债权人进行还款付息，属于债权人的固定索取权。当公司不能在规定时间内偿还本息时，法律保障体系能够将负债抵押物的所有权过度给债权人，或赋予债权人启动破产程序，与社会审计、律师事务所等部门形成协同效应，对公司进行以保护债权人权益，降低债权人损失。所以，债权人所拥有的一系列法律和社会保障体系使得债务公司能够将偿债作为决策制定过程中的重要前提。这一前提条件成为负债融资能够对经理人行为进行约束的重要基础。当公司成长到一定时期，现金流较为稳定，盈利能力较强，公司获取和持有的自由现金流比例较高。此时在信息不对称的条件下，可支配资源的增多极易引发公司经理层滥用自由现金流行为，表现出非效率投资、在职消费等一系列代理问题，推高了代理成本。当公司资本结构中的负债融资比例提高时，经理人所面对的相应的偿债压力也不断增加，使得偿债能力的保持在经理人行为决策体系中的权重增加。由于在职消费等无效劳动在增加经理人私人效用的同时，降低了公司的利润水平，是公司价值向私人利益的转移。当大量自由现金流被滥用时，公司用以抵挡外在风险的资源便相对短缺。若外部竞争环境或经济环境引起公司的财务危机时，公司的偿债能力容易受到较大程度的威胁。因此，当大规模的负债引起经理层对偿债能力的重视时，相应地会减少自由现金流的滥用，以降低其为公司财务质量带来的威胁。自由现金流假说认为，公司的负债压力能够抑制经营者支付现金的能力，削弱经营者自由支配自由现金流的决定权（Jesen，1986）。

当拥有大量盈余资金时，公司决策者非效率投资的动机容易被激发。由于扩大公司规模为经理人带来的"权威"和"满足"感能够提高其非货币效用，大量的盈余资金容易被花费在"帝国建造"（Empire Building）方面。然而，大量投资带来的规模扩张有时不仅是缺乏效率的，而且能够带来公司周转能力和偿债能力的下降。随着负债规模的增加，投资决策失误带来的财务风险和破产风险水平随之上升，公司破产务一方面使得经理人面临被更换的危险，另一方面能够降低其在经理人市场上的雇用价格，对其声誉带来负面影响。因此，在职业防御心理的作用下，经理人往往会"吐出现金"，减少非效率投资规模（Hart，1995）。进而降低了股东与经理之间的代理成本，缓解了第一类代理冲突。

2. 债权人行为干预

为避免债务到期时，债务公司不能够按时偿还本息，为债权人带来资金风险，债权人往往能够通过一系列的风险规避行为来降低财务损失。当债权人与公司之间缔结债务契约时，债权人根据债务公司的经营方向、行业特征、运作能力等方面进行综合评价，确定出与风险水平相匹配的贷款利率和贷款额度，并在契约中对贷款的用途作出明确的一般性规定，以保证风险与收益的平衡。在债务契约维系的过程中，债权人往往能够对债务公司的运营状况、财务质量、偿债能力进行定期的监督，当公司偿债能力下降，债权人的财务风险水平提高时，其可以采取建议、敦促的方式令公司改善经营状况，避免资金风险。银行所具有的信息优势、人才优势以及契约优势构成银行防御型治理的主要工具。戴蒙德（1984）指出，银行获得公司经营管理信息的成本较低，比公司债债权人具有更强的信息优势对债务公司进行监督，能够从一定程度上克服信息不对称带来的代理问题①。银行所拥有的人才优势及其与债务公司所签订的严厉的债务条款均加强了其监督公司业务的有效性（施乐福，1997）②。银行与公司之间签订的具有限制性条款的贷款协议，是银行防御型治理的重要工具之一，其能够保障银行以监督和干预的方式影响公司治理，减少公司的非效率投资行为（王旭，2012）③。

债权人的监督干预行为能够使得经理人进一步的提高偿债能力在决策指标体系中的权重，抑制因为拥有大量闲置资源带来的风险投资偏好，减少经理人利用信息不对称进行在职消费、挖掘私有收益，进而降低公司价值为债权人带来风险的可能性。另外，在债权人的不断干预和监督下，股东对债权人权益的关注程度也相应上升，对负债带来的财务风险和破产压力的敏感性也相应提高，进而会提高对经理人的监督效率，设计和完善有效的激励合同来削弱经理人的自利动机，缓解委托代理冲突。因此，尽管这一系列的风险规避措施不是针对债务公司治理的委托代理冲突而制定，但其在有效降低债权人风险的同时，对公司的代理成本带来抑制作用，即表现出外部性治理效用（见图5-2）。

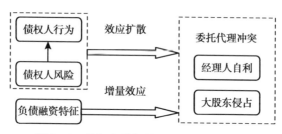

图5-2 债权人外部性治理效应生成模型

---

① Diamond D.. Financial Intermediation and Delegated Monitoring [J]. Review of Economic Studies, 1984, 51, (3): 393 –414.

② Shleifer A., Vishny R. W.. A Survey of Corporate Governance [J]. Journal of Finance, 1997, 52 (2): 737 –783.

③ 王旭. 政治关联、代理成本及债权人治理效应之关系——基于民营上市公司面板数据的实证研究 [J]. 现代财经, 2012 (7): 105 –114.

综上，在债务契约中，债权人的目标在于本息的安全增值。为达成预定目标，债权人需要通过一系列的监督、干预、管理行为来对债务公司施加影响，以降低资金风险。债权人行为的影响以及负债融资本身具有的特征形成了约束经理人自利行为，降低代理成本的外部性作用。因此，债权人的外部性治理效应产生的来源是风险防御导向下的债权人监管行为，是一种典型的过程外部性。

5.2.2　经理人一般效用模型

1. 假设条件

A. 公司面临的税负为零；

B. 公司未发行诸如可转换债券、优先股等较为复杂的融资工具；

C. 仅存在银行债权人一种债权人；

D. 忽略变量之间相互影响的动态跨期效应，生产与融资决策具有瞬时性；

E. 经理的工资跟随其绩效产出而具有弹性；

F. 公司仅存在一个经理人，其不具有公司股东身份。

2. 经理人效用体系

一般而言，经理人在公司内任职，获取的效用来源于两个方面：一是经理通过努力、勤勉工作，为公司创造更高的价值，并从中获取的一部分比例收益，这部分收益不仅包含了经理的工资、奖金、福利，而且包含了经理人事业成功带来的自信心、良好的声誉和满足感等非货币效用。经理人效用的另外一个组成部分来源是经理人通过在职消费、渎职、过高的工资等一系列自利行为将公司的货币资金进行转移至私人投资项目，进而产生的私利效用。由于这部分效用的取得是以牺牲公司价值为成本，将原本可能带来公司价值增值的部分资源进行挪用，因此具有强烈的代理成本特征。同样，这部分价值包含了货币效用（如过高的工资）和非货币效用（如在职消费的权力）。图 5-3 为经理人的效用体系模型。

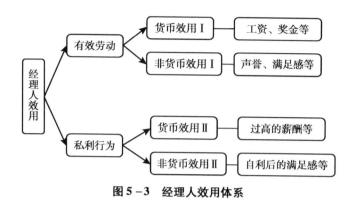

图 5 - 3 经理人效用体系

詹森和麦克林（1976）的模型中（以下称 JM 模型）将经理获取的所有非货币效用（Non-pecuniary Benefits）均视为是同质的，是经理人将公司价值进行转移的私人受益，显然有失偏颇①。由于努力工作带来的非货币效用能够对经理人的心理状态进行改善，在一定程度上能够起到激励经理人，提高决策的准确性和灵活性的作用，因此可以将经理人的这部分效用获取纳入有效的激励合同设计。尽管经理人的两类劳动均能够产生非货币效用，但两种非货币效用具有鲜明的差异。由经理人有效劳动产生的非货币效用是一种正向的、正能量的感知，可以促进经理人改善在支付有效劳动数量和质量的时的效率，有利于公司决策准确性和科学性的提高，进而对推升公司价值起到正面影响。并且，公司价值的提高能够使得经理人从有效劳动中获取的效用总量增加，进一步提高了经理人的非货币效用。尽管来源于经理人自利行为的非货币效用能够给经理人带来满足感，但此类满足感的生成能够进一步促进经理人对私利行为的选择，进而增强了经理人的私利动机，对公司价值产生威胁。综上，可以看出，不论是经理人有效劳动产生的还是私立劳动产生的非货币效用，均能够刺激相应地有效劳动和私利劳动的再次发生。依照系统论的观点，经理人"行为动机——行为过程——效用产出——行为动

---

① Jensen 认为这些 Non-pecuniary Benefits 包含了诸如办公室面积、空调、地毯厚度、下属的友善程度等因素。尽管 JM 模型中为后续针对委托代理模型的研究提供了一个全新的视角，但尚未将非货币效用进行系统分类，只顾及其对公司价值产生的副作用，未考虑到其对经理人有效劳动产生的积极影响。

机"具有循环的特征，是一种不断发生正强化的过程①。

图5-4刻画了经理人有效劳动②和私利劳动与其不同产出效用之间，以及两类效用和不同性质的劳动之间的交互关系。效用Ⅰ能够刺激经理人的有效劳动动机，激励经理人投入更多的时间和精力到有效劳动中去，为公司价值的提升做出更多的贡献。效用Ⅱ的增加可以刺激经理人选择自利行为的动机，激励经理人将更多数量和更高质量的劳动投入到私利行为中。尽管两条强化路径均属于正强化，能够将分析系统（框架）的不稳定性不断提高，但远离平衡态的耗散结构能够在负强化的作用下逐渐趋于平衡。假设经理人投入的劳动总量 X 是一定的，经理人将 X 在有效劳动和私利劳动中进行分配。如此，效用Ⅰ产生的越多，经理人愿意投入更多的劳动为公司奉献价值，进而投入到自利行为的劳动便相应减少，即对私利劳动动机产生了负强化作用。同样，效用Ⅱ的产出越多，表明经理人从私利活动中获取的效用越高，经理更加依赖于从第二类劳动中获取效用，进而会减少第一类劳动的投入，所以效用Ⅱ又对第一类劳动产生了抑制作用。所以在经理人的"劳动——效用"决策体系中，第一类劳动与效用Ⅰ之间、第二类劳动与效用Ⅱ之间的正强化作用，以及二者之间交互关系产生的负强化作用构成了经理人衡量劳动力投入方向、投入强度、期望效用水平进而作出相关决策时的动态平衡。

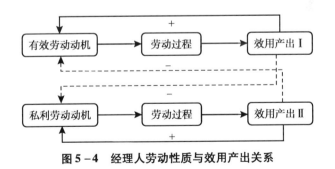

图5-4 经理人劳动性质与效用产出关系

---

① 经理人产出货币效用和非货币效用对原有劳动动机的增加均是一种正强化的过程，这符合西方经济学中的"经济人"假设。由于货币效用的产出对劳动动机的强化作用更为明显，本书不再赘述。

② 本书中的有效劳动是指有利于公司价值增加的经理人劳动支出。

3. 经理人效用模型

定义：

A. X 为代表工作努力水平的一维变量（张维迎，2012），能够反映经理投入的劳动力数量和质量，并在范围 $[0, X]$ 内连续①。

B. X_n 为经理花费在自利活动中的劳动力投入，则 $X - X_n$ 为经理的有效劳动投入。

C. K 为经理可以支配的全部货币资源总量。

D. K_n 为经理耗费在自利活动中的资金投入，则 $K - K_n$ 为经理的有效资源投入。

E. 经理人的总效用为 U，U_1 为通过有效劳动获得的货币效用，U_2 为通过自利劳动获得的货币效用。

由于经理人获得的非货币效用在较大程度上依赖于货币效用的取得，即前者是后者的严格递增函数。因此可设两类非货币效用函数为 $g(U_1)$、$g(U_2)$，则有 $\dfrac{\partial g(U_1)}{\partial U_1} > 0$，且 $\dfrac{\partial g(U_2)}{\partial U_2} > 0$。因此，经理人的总效用函数为：

$$U = (U_1 + U_2) + g(U_1) + g(U_2) = f(U_1 + U_2) ② \qquad (5-12)$$

假设经理人通过有效劳动和有效资源投入为公司创造的价值为 V③，由于经理人获取的货币收入与其为公司创造的价值正相关，即经理为公司创造的价值越多，其获得的货币效用越多。则有：

$$U_1 = U_1(V)，且\dfrac{\partial U_1}{\partial V} > 0.$$

根据科布道格拉斯生产函数，经理人创造的价值与其劳动和资本投入相关，因此：

$$V = V(X, K) = A(X - X_n)^\alpha (K - K_n)^\beta \theta \qquad (5-13)$$

---

① 为了分析方便，本书假设经理每天在公司中投入的总量 X 为恒定不变的。

② （1）式中，对应法则 f 为由货币效用产生非货币效用，并且二者共同生成经理人总效用的函数复合。f 的具体形式并不影响本书的下一步分析。

③ 按照科布道格拉斯函数，V 实则为产品的产量。事实上，公司价值与产量之间常表现出正比关系，为了简化分析过程，在不影响分析结果的前提下，本书将 V 称为有效价值。

（5－13）式中，V 为经理人为公司创造的价值总量，A 为行业既定的生产技术水平，α 为劳动投入的产出弹性，β 为资本投入的产出弹性，$\alpha + \beta = 1$ 且 $0 < \alpha < 1$，$0 < \beta < 1$；θ 为外生随机变量，包含竞争程度、市场化程度、法律、制度环境等因素。

经理人通过私利劳动和资源的投入产生的价值属于私利效用。因此，该部分价值被经理人全部吸收：

$$U_2 = U_2(X, K) = BX_n{}^\alpha K_n{}^\beta \theta^{①} \qquad (5-14)$$

（5－14）式反映了经理人能够在公司中获取的私利效用水平，本书将（5－14）式中的 B 定义为经理人选择私利行为的熟练程度，是对经理人获取私利的经验、能力和可能性的综合反映。除经验系数 B 以外，经理人在公司中赚取私人利益的水平还跟在自利活动中的劳动力投入量 X_n、资本投入量 K_n 以及外生随机变量 θ 相关。

根据 X_n、K_n 的不同取值，公司与经理人的价值分布以及不同价值分部下的经理人行为特征可以在四分图中表示出来（图5－5）。在第 I 象限，$X_n > 0$，$K_n > 0$，表明在公司中，经理人存在自利行为，并且在自利活动中投入了相应的资源 K_n 来创造私人价值，获取私人效用。显然，在这一区域，经理人的私利行为降低了公司的潜在价值，即股东需要支付一定的费用来弥补其与经理人之间的委托代理成本。在第 II 象限，$X_n > 0$，$K_n < 0$，表明尽管经理人没有在私利活动中投入本应属于公司的资源，但其表现出的私利行为仍有可能降低公司价值。例如，经理消极怠工、迟到早退等一系列未能尽到勤勉职责的行为均是对公司价值的潜在破坏。公司价值在第 III 象限实现最大，即 $X_n < 0$，$K_n < 0$ 时，经理人不存在任何私利行为，其有限的劳动量以及资源均被投入到有效的公司价值创造活动中，股东与经理之间目标函数趋于一致，二者之间不存在代理冲突，代理成本为 0。在第 IV 象限中，$X_n < 0$，$K_n > 0$，表明经理人在自利活动中没有支付或支付了比例很小的劳动量，仅仅是将公司的有限资源直接配置到私利活动中，以实现公司价值向个人私利的转移。例如，经理人为自己制定较高的薪酬。

---

① 在这里，本书假设经理生产私人价值以及公司价值的劳动力产出弹性 α 和资本产出弹性 β 是同质的。

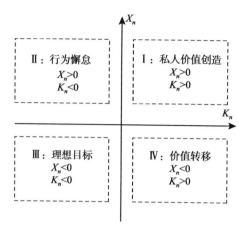

图 5 - 5　价值分布与经理人行为特征

结合（5 - 13）式和（5 - 14）式，经理人的货币效用函数可以表示为：

$$U_1 + U_2 = U_1(A(X - X_n)^\alpha (K - K_n)^\beta \theta) + B X_n^\alpha K_n^\beta \theta \qquad (5 - 15)$$

由（5 - 12）式知，经理人在公司中获取的总效用 U 是复合函数 $U_1 + U_2$ 的增函数，因此满足 $U_1 + U_2$ 最大化的一阶最优条件同样能够使得经理人的总效用达到最优。为了探讨经理人效用最大化时，经理的行为特征及其影响因素，寻求（5 - 15）式的一阶最优条件：

$$\frac{\partial U}{\partial X_n} = \frac{\partial U}{\partial (U_1 + U_2)} \cdot \frac{\partial (U_1 + U_2)}{\partial X_n}$$

$$\frac{\partial (U_1 + U_2)}{\partial X_n} = \frac{\partial U_1}{\partial X_n} + \frac{\partial U_2}{\partial X_n} = -A\theta\alpha \frac{\partial U_1}{\partial V}(X - X_n)^{\alpha-1}(K - K_n)^\beta + B\theta\alpha X_n^{\alpha-1} K_n^\beta$$

当 $\dfrac{\partial (U_1 + U_2)}{\partial X_n} = 0$ 时，

$$X_n^* = \frac{X}{\left(\dfrac{A}{B} \cdot \dfrac{\partial U_1}{\partial V}\right)^{\frac{1}{1-\alpha}} \cdot \left(\dfrac{K - K_n}{K_n}\right)^{\frac{\beta}{1-\alpha}} + 1} \qquad (5 - 16)$$

（5 - 16）式表明了当经理人在公司中获取效用最大化时，其投入到私利活动中的劳动力水平。很明显，经理人效用最大时，劳动力支付量 X_n^* 受到经理人可以投入的最大劳动量 X、经理人有效产出的技术水平 A、私利经验 B、可支配资源总量 K、私利活动中的资本投入量 K_n、劳动量和资本的产出弹性 α 和 β 以及经理人生产的有效价值的支付函数

的导数 $\dfrac{\partial U_1}{\partial V}$ 相关。经理人效用最大化时，私利活动的劳动力投入量 X_n 与经理人可以投入的劳动力最大值成正比关系，即若经理人的劳动能力越强，其在私利活动中的参与力度也相应提高，其利用信息优势获取私人收益的水平越高。当然，当经理人的极限劳动能力增强时，存在其向公司贡献更多有效价值的可能性，即 X 的增加带来了 X_n^* 以及 $X - X_n^*$ 的增加，其在有效劳动和私利劳动双方面获得的效用均有所增强。但是，由于有效价值和私有价值具有反向变动特征，X 与 X_n^* 的负相关关系说明了随着 X 的增加，经理人能够为公司贡献的潜在有效价值具有递减的趋势。

最优的私利劳动支出量 X_n^* 与技术水平 A 具有负相关关系，即当技术水平 A 越高时，经理人对自利活动的参与程度越低，相应的劳动力支付越少。科布道格拉斯函数中，A 代表了生产过程中的技术水平，是公司的研发投入、研发成果以及成果的转化率等一系列技术创新和技术运用要素的综合。本书中，A 可以用来表示经理人在为公司创造价值的过程中对公司现有技术平台的利用能力和技术创新能力，是一种公司技术水平、创新能力和经理人个体资源配置能力的整合作用。A 越高时，表明经理人在为公司创造价值方面具有更多的技术优势，由于经理人的货币效用 I 是其有效劳动为公司创造的价值的增函数，当技术水平 A 越高时，经理人创造的有效价值越高，经理人从中获得的货币效用越高，因此经理人更有动机投入劳动力来创造企业价值。当经理人劳动支付总量一定时，其对私利活动的劳动投入相应减少，即 X_n^* 水平降低，有效劳动对私利劳动的替代性增强。与之相反，经理人的私利经验 B 越丰富，私利活动的劳动力支付量 X_n^* 越多。当 B 增加时，表明经理具有充足的经验从自利活动中谋取个人利益，当经理人获得的货币效用 II 不断增多时，其对有效劳动产生的效用增强。显然，当劳动力总量 X 一定时，经理愿意支付更多的 X_n^* 来获取私利效用。

(5 - 16) 式中，X_n^* 与 $\dfrac{\partial U_1}{\partial V}$ 负相关。$U_1 = U_1(V)$ 表示经理人从其为公司贡献的有效价值中能够享受到的货币效用（薪酬）。一般而言，绩效薪酬能够随着价值贡献的增加而增加，即 $\dfrac{\partial U_1}{\partial V} > 0$。当 $\dfrac{\partial U_1}{\partial V}$ 越高时，表

明公司从经理人的价值贡献中向其支付货币薪酬的比例越高①，即经理人获得的货币效用Ⅰ越多，这无疑能够有效的激励经理人将劳动力分配给有效的价值创造活动，以提高公司的价值，获取更多的货币收益。当 X 一定时，$\frac{\partial U_1}{\partial V}$ 的增加使得有效劳动对私利劳动的替代性增强，经理人在私利活动中的劳动力投入 $X_n{}^*$ 相应减少。再者，K_n 表现出与 $X_n{}^*$ 的同向变动关系。当 K_n 增加时，$\frac{K-K_n}{K_n}$ 减小，即经理人在价值创造活动和自利活动中的资金投入比例降低，大量的资金被配置到经理人的私利创造活动中，货币效用Ⅱ提高，其对货币效用Ⅰ的替代性增强，经理人更有动机将有限的劳动量投入到效用创造效率更高的自利活动中，进而 $X_n{}^*$ 的支付水平增加。

对于经理人而言，从有效价值创造活动中获取货币效用Ⅰ以及从私利活动中获取货币效用Ⅱ等价于经理人利用可支配资源购买两类"商品"，由于经理人的劳动力支付总量和可支配资源总量的有限性，其可购买的两类"商品"之间的具有反向变动关系，并相互替代。据此，本书可绘制出经理人的预算约束线 $\overline{V}\,\overline{U}_2$（图 5 - 6），当 $X_n=0$，$K_n=0$ 时，经理人效用全部来源于为公司创造的有效价值。其劳动力和可支配资源全部投入到积极的工作中，不存在任何私利活动。此时，经理人的价值创造水平 $\overline{V}=AX^\alpha K^\beta\theta$，$U_2=0$。对于股东而言，其针对经理人设计的任何激励合同都是为了最大程度的减少经理人自利行为 X_n，降低代理成本水平，促使 $\overline{V}$ 的实现。当 $X_n=X$，$K_n=K$ 时，经理人将有限的资源全部投入到私利活动中，即其用全部资本购买了第二类"商品"，以谋取更多的私人效用，公司利益被大量转移，代理成本剧增。此时 $V=0$，$\overline{U}_2=BX^\alpha K^\beta\theta$，所以预算约束线 $\overline{V}\,\overline{U}_2$ 斜率为 $\frac{A}{B}$②。预算约束线与横轴

---

① $\frac{\partial U_1}{\partial V}>0$ 意味着经理人货币效用与其价值贡献的比例增加，但比例的变动方式并一定是线性的。这也是本书没有将 $U_1=U_1(V)$ 定义为比例函数或者给出其具体函数形式的原因。

② 事实上，曲线 $\overline{V}\,\overline{U}_2$ 的斜率有多重情形，本书在此只讨论 $X_n=X$，$K_n=K$ 以及 $X_n=0$，$K_n=0$ 所确定的斜率 $\frac{A}{B}$。

和纵轴围城的三角区域为经理人获取效用的可能区域，在可能区域内的任意一点 E_1 所决定的"商品"组合均在经理人劳动力和资本的支付能力之内，并且经理人还能够产生资源剩余，即存在剩余的劳动力和资本无处支配，是一种低效率的资源配置方式。处于三角区域以外的任意一点 E_3 所代表的"商品"组合的价格超出了经理人的支付能力，即便经理人投入全部的劳动力和资本也无法获得该"商品"组合。唯有在越算约束线上的"商品"组合 E_2 才既能实现资源配置的最优还能保证"商品"组合在经理人支付能力之内。

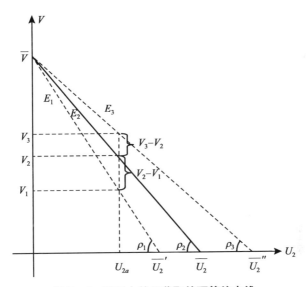

图5-6 经理人效用获取的预算约束线

当 $A=B$ 时，预算约束线为 $\overline{V}\,\overline{U_2}$，意味着经理人对有效价值和私利效用的偏好相等，其运用有限资源"购买"这两种"商品"的数量相等，替代率等于1。这条预算约束线所表示的经济意义在于经理人利用劳动力和资本投入创造公司价值的技术能力和其利用两种要素投入获取私人收益的经验水平相当，当在两种活动中投入等量的劳动力和资本时，产出的有效价值（V_2）和私人效用（U_{2a}）相等。$A>B$ 时，经理人的预算约束线向原点收缩至 $\overline{V}\,\overline{U_2}'$，表明在劳动力和资本支出一定的情况下，经理人可以"购买"到的私人效用 U_2 减少，即私人效用这一类

"商品"价格上涨了，如果维持同等的 U_2 购买量，经理人不得不减少对有效价值的"购买"，缩减幅度为 $V_2 - V_1$。当 $A < B$ 时，预算约束线逆时针旋转至 $\overline{V}\overline{U}_2''$，表明私利效用的价格降低，即经理人获得等量的私人效用所需要支付的劳动量和资本减少。此时，若经理人保持私利效用的获取量（U_{2a}）不变，那么经理人将拥有更多的劳动力和资本剩余来创造更多的企业价值（$V_3 - V_2$）。

当经理人预算约束线固定时，经理人效用函数所确定的无差异曲线 U 决定了其最优的效用获取组合（如图 5-7）。经理人的无差异曲线上的任意一点的坐标代表了经理人"购买"有效价值和私人效用的组合，两种效用商品边际替代率递减的特征决定了效用曲线凸向原点。居于外侧的无差异曲线所代表的经理人效用高于内侧。从图 5-6 中可以看出，在 U、U'、U'' 组成的效用曲线簇中，U'' 代表了较高的经理人效用水平，但由于预算约束线 $\overline{V}\overline{U}_2$ 的限制，U'' 效用在经理的劳动力和资本的支付能力以外，因此最优的价值组合无法出现在 U'' 上。尽管 U 所代表的两种价值组合在经理的支付能力之内，但其效用水平低于 U'，无法实现效用最大化。因此，经理人的最优价值组合处于无差异曲线 U' 与预算约束线 $\overline{V}_2\overline{U}_2$ 的切点上，此时最优的有效价值和私人效用的产出量分别为

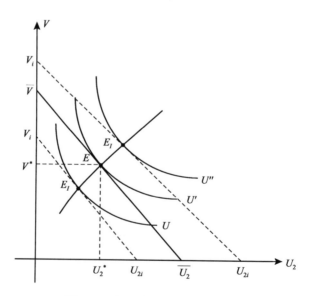

图 5-7　经理人最大化效用的确定

V^*、U_2^*。假设与三条无差异曲线相对应的预算约束线为 V_iU_{2i}，切点为 E_i，由切点联结形成的曲线为扩展线 X_n^*，扩展线上由一阶最优条件 X_n^* 组成，意味着 $V = V^*$，$U_2 = U_2^*$，又由于 $\dfrac{\partial U_1}{\partial V} > 0$ 且 $\dfrac{\partial U}{\partial (U_1 + U_2)} > 0$，则经理在该曲线上的任意一点均能实现总效用的最大化。

5.3 债权人外生变量的引入

5.3.1 负债与经理人效用的一般变动关系

假设公司的股权结构中包含股权融资和债权融资两类。其中，股权融资数额为 E，δE 为到期应支付给股东的股利；公司债权融资数额为 D，i 为利率。经理人为公司创造的利润 V 需要支付股东股利、债权人本金、利息。因此：

$$V \geqslant \delta E + D(1 + i) + P(D) \tag{5-17}$$

（5 - 17）式中，$P(D)$ 为债权人为债务公司设计的惩罚合同，可以用来解释债权人提高利率、提前收回贷款、降低该公司的信用评级、启动破产机制等一系列约束和惩罚机制，所以：

$$P(D) \begin{cases} = 0, & ifD(1 + i) = \sigma \\ > 0, & ifD(1 + i) < \sigma \end{cases} \tag{5-18}$$

当债权人收益 $D(1 + i)$ 与预期收益水平 σ 相等时，表明负债公司到期能够如数偿还给债权人本息，债权人无需对公司进行惩罚，惩罚水平为零。当债权人收益 $D(1 + i)$ 低于 σ 时，表明公司由于外部环境影响或主观的经营不善造成偿债风险，债权人利益受到威胁。此时，债权人可以通过利用惩罚合来弥补利益损失，同时提高公司对其偿债能力的关注，形成治理作用。事实上，由于股东的所承担的预期风险水平高于债权人，当公司陷入经营困境导致财务绩效下降时，拥有剩余索取权的股东可以令预期收益 δE 为 0。此时，惩罚合同的执行条件 $D(1 + i) < \sigma$ 等价于经理人的价值创造水平 $V < D(1 + i)$。换言之，无论是公司经营

的外生因素（经济形势、市场竞争程度等）还是主观因素（经理人能力、自利行为等）导致公司的财务绩效下降时，为保证公司的存续和发展，公司决策制定者务必需要满足根本的偿债的刚性要求 $D(1+i)$。若 $D(1+i) < V < D(1+i) + \delta E$ 表明经理人为公司带来的收益仅能为债权人偿债付息，无力为股东带来丰厚的股利，尽管债权人的惩罚合同 $P(D)$ 无须启用，但股东可能会设计其他监督和激励机制来约束、督促、激励经理人提高资源配置效率以提高股利。

根据科布道格拉斯函数，经理人创造的公司价值（利润）取决于其在资源配置方面进行的劳动力投入、资源投入、综合技术水平以及外生条件，又由于其价值创造结果主要用来支付股利、偿还债权人借款。因此本书联立方程组：

$$\begin{cases} V = \delta E + D(1+i) + P(D) \\ V = A(X - X_n)^{\alpha}(K - K_n)^{\beta}\theta \end{cases}$$

可得：

$$X_n = X - \left[\frac{\delta E + D(1+i) + P(D)}{A(K - K_n)^{\beta}\theta} \right] \qquad (5-19)$$

由（5-19）式可以看出，在经理人的自利行为受到劳动力支付上限 X、股权融资额度 E、负债水平 D、技术水平 A 以及可支配资源 K 等因素相关。当 $V \geq D(1+i)$ 时，$P(D) = 0$，经理人无须接受债权人惩罚。但是，债权人私利行为 X_n 与负债 D 表现出的负相关关系表明，当负债水平增加时，经理在私利活动中的劳动力支付量将会下降，这意味着当支付上限 X 一定时，经理人在有效价值创造活动中的劳动力投入量将增加。因此更多的资源配置到公司的利润创造过程中①，股东与经理之间的委托代理冲突被缓解，代理成本降低。同样，X_n 与负债利息率 i 之间具有负相关关系，利息率越高，经理人的自利行为越少。当 $V < D(1+i)$ 时，$P(D) > 0$，此时经理不仅仅需要承担偿还贷款、利息以及股利的责任，同时由于偿债能力的下降还要接受债权人的惩罚。这种惩罚将直接作用于偿债水平和公司的信用等级，在诸多约束和惩罚机制的

---

① 在函数 $V = A(X - X_n)^{\alpha}(K - K_n)^{\beta}\theta$ 中，X_n 与 K_n 处于相同的位置，因此 K_n 与负债水平 D 之间的也具有明确的负相关关系，本书在此不再赘述。

作用下，经理人不得不进一步减少私利行为 X_n，更加勤勉工作，以帮助公司提高收益水平，保护债权人和股东权益，减少其风险损失。

图 5-8 表示了公司负债水平对经理人在自利活动中劳动量投入的影响，坐标系 V—D 中，曲线 DV 代表了函数：$V = \delta E + D(1 + i) + P(D)$。当 $P(D) = 0$ 时，表示公司能够正常还款，此时公司价值 V 与负债水平 D 的变动关系为曲线 DV，斜率为利息率 i。在坐标系 V— $-X_n$ 中，曲线 $-X_nV$ 代表了函数：$V = A(X - X_n)^{\alpha}(K - K_n)^{\beta}\theta$。假设有效价值创造曲线 $-X_nV$ 固定不变，当公司负债水平为 D_1 时，对应的公司价值与经理人劳动量分别为 V_1 与 $-X_{n1}$。在 B 点，公司将债权融资规模提高至 D_2，此时公司经理人在私利活动中投入的劳动量为 X_{n2}。显然经理人的自利行为收到一定程度的抑制，自利行为缩减量 $\Delta X_n = |-X_{n2} - (-X_{n1})|$，缩减部分均被支付到有效的资源配置活动中，提升了公司价值的创造水平。

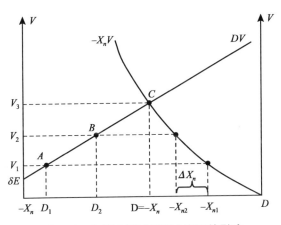

图 5-8　负债水平对经理人自利的影响

图 5-9 中表示了债权人惩罚机制对经理人私利行为的影响[①]。假设公司的负债规模为 D_1，利率为 i，经理人需要为公司创造规模为 V_1 的收入来支付股东股利和偿还债权人本息。此时，为创造 V_1 水平的绩效，经理人的有效劳动量为 $X - X_{n1}$，私利劳动量为 X_{n1}。当 $D(1 + i) < \sigma$ 时，

[①] 本书在这里将惩罚机制分为两类，一类是提高贷款利率 i，另一类是债权人提前收回贷款、降低信用评级、破产威胁等为公司带来的潜在成本支出 $P(D)$。

债权人开始启用惩罚合同，将利率 i 提高至 I'，随着斜率的增加，DV 曲线逆时针旋转至 DV'，债权融资成本的提高意味着经理人需要产出更多的公司收入，所以公司收入水平由 V_1 增加至 V_2。相应地，经理人在有效价值创造活动中的劳动力投入量由 $X - X_{n1}$ 提高至 $X - X_{n2}$。换言之，经理人务必削减私利活动中的劳动力支付（ΔX_n），以换取更多的有效价值（$V_2 - V_1$），即经理人的自利行为受到了债权人利率工具的有效约束。

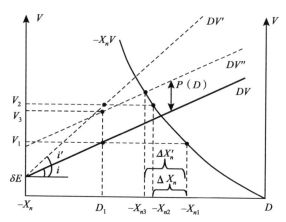

图 5 - 9　债权人惩罚机制对经理人自利的影响

由 $V = \delta E + D(1 + i) + P(D)$ 可知，当 $P(D) > 0$ 时，DV 曲线的截距由 δE 增加至 $P(D) + \delta E$，DV 曲线向上平移至 DV''。由于公司偿债能力下降，债权人开始通过提前收回贷款、降低信用评级等一系列措施来约束和惩罚公司，公司的经理人员需要创造更多的收入来弥补债权人损失。当负债水平 D_1 不变的情况下，经理人需将有效价值由 V_1 提高至 V_3。相应地，经理需要缩减在私利活动中的劳动力投入量 X_n，缩减规模为 $\Delta X_n = |-X_{n3} - (-X_{n1})|$，以创造更高的收入水平来补偿债权人利益损失。

所以，当负债引入公司的资本结构后，负债规模的提高、利率水平的增加以及其他由债权人带来的外生治理措施能够有效地减少经理人的自利行为，增加经理人在有效价值创造活动中的劳动投入，激励经理人更加勤勉工作，进而"帮助"股东实现了对经理人自利活动的约束，缓解二者之间的委托代理冲突。

5.3.2 最优条件下的负债与经理人效用

1. 负债规模与经理人私利活动

将经理人的两类效用函数所确定的最优资本投入量 K_n^* 代入有效价值创造函数 V 中，可以得到经理人在支付最优劳动量时的有效价值创造水平 V^*。与（5－17）式联立方程组：

$$\begin{cases} V^* = A \cdot \theta \cdot \left[1 + \dfrac{1}{\left(\dfrac{X - X_n^*}{X_n^*} \right)^{\frac{\alpha}{1-\beta}} \cdot \left(\dfrac{A}{B} \cdot \dfrac{\partial U_1}{\partial V} \right)^{\frac{1}{1-\beta}}} \right]^{-\beta} (X - X_n^*)^{\alpha} \\ V = \delta E + D(1 + i) + P(D) \end{cases}$$

解方程组可以获得当经理人效用最大化时，经理人投入到私利行为中的劳动量 X_n^* 与负债水平 D 之间的关系：

$$\begin{cases} D \propto (X - X_n^*)^{\alpha} \\ D \propto \left(\dfrac{X - X_n^*}{X_n^*} \right)^{\frac{\alpha}{1-\beta}} \end{cases}$$

显然，D 与 X_n^* 仍然表现出显著的负相关关系。即，当负债变量引入时，负债水平仍对经理人的一阶最优条件 X_n^* 具有抑制作用。在效用最大化条件下，负债水平越高，经理人的私利行为越少。所以，高水平的负债能够刺激经理人将劳动力和资本投入到公司价值创造活动中，既能够使得股东与经理人之间的目标函数趋于一致，降低代理成本，又能够保证经理人的效用最大化。还可以看到，负债水平与技术能力 A 以及从有效价值中的效用获取 $\dfrac{\partial U_1}{\partial V}$ 均有正相关关系。进一步证明，在经理人效用最大化的前提条件下，当公司的负债水平越多时，经理人更倾向于从有效价值创造劳动中获取效用。当资源总量一定时，其务必需要减少在私利活动中的劳动付出，进而缓解了股东、经理之间的委托代理冲突。同样，债务利率 i、惩罚合同 $P(D)$ 与经理人的私利行为之间存在负相关关系。

图 5 – 10 给出了最优条件下，当 $P(D) = 0$ 时，负债规模对经理人在私利活动中的劳动力投入量之间的变动关系。VU_2 和 U 为经理人初始预算约束线和效用曲线，二者的切点 E_1 决定了经理人为公司创造的有效价值和为自身谋取的私人效用的最优值（V_1^* 和 U_{21}^*）。当公司引入债权融资后，随着负债水平的增加，经理人可支配资源的规模 K 也相应上升，这意味着经理人可以"购买"更多数量的有效价值和私人效用，预算约束线向右上方移动至 $V'U_2'$。由于两类效用的获取量增加，经理人的总效用水平也得到提升，效用曲线移动至 U'，并与预算约束线 $V'U_2'$ 在 E_2 点相切。此时，经理人最优的有效价值和私人效用的"购买"量分别为 V_2^* 和 U_{22}^*。因此，负债规模的提高，使得经理人能够支配更多的资本来创造两类效用，效用增量分别为 ΔV 和 ΔU_2。可见，资本的扩充使得经理人能够配置更多的资源，以产出更多的有效价值 V 来回报股东并支付债权人本息。但同时，经理人可支配资源的增加刺激了其创造私人效用 U_2 的动机，在私利劳动投入量 X_n 不变的情况下，K_n 的增加使得私人效用的产出水平提高。所以，存在一种可能性，负债水平的增加能够使得经理人私人效用增加，进而对公司价值产生潜在威胁。

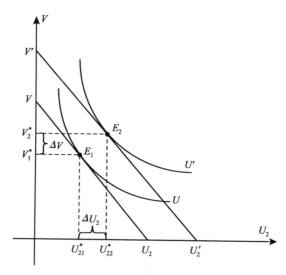

图 5 – 10　最优条件下的负债与经理人私利

2. 利率与经理人私利活动

表5-1中为由于经理人效预算约束线不同截距所决定的斜率变动情况，由表可知，根据 X_n 和 K_n 的不同取值，经理人斜率总共可以分为9种。由于经理人可支配资源规模受到两类融资渠道的影响。当公司引入的负债规模 D 不变时，其用以创造有效价值和私利价值的资本总和 K 不发生变化，因此投入到私利活动中的资本总量 K_n 保持不变①。当 $P(D) > 0$ 时，债权人的惩罚机制开始运行，利率 i 开始发生变化。由 $A(X - X_n)^\alpha (K - K_n)^\beta \theta = \delta E + D(1 + i) + P(D)$ 可知，利率提高意味着公司需要产出更多的收益，以满足债权人提出的更高要求。当技术水平 A 以及投资总量 K 和 K_n 不变时，$(X - X_n)$ 增加，当经理人可以为公司风险的劳动总量 X 确定后，X_n 减小。表明经理人需要缩减支付到私利活动中的劳动量，并将其转移至有效价值创造活动中。根据表5-1，与 X_n 相关的斜率分别为 $A/B \cdot (X/X_n)^\alpha \cdot (K - K_n/K)^\beta$、$A/B \cdot (X - X_n/X)^\alpha \cdot (K/K_n)^\beta$、$A/B \cdot (X - X_n/X_n)^\alpha$、$A/B \cdot (X - X_n/X)^\alpha$、$A/B \cdot (X/X_n)^\alpha \cdot (K/K_n)^\beta$，可以看到，当负债利率增加而引起 X_n 减少时，以上几组斜率数据均有递增现象。

表5-1　　　　　　　　　　经理人预算约束线斜率变动

标号	X_n、K_n 与截距		组合	斜率 ρ
	X_n、K_n	截距 V_0	a_1	$A/B \cdot (K - K_n/K_n)^\beta$
a	$X_n = 0$，$K_n \neq 0$	$A \cdot X^\alpha \cdot (K - K_n)^\beta \cdot \theta$	a_2	$A/B \cdot (X/X_n)^\alpha \cdot (K - K_n/K)^\beta$
b	$X_n \neq 0$，$K_n = 0$	$A \cdot (X - X_n)^\alpha \cdot K^\beta \cdot \theta$	a_3	$A/B \cdot (K - K_n/K)^\beta$
c	$X_n = 0$，$K_n = 0$	$A \cdot X^\alpha \cdot K^\beta \cdot \theta$	b_1	$A/B \cdot (X - X_n/X)^\alpha \cdot (K/K_n)^\beta$
	X_n、K_n	截距 U_{20}	b_2	$A/B \cdot (X - X_n/X_n)^\alpha$
1	$X = X_n$，$K \neq K_n$	$B \cdot X^\alpha \cdot K_n^\beta \cdot \theta$	b_3	$A/B \cdot (X - X_n/X)^\alpha$
2	$X \neq X_n$，$K = K_n$	$B \cdot X_n^\alpha \cdot K^\beta \cdot \theta$	c_1	$A/B \cdot (K/K_n)^\beta$
3	$X = X_n$，$K = K_n$	$B \cdot X^\alpha \cdot K^\beta \cdot \theta$	c_2	$A/B \cdot (X/X_n)^\alpha \cdot (K/K_n)^\beta$
			c_3	A/B

---

① 实际上，K_n 的影响因素很多，但受到投资总量 K 的影响最为显著。因此本书假设当 K 不变时，K_n 的变动也较为不显著，可以忽略不计。

图 5 – 11 阐释了在经理人效用最优条件下，债权人惩罚机制对经理人有效价值创造和私利行为产生的影响。假设公司经理人在初始阶段面对的预算约束线为 VU_2，效用曲线为 U，预算约束线与效用曲线的切点 E_1 代表了经理人所能够"购买"的有效价值和私利效用两类商品的均衡数量 V^* 和 U_2^*，两种效用的替代率为 V/U_2。当负债规模 D 不变，债权人将利率 i 提高时，债权融资成本增加，并对经理的有效价值创造 $A(X-X_n)^\alpha(K-K_n)^\beta\theta$ 提出更高的要求。当 $X-X_n$ 增加时，经理人用以"购买"私人效用的劳动 X_n 支出减少，因此预算约束线由 VU_2 顺时针至 $V'U_2'$，替代率增加为 V'/U_2'。表明每一单位 U_2 带给经理人的效用对每一单位 V 的替代性减小，经理人愿意支付更多的劳动力和资本来"购买"有效价值。此时，预算约束线与效用曲线 U' 相切于均衡点 E_2。很明显，E_2 的纵坐标 $V^{*'}$ 所表示的有效价值创造水平高于 V^*，而均衡条件下，经理人的私利效用却由 U_2^* 缩减至 $U_2^{*'}$。随着 i 的持续增加，有效价值 V 对私利效用 U_2 的替代性进一步增强，均衡点 E_3 确定了更高的有效价值水平 $V^{*''}$ 和更低的私人效用 $U_2^{*''}$，ΔV 和 ΔU 持续扩大，经理人从私利活动中获取效用的动机被进一步削弱，债权人对经理人行为的治理效应增强。

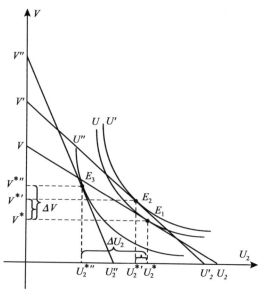

图 5 – 11　最优条件下的债权人惩罚机制与经理人效用

5.4 债权人外部性治理与公司内部治理环境

债权人外部性治理效应的发挥，来源于负债融资特征和债权人监督、干预行为通过自由现金流约束、财务压力、破产风险等机制对公司决策者带来的影响。然而实际上，在债权人外部性治理机制运行的过程中，常常会受到公司治理环境的影响。这种影响将直接作用于外部性治理效应，加强或者减弱债权人带给决策者的约束效果。

5.4.1 政治关联

当公司治理的研究范围由内部治理延伸至外部治理与内部治理相耦合的治理系统时，政治关联作为公司治理体系中的治理环境因素越来越得到学界关注。自拉波塔等（2002）开创法与金融学领域之后，法律制度、政治体系等情境因素对于公司治理效应的影响分析成为研究热点。政治关联作为上市公司所持有的一种特殊资源，在帮助公司摆脱融资困境、消除行业壁垒、降低税率等方面具有显著影响（克拉斯尼斯等，2008）。不同于国有企业天然的政治关联资源，在外部法律制度体系不完善的情况下，对民营企业政治资源的追求具有较强的现实意义。

民营上市公司通常能够通过背景性关联和追逐性关联两种形式来获取政治关系资源（王旭，2012）。背景性关联是指曾在政府监督管理部门任职的，官员辞职或离职后在上市公司任职。由于前政府官员在任职期间积累了大量的人际关系资源，因此其这种通过"下海"的方式创办公司或在公司内任职，能够充当上市公司与政府的桥梁和纽带，为上市公司带来丰厚的政治关系资源（胡旭阳，2010）。追逐性关联是指上市公司的高管人员通过参选人大代表或政协委员等参政议政的方式，或者通过聘请前任或现任政府官员进入公司高管层或担任顾问的方式实现政治关联。民营经济是我国非公有制经济的重要补充，民营企业和民营企业家的独立性以及政治地位已得到充分肯定，为民营企业家参政议政奠定了良好的制度基础。

民营上市公司储备政治关联资源具有较高的动机。自我国 1994 年施行分税制改革以来，地方政府财政收入锐减，同时财政支出剧增。迫于巨大的财政压力，地方政府开始通过增加预算外收入来实现预算平衡，其"掠夺之手"开始凸显（陈抗，2002）。尽管民营上市公司对地方税收具有较大贡献，但政府通常以要求"赞助"等形式对民营上市公司进行资源掠夺。相比于大规模的国有企业，民营上市公司应对风险能力较弱，加上政府"掠夺之手"的资源掏空效应，民营上市公司不得不通过与政府建立积极的政治联系来寻求政治庇护。尤其是当法律保护体系不健全的国家和地区，政治关联作为产权保护的替代机制显得尤为重要。再者，金融危机余波使得民营经济的资金链受到威胁，民营上市公司普遍表现出融资难的现状。我国大部分商业银行实际控制人为各级政府，政府从一定程度上能够对贷款方向起到决定作用。因此与政府维系良好的联系，解决公司融资约束成为民营上市公司构建政治关联的重要动机。另外，政治关联在帮助企业消除行业壁垒，降低税率等方面具有积极作用。

已有文献表明，建立政治关联能够提升公司收益水平，促进公司发展。法西欧（2006）指出政治关联能够通过融资约束缓解、宽松管制等传导途径来促进公司业绩[1]。政治关联与公司业绩的正相关关系得到了部分学者的证明（古德曼，2007；弗兰西斯，2009）[2]。但是，政治关联对于业绩的推动作用并不能代表其对治理效应有合理的解释能力。政治关联为上市公司提供政策支持的同时，还能够通过干预的方式实现对公司的利益掠夺（布巴克瑞，2008）[3]，或者从政治关联中向上市公司寻取"租金"，导致上市公司粉饰财务报表。因此，政治联系在降低公司执行成本的同时能够为公司带来政治风险、信息风险和治理风险，

① Faccio M. , Masulis R. W. , McConnell J. J. . Political Connections and Corporate Bailouts [J]. Journal of Finance, 2006, 61 (6): 2597 –2635.

② Goldman E. , Rocholl J. , So J. . Do Politically Connected Boards Affect Firm Value? [R]. AFA Chicago Meetings Paper, 2007.

Francis B. B. , Hasan I. , Sun X. . Political Connections and the Process of Going Public: Evidence from China [J]. Journal of International Money and Finance, 2009, 28 (4): 696 –719.

③ Boubakri N. , Jean Claude C. , Saffar W. . Political Connections of Newly Privatized Firms [J]. Journal of Corporate Finance, 2008, 14 (5): 654 –673.

进而提高代理成本（李维安，2010）①。所以，一旦上市公司的政治联系破裂，公司业绩和市场价值将急剧下降（廖义刚等，2008；王旭，2012）②。

民营企业与政府缔结"利益"关系，其动机在于降低政府的监督力度，寻求政治保护，增加政府向的利益输送以及融资政策倾斜力度。然而这种融资约束的缓解及其他政策的庇护效应，有可能会缓冲债权人的外部性治理作用。首先，政策资源的增加使得企业的融资渠道进一步拓展，融资规模激增，进而弱化了负债本身具有的刚性的偿债要求对决策者带来的约束效果。其次，大量政治关联的存在使得其获得的"信用等级"越高，降低了债权人在维系债务契约的过程中主动获取企业信息和监督企业运营状况的能动性，进一步降低了债权人的外部性治理作用。最后，"政府信用"的存在使得企业往往能够与多家银行等金融机构缔结债权债务关系，通过多方借贷关系，企业能够缓解某一个债权人带来的偿债压力，进而形成了原有债务对企业决策者行为的"软约束"，使得债权人的治理作用再次被冲击。因此，政治关联刻画的治理环境，能够对债权人的外部性治理作用产生显著的调节效应。

5.4.2　两权分离

两权分离（所有权和控制权）是从终极控股股东视角下，刻画公司内部治理环境的另一重要因素。终极控股股东能够对公司的治理环境起到重要作用。威氏尼（1997）③ 的研究指出，大量转型国家中存在着控股股东利用交叉持股或者金字塔结构对公司进行控制。在这种控制方式下，终极控股股东在公司治理中起到的"监督"和"掏空"效用交

①　李维安，邱艾超. 民营企业治理转型、政治联系与公司业绩 ［J］. 管理学报，2010，23（4）：2 - 14.

②　廖义刚，王艳艳. 大股东控制、政治联系与审计独立性 ［J］. 经济评论，2008（5）：86 - 105.

王旭. 政治关联、代理成本及债权人治理效应之关系——基于民营上市公司面板数据的实证研究 ［J］. 现代财经，2012（7）：105 - 114.

③　Shleifer A.，Vishny R. W.. A Survey of Corporate Governance ［J］. Journal of Finance，1997，52（2）：737 - 783.

替出现（克拉斯尼斯，2008）①，而两权分离度能够较好的反映终极控股股东的角色选择，进而折射出该公司的内部治理环境是积极的还是消极的。

通常情况下，所有权和控制权又被称之为现金流权和投票权。当两权分离度较低时，表明公司的终极控股股东拥有较小的控制权和较高所有权。此时，终极控股股东在公司中的目标函数与其他中小股东趋于一致，其不具备利用两权分离度产生的杠杆作用来掏空公司利益的动机和能力，反而更希望通过利用有效地治理机制、治理手段，创新经营管理模式，提高资源配置效率来实现公司价值的最大化，进而满足自身利润最大化的需求。并且，两权分离度较低时，控股股东往往表现出有效的"监督者"角色。其具有充足的动机对经理设计高效的激励和约束机制，减少经理人的私利行为，缓解二者之间的代理冲突。因此，低水平的两权分离度刻画了一种积极的公司治理内部环境。当两权分离度越高时，表明终极控股股东拥有大量的控制权，而所有权相应较小。使得控股股东具有较高的动机（低现金流权）和能力（高投票权）通过非公允关联交易、提高薪酬、转移利润等方式来侵占其他利益相关者的权益，表现出"利益掏空者"的角色。无疑，在这样一种消极的内部治理环境中，治理机制的缺失或低效运行使得代理冲突加剧，经理人行为得不到控股股东的有效治理，提高了经理人利用信息优势来挖掘私人利益的动机，恶化了公司治理质量。

对于债权人的外部性治理而言，由于两权分离度较低的公司具有良好的治理环境，经理人不仅仅受到偿债压力和债权人监督行为带来的压力，同时还接受到大股东的监管，在多重约束机制的作用下，其私利行为往往能够被较好地抑制，代理成本也相应较低。若两权分离度较高，终极股东对经理的约束作用较弱，仅靠债权人引致的外部性效应可能会导致经理人治理低效。所以，在由两权分离度刻画的不同的治理环境中，经理人自利行为对债权人的外部性治理具有不同的敏感性，即两权分离度在债权人的外部性治理过程中具有重要的调节作用。

---

① Claessens S, Feijen E, Laeven L. Political Connections and Preferential Access to Finance：The Role of Campaign Contributions [J]. Journal of Financial Economics, 2008, 88 (3)：554 – 580.

5.5　连锁债权人网络环境与外部性治理效应

5.5.1　连锁债权人网络的形成

债权人外部性治理效应除容易受到公司内部治理环境的影响外，外部网络环境同样能够通过资源获取规模、信息量控制等途径对其产生作用。

为应对外部环境的快速变化，企业一直生存于其本身与其他各类组织构成的价值网络体系或价值生态系统中（扎姆斯，2006）[①]，不断与其他组织进行着资源和信息的交换。社会资本理论和资源依赖理论从不同的视角阐述了企业与其他组织构建关联，来获取用以支撑自身发展的资源。企业高管倾向于与外部环境构建两类网络关系：第一类为价值链网络，包含企业与供应商、客户、竞争者等关联关系（横向网络）；第二类为企业与政府各部门构建的垂直管制关系（纵向网络）（罗家德，2003）[②]。价值链网路能够帮助企业从供应商获得高质量的原料和服务，培育客户良好的品牌忠诚度，及时了解市场供需状况、行业发展动态等，进而提高在价值链中的协调能力，并在信任和互惠的基础上提高合作效率。

连锁债权人网络也属于企业价值网络的一种，连锁债权人网络的形成建立在债权人存贷利差盈利模式和公司负债融资动机的基础上。债权人是公司的重要资金提供者，向公司提供贷款同样是债权人的重要获利手段。一方面，银行作为我国公司的主要债权人，盈利模式仍以传统存

---

① 　James F. Moore. Business Ecosystem and the View from the Firm ［J］. Auti-trust Bulletin，2006，51（1）：31 – 75.

② 　Juan L. J. Laura，P.，Zheng，Z. K.. Do managerial ties in China always produce value？ competition，uncertainty，and domestic vs. foreign firms［J］. Strategic Management Journal 2008，29（4）：383 – 400.

Luo Y.. Industrial dynamics and managerial networking in an emerging market：the case of China［J］. Strategic Management Journal 2003，24：1315 – 1327.

贷利差业务为主。所以，银行通常贷款对象，通过对贷款申请人进行财务质量、偿债能力、盈利能力等方面的评价和筛选，选取优质的公司来缔结债务契约关系。并且，在利益最大化驱使下，一家银行往往与多个公司具有债权债务关联。另一方面，对于公司而言，负债融资能够提高股东收益效率，为公司带来税盾效应，因此大量公司选择银行贷款融资，与银行结为联盟关系。并且为使得融资渠道更加多元化，增加企业内部资源调配的灵活性，公司也会与多家银行建立金融关联。如此便形成了以银行和债权人为两元节点的连锁债权人网络。

5.5.2 结构洞、中心性与负债融资

1. 结构洞与负债融资

连锁债权人网络中，处于不同位置的企业决定着其获取资源的能力和效率不同。尤其是在获取银行债权人的贷款资源方面，不同网络位置带给企业的优势具有显著差异。网络位置作为一种位置资本，可能比个体所拥有的资源更为有用。由于网络位置所具备的资源具有嵌入性，尽管个体流动性能够为公司形成资源损失，但是网络资源能够嵌入和依附在网络位置上，尤其是结构洞和中心性等重要的网络位置，因此网络位置是企业的一种重要社会资本（黄中伟、王宇露，2008）[①]。

社会网络理论指出，结构洞是网络中两个行动者之间的非冗余联系。结构洞的存在意味着两个连接网络中两个行动者的最短路径为2，即占据结构洞位置的行动者成为连接两个局域网络的"桥"（罗家德，2010）[②]。弗里曼（1977）指出，结构洞对局部网络具有信息控制力，因而两个局部网络重的个体容易对结构洞位置上的行动者产生资源依赖性，而占据结构度位置的企业能够充当局部网络之间的经纪人（Bro-

---

① 黄中伟，王宇露. 位置嵌入、社会资本与海外子公司的东道国网络学习——基于123家跨国公司在华子公司的实证 [J]. 中国工业经济，2008（12）：144－154.

② 罗家德. 社会网分析讲义 [M]. 北京：社会科学文献出版社2010.

ker）角色，以此为企业带来收益①。同样，犹兹（1997）认为，如果自我与多个彼此之间不存在关联的行动者有联系，那么这种结构对于自我十分有利。如果自我能够占据互不关联的网络之间的桥梁位置，这种结构为自我带来的收益将进一步放大②。

连锁债权人网络中，占据着结构洞位置的公司能够接触到不同局域网中的与债权人和其他负债公司的信息流，而这种信息流往往是非重复的、非冗余的，并且结构洞位置的公司具备持有和控制这些信息流的优势。占据结构洞位置的公司不仅可以掌握与自身直接关联的银行债权人的政策和业务信息，还可以了解多个局部网络中其他银行债权人的相关贷款信息。这些信息的非冗余性直接促进了公司的信息利用效率，进而更容易与其他银行形成互惠合作关系，提升负债融资规模。因此，连锁债权人网络的存在使得占据结构洞位置的公司可以更有效率的发现潜在的合作伙伴和交易者的资质，辨别网络中存在的盈利机会，提升自身的资源捕获能力。

2. 中心性与负债融资

网络分析过程中，中心性决定了行动者在其嵌入的社会网络中的重要程度。中心度越高，表明该行动者越具备网络枢纽的作用（波特，1992）③，其对资源获取和控制的能力也就越强（威斯尔曼，1994）④。连锁债权人网络中，公司的中心性能够刻画其在由债权人和其他公司组成的资源流的网络位置。中心性越高，说明该公司跃居于网络的核心，相反，公司越容易被网络所边缘化。

网络中的结构洞布局使得占据结构洞位置的公司更能够获得非冗余信息，并且对信息的控制力较强。而中心程度较高的公司位于信息流的

①　Freeman L. C. . A set of measures of centrality based on betweenness［J］. Sociometry，1977，40：35 – 41.

②　Uzzi，B. . Social Structure and Competition in Interfirm Networks：The Paradox of Embeddedness［J］. Administrative Science Quarterly，1997，42（1）：35 – 67.

③　Burt R. S. . Structural holes：the social structure of competition［M］. Cambridge：Harvard University Press，2002.

④　Wasserman S. ，Faust，K. . Social Network Analysis：Methods and Applications［M］. Cambridge University Press，1994.

汇集焦点，信息不一定是非冗余的，但是信息量更为庞大。规模巨大的信息流使得处于中心位置的公司一方面不容易丢失有价值的信息，另外，当与之俱有竞争关系的组织出于战略原因对信息流进行限制，或散布出含有虚假信息的信息流时，中心度较高的公司能够根据对比不同信息源来甄别其真实性，以获取准确的信息。此外，处于网络中心位置的公司更容易接触到新信息，并针对新信息做出快速反应。连锁债权人网络中，公司的中心性越高，表明其容易获得的关于银行债权人的信息越多，大量的信息源保证了公司能够科学、准确地评价关于现有和潜在债权人的贷款信息、贷款偏好和相关政策。通过将这些信息进行评估和整合，公司得以接触到更多的债权人，进而拓宽融资渠道，提高负债融资水平。

5.5.3 结构洞和中心度对债权人治理的调节效应

债权人外部性治理效应的发挥依赖于负债融资特征和债权人监督干预行为对公司治理结构产生的影响。自由现金流假说认为，偿债压力能够削弱公司的经营管理层自由支配现金流的能力和动机，使得经理的自利行为得到约束，进而降低代理成本。负债融资引致的流动性风险和破产风险能够有效的激励经理人员履行勤勉义务，使经理层以公司利益为行为导向，进而降低股东经理之间的委托代理冲突。所以，哈特（1990）将负债视为缓解股东与经理间委托代理冲突的担保机制。由于外部性效应的不稳定性使其极易被其他因素干扰，因此网络环境能够对债权人外部性治理效应产生影响。连锁债权人网络中，公司的中心性越强，其获得的有价值的信息越多，更容易与多个债权人发生关联和业务往来，这在拓宽公司融资渠道的基础上，扩张了公司决策者的可支配资源规模。在信息不对称的条件下，可支配资源的增加会刺激经理人在职消费、非效率投资等自利行为，进而提高代理成本，稀释了债权人治理效应。同样，在连锁债权人网络中，处于结构洞位置的公司因具有强大的非冗余信息控制能力和获取能力，其"位置资本"异常雄厚，更容易获得债权人的融资倾向，而大规模负债融资仍增加了决策者的可支配资源，进一步稀释债权人的治理效应。

5.6　本　章　小　结

　　在剖析外部性内涵，分析外部性理论演进的基础上，根据外部性不同的产生根源，将外部性划分为效用外部性和过程外部性。由于债权人的外部性治理效应产生的来源是风险防御导向下的债权人对公司决策者的监督和干预行为，所以是一种典型的过程外部性。通过对经理人效用体系的分析，认为经理人效用的产生来源于有效价值和私利效用两部分，并利用道格拉斯生产函数，构造了经理人的效用模型。运用数理分析的方法，分别探讨了经理人两类效用的最优获取数量以及负债规模、利率和债权人惩罚合同对经理人有效价值创造和私利效用获取的影响。分析结果显示，一般条件下，负债规模、利率的提升以及债权人的惩罚合同均能够有效减少经理人的自利行为，使其更加勤勉的为公司贡献有效价值。但均衡条件下，负债规模的提升不仅能够激励经理人的有效价值创造，并且能够刺激其挖掘私有收益的动机。然而，利率和惩罚合同却能够抑制经理人私利效用，提高经理人的价值创造水平。另外，债权人外部性治理效应能够受到公司内部治理环境和外部网络环境的影响。内部治理环境方面，政治关联度的强弱能够作用于负债企业的资源获取水平，进而可能对债权人对经理人决策带来的外部性约束产生稀释。而两权分离能够体现大股东的角色选择，能够刻画经理人的决策环境的宽松程度，进而对外部性效应产生影响。同样，结构洞和中心性等表征网络环境的指标能够通过控制企业信息量、融资规模的方式对外部性治理效应产生调节作用。

第**6**章

两类债权人治理机制的实证检验

本章重点利用上市公司经验数据，对债权人的内源性治理机制中的动态防御治理以及外部性治理效应进行实证检验。在动态防御型治理部分，以民营上市公司为样本，通过对企业生命周期的系统划分，探讨了生命周期不同阶段中，公司的非效率投资水平对债权人治理敏感性的差异化，进而判别债权人动态防御治理效应的强弱。在外部性治理部分，在科学测量代理成本的基础上，分析了债权人长期和短期借款对代理成本的影响，并通过构建政治关联指数、两权分离度和连锁债权人网络，对公司内部治理环境以及外部网络环境在债权人外部性治理机制的运行过程中起到的调节效应进行研究。

6.1 债权人动态防御治理

6.1.1 研究设计

债权人的动态防御治理旨在探讨在不同的生命周期，上市公司负债规模对非效率投资水平（过度投资和投资不足）产生的差异化影响，以检验不同的生命周期阶段是否会带来负债与风险水平之间关系的敏感性变化。在不对称信息条件下，出于利益最大化、过度自信等因素，公司经营管理层会进行非效率投资。詹森（1986）通过实证研究指出石油行业存在非效率投资行为，证明了企业存在过度投资现象①。布兰查尔德（1994）研究发现当公司拥有大量闲置资金（Windfall）时，会将闲置资金投资于质量较差的项目，造成非效率投资②。辛清泉（2007）等学者同样发现国内上市公司普遍存在过度投资的证据③。企业的非效率投资一方面能够降低公司的资源配置效率，削减了公司的持续成长能力；另一方面会降低公司的偿债能力，造成了债权人资本增值与引致风险的不匹配，对债权人利益产生威胁。因此，在风险因素的驱动下，债权人通常采取防御型治理机制，通过监督、干预上市公司经营管理行为的方式降低债务风险。依照传统财务理论，当债务在公司资本总额占有比例较高时，债权人财务风险上升，其对债务公司的经营管理进行监督的动机得到增强。同时，负债水平的提升降低了经理人自由支配自由现金流的能力，在一定程度上能够抑制非效率投资，优化公司财务质量，进一步支持了债权人防御型治理的可行性。

1. 样本选择与数据来源

鉴于民营上市公司对生命周期的敏感性较强，本书以在深圳证券交易所上市的 919 家中小上市公司为研究样本，选取 2007～2011 年为研究期间，对样本指标数据进行连续 5 年的持续观测，并执行如下筛选程序：①剔除实际控制人属性是非自然人的上市公司；②剔除金融类上市公司；③剔除 ST 类公司；④剔除主要变量缺失的公司；⑤剔除样本期间内未持续经营的公司。共得到民营上市公司 722 家。全部指标数据来源于国泰安 CSMAR 数据库。

---

①　Jensen M. C.. Agency costs of free cash flow, corporate finance and takeovers [J]. American economic review, 1986 (76): 323 – 329.

②　Blanchard, O. J., F. Lopez-de-Silanes, A. Shleifer. What Do Firm s Do with Cash Windfalls? [J]. Journal of Financial Economics, 1994, 36: 337 – 360.

③　辛清泉，林斌，王彦超. 政府控制、经理薪酬与资本投资 [J]. 经济研究，2007 (8)：110 – 122.

2. 变量测量

（1）非效率投资水平：根据杨兴全等（2010）[①]、陈运森（2011）[②]
对非效率投资的计量方法，将公司的总投资划分为预期投资和非预期投
资两个部分。其中，预期投资是指维持公司设备以及其他资产正常运营
的必须投资，非预期投资是指除预期投资以外的投资于净现值大于 0 的
项目费用。非预期投资分为合理投资部分以及不合理投资部分。投资模
型设计如下：

$$Invt_t = b_0 + b_1 Grow_{t-1} + b_2 Leve_{t-1} + b_3 Cash_{t-1} + b_4 Age_{t-1}$$
$$+ b_5 Size_{t-1} + b_6 Retn_{t-1} + b_7 Invt_{t-1} + Ind_{t+\varepsilon} \qquad (6-1)$$

（6-1）式中，$Invt_t$ 表示第 t 年公司的投资总量，是第 t 年购买固
定资产、无形资产和其他资产的现金、购买或处置子公司及其他营业单
位的现金支出、债权性支出和股权性支出的总和与 t 年年末的资产总额
的比值；$Grow_{t-1}$ 代表公司 $t-1$ 年的成长性，本书选取的总资产增长率
和资产收益率作为成长性度量的两个维度，通过变异系数对样本公司两
项指标进行赋权，加权得出成长性指标数据，公司的成长性越好，获得
的投资机会越多；$Leve_{t-1}$ 为资产负债率表示的财务杠杆效应；$Cash_{t-1}$ 与
Age_{t-1} 分别表示公司第 $t-1$ 年的现金持有和上市年限，其中现金持有通
过 $t-1$ 年的现金持有量与总资产的比值来计量；选取 $t-1$ 年年末资产
总额的自然对数来衡量公司规模 $Size_{t-1}$；$Retn_{t-1}$ 表示上市公司在上一期
的股票回报率；$Invt_{t-1}$ 为公司上一期的投资水平；ε 为模型残差，残差
小于零的部分为投资不足水平，大于零的部分为过度投资水平。本书以
残差的绝对值来衡量非效率投资规模，残差绝对值越大，表明该公司非
效率投资水平越高；另外，模型对行业差异效应（$Indt$）进行了控制
（如表 6-1）。

[①] 杨兴全，张照南，吴昊旻. 治理环境、超额持有现金与过度投资——基于我国上市公
司面板数据的分析 [J]. 南开管理评论，2010，13（5）：61-69.

[②] 陈运森，谢德仁. 网络位置、独立董事治理与投资效率 [J]. 管理世界，2011（7）：
113-127.

表 6 - 1　　　　　　　　样本公司非效率投资主要变量描述性统计

	过度投资				投资不足				T 统计量
	Min	Max	Mean	Std	Min	Max	Mean	Std	
$Invt_t$	-0.153	0.404	-0.188	-0.051	-0.759	0.044	-0.126	0.082	31.658 ***
$Invt_{t-1}$	-0.648	0.623	-0.463	0.080	-0.334	0.887	-0.062	0.094	3.436 ***
$Cash_{t-1}$	0.000	0.960	0.195	0.175	0.000	0.801	0.185	0.160	1.071
$Grow_{t-1}$	-0.827	7.609	0.292	0.699	-0.509	5.259	0.277	0.547	0.445
$Retn_{t-1}$	-1.649	4.570	0.360	0.518	-1.700	2.720	0.360	0.426	0.009
$Leve_{t-1}$	0.018	1.516	0.488	0.208	0.034	12.325	0.491	0.524	-0.141
$Size_{t-1}$	18.697	27.834	21.764	1.293	16.589	28.003	21.738	1.322	0.373
Age_{t-1}	0.003	19.071	9.260	5.074	0.003	19.047	9.037	5.178	0.839
$Ovin_t$	0.001	0.518	0.041	0.453	-0.678	-0.000	-0.061	0.073	33.974 ***
N	421	421	421	421	301	301	301	301	

注：*、**、*** 分别表示显著性水平在 0.1、0.05 和 0.01 以下。

（2）生命周期变量：本书将企业生命周期划分为成长期、成熟期和衰退期三个阶段。目前，针对企业生命周期的划分具有多种方法，Anthony 和 Ramesh（1992）对企业的股利支付、销售收入增长、资本支出以及企业年龄等指标进行综合打分以获得生命阶段的评价标准[①]。Bens 等（2002）利用企业的科技研发投入、销售收入增长率、资本支出率、市账比等指标来对生命周期进行划分[②]。也有学者利用留存收益与总股本的比例作为企业生命周期的主要划分依据。本书认为，在我国特有的法律和制度环境下，部分指标不宜成为我国上市公司生命周期各阶段的划分依据。例如，我国上市公司派发股利具有较强的不规律性，同时很多上市公司倾向于不支付股利；再者，很多上市公司对于留存收益的使用并不存在阶段性特征，所以运用股利支付和留存收益作为划分我国上市公司生命周期的指标具有局限性。另外，尽管企业年龄属于非财务指标，具备一定客观性，但是企业年龄不存在上限限制，进而无法依据企业年龄来判别生命周期阶段。

---

① Anthony, J., K. Ramesh. Association between Accounting Performance Measures and Stock Prices [J]. Journal of Accounting and Economics, 1992, 15 (23): 203 - 227.

② Bens D., Nagar V., Wong M. H. F.. Real Investment Implications of Employee Stock Option Exercises [J]. Journal of Accounting Research, 2002, 40 (2): 359 - 393.

结合已有文献相关研究和我国的特殊背景，本书选取销售收入增长率、总资产增长率和净利润增长率三个指标来刻画企业生命周期的不同阶段。随着企业的成长，销售规模以及资产规模不断扩张，净利润不断攀升，使得企业规模和盈利能力在成熟期达到顶峰。但由于成熟期企业的成长动力不足，销售规模、资产规模和净利润的增长率均表现出"疲软"的现象，并开始衰减，三项指标随着企业进入衰退期而迅速下降。因此选取该三项指标来刻画企业生命周期具备一定的合理性。结合打分法与产业经济方法，考虑到行业特征的差异，本书首先按行业将样本公司进行分类，将每家公司各指标每年的数据取均值。各行业内，依照三个指标从低到高的方法进行打分赋值，最高的 1/3 为成长期，赋值 3分；最低的 1/3 为衰退期，赋值 1 分；中间部分为成熟期，赋值 2 分。将各企业的总分汇总整理，并仍然按照同样的方法将总分进一步划分，得分最高的 1/3 企业为成长期企业，成熟期、衰退期次之。最后把行业分类的结果进行汇总，得到全样本上市公司的生命周期分类结果。本书最终获得成长期样本公司 189 家，成熟期 316 家，衰退期 217 家。

（3）银行借款变量及控制变量：由于借款规模与债权人的治理力度具有同向变动关系，因此选取银行借款与总资产的比值作为衡量债权人治理工具的指标。一方面，银行借款规模越高，对上市公司形成的偿债压力越大，股东和经理层的行为响应越敏感。另一方面，由于大规模的贷款，出于风险防御的动机，银行能够对上市公司进行积极的监督和干预，进而所表现出的外部性治理效应也相应较为显著。为区别不同期限的银行借款的不同治理效应，本书将其细分为短期借款和长期借款两个子指标。

考虑到公司规模、财务杠杆、股权集中度以及行业效应能够对样本公司的治理效应产生影响，因此将上述变量纳入研究的控制变量组。具体变量定义见表 6 - 2。

表 6 - 2　　　　　　　　债权人动态防御治理变量定义

变量类型	变量名称		变量代码	变量说明
解释变量	银行借款	短期	Sdbt	短期借款与长期借款分别与总资产的比值
		长期	Ldbt	

变量类型	变量名称	变量代码	变量说明
解释变量	企业生命周期	Lcy	依照行业特征调整后的指标综合分值，最高的1/3为成长期，最低的1/3为衰退期，中间部分为成熟期
被解释变量	非效率投资	Ovin	投资模型回归残差 ε 的绝对值
控制变量	公司规模	Size	年末资产总额自然对数
	财务杠杆	Debt	年末债务与资产总额额比值
	股权集中度	Cocn	年末第一大股东持股比例
	行业效应	Indu	行业虚拟变量

3. 模型设计

$$Ovin = a_0 + a_1 Sdbt + \lambda_j \sum_{j=1}^{n} Control_{j,it} + \xi \quad (6-2)$$

$$Ovin = a_0 + a_1 Ldbt + \lambda_j \sum_{j=1}^{n} Control_{j,it} + \xi \quad (6-3)$$

模型6-2与模型6-3用来检验在不同的生命周期阶段，债权人长短期借款对上市公司非效率投资水平的影响，进而检验债权人是否能够围绕长短期借款展开对上市公司的动态防御治理。本书预期，不同的生命周期中，短期借款变量的回归系数为负，而长期借款变量回归系数为正。模型中，Control为控制变量组，ξ 为残差项。

6.1.2 实证分析

1. 描述性统计

表6-3报告了依照生命周期不同阶段分类的上市公司主要变量的描述性统计数据。很明显，非效率投资随着企业生命周期的演进而表现出先增后降的趋势。在成长期，非效率投资水平的均值为0.39，而成熟期与衰退期非效率投资均值分别为0.81与0.50，增幅和减幅分别为107.69%、38.27%。非效率投资的变化趋势表明，一方面由于自由现金流和盈余资金的积累，经理层在成熟期的非效率投资动机被激发。而

出于职业防御心理和风险规避动机，在企业衰退期，经理层的非效率投资有所约束，加之债权人治理力度的提高，非效率投资表现出下降的趋势。另外，资产规模的均值分别由成长期的 21.17 增长至成熟期的 22.36，并在衰退期缩减至 21.51，表明使用资产增长率作为评价不同企业生命阶段的依据具备合理性。

表 6 - 3   回归模型主要变量描述性统计

	成长期			成熟期			衰退期		
	Max	Min	Mean	Max	Min	Mean	Max	Min	Mean
Ovin	4.47	0.02	0.39	8.96	0.00	0.81	4.09	0.09	0.50
Sdbt	0.15	0.04	0.01	0.09	0.05	0.02	0.17	0.08	0.03
Ldbt	0.24	0.00	0.12	0.24	0.01	0.08	0.30	0.00	0.09
Size	24.85	15.21	21.17	27.91	14.58	22.36	28.21	11.08	21.51
Debt	14.25	0.05	0.75	11.25	0.02	0.74	105.74	0.00	0.89
N	189			316			217		

2. 非效率投资的波动

本书对上市公司在生命周期中的非效率投资进行了单因素方差分析，检验样本公司的代理成本在不同的生命阶段是否具有显著差异。

经检验，方差分析中的 F 统计量值 82.559，显著性为 0.00，表明在生命周期的不同阶段，上市公司的非效率投资水平存在均值上的显著差异。方差齐性检验的显著性水平为 0.00，因此在多重比较中选择 Games Howell 模型来检验均值差异的显著性。表 6 - 4 中，处于成长期、成熟期和衰退期的代理成本均值彼此之间具有显著性差异，说明民营上市公司在生命周期演化过程中，非效率投资表现出显著的波动。并且，处于成熟期的上市公司具有最高的非效率投资水平，衰退期的上市公司次之，成长期的代理成本最低。

表 6 - 4   非效率投资在企业生命周期中的波动

Lcy (I)	Lcy (J)	均值差 (I－J)	标准差	显著性
衰退期	成熟期	－0.308	0.021	0.000
	成长期	0.113	0.019	0.000

续表

Lcy（I）	Lcy（J）	均值差（I－J）	标准差	显著性
成熟期	衰退期	0.308	0.017	0.000
	成长期	0.417	0.020	0.000
成长期	衰退期	－0.113	0.018	0.000
	成熟期	－0.417	0.022	0.000

3. 债权人的动态防御

表 6-5 报告了债权人为民营上市公司提供的短期和长期借款对非效率投资的动态防御效应检验结果。在企业成长期、成熟期和衰退期，民营上市公司短期借款变量均表现出对非效率投资水平显著的抑制作用。成长期，短期借款变量回归系数为 －0.15（t 值为 －5.27），并通过 1% 水平的显著性检验。表明在成长期，短期借款对样本公司产生的偿债压力以及债权人的监督和干预作用能够限制经理人的非效率投资。成熟期，短期借款变量对非效率投资的解释能力提高至 －0.22（t 值 －4.28），显著性水平为 1%。表明短期借款仍能够有效抑制非效率投资的增加，同时解释程度的提高说明债权人在风险防御动机下，提高了对上市公司资源配置行为的监管力度。尽管民营上市公司在成熟期比在成长期拥有丰厚的资源和更充足的动机来进行"帝国建造"，债权人围绕短期借款形成的动态治理机制能够较好的降低非效率投资带来的财务风险。换言之，在成熟期，尽管公司决策者在充沛的自由现金流和盈余资金的刺激下，放纵了对过度投资或投资不足等行为的自我约束，但是债权人为上市公司引致的偿债压力以及干预和监督力度也相应提高，制定了更有针对性的治理措施，形成了有效的动态防御。衰退期，短期借款变量回归系数继续升高，增至 －0.35（t 值为 －5.05）。表明在债权人动态治理、职业防御的心理动机下，公司决策者非理性行为得到进一步约束，债权人风险水平也相应降低。

表 6 – 5   债权人动态防御型治理效应检验

Ovin	成长期		成熟期		衰退期	
	模型 2	模型 3	模型 2	模型 3	模型 2	模型 3
解释变量:						
Sdbt	−0.15 *** (−5.27)		−0.22 *** (−4.28)		−0.35 *** (−5.05)	
Ldbt		0.17 ** (2.52)		0.29 *** (3.05)		0.34 *** (3.04)
控制变量:						
Size	−0.08 *** (−4.25)	−0.08 *** (−4.19)	−0.04 (−0.47)	−0.04 (−0.56)	−0.11 ** (−2.55)	−0.02 * (−1.92)
Debt	0.02 (0.14)	0.04 (0.20)	−0.02 * (−1.92)	−0.02 (−0.54)	0.11 *** (8.24)	0.11 *** (9.08)
Cocn	0.002 (0.99)	0.002 (1.05)	0.04 (0.78)	0.04 (0.24)	0.10 *** (4.52)	0.10 *** (5.72)
Cotr	−0.001 (−0.45)	−0.001 (−0.78)	−0.001 * (−1.93)	−0.001 * (−1.93)	−0.001 (−0.57)	−0.001 * (−1.91)
R^2	0.25	0.35	0.23	0.41	0.22	0.36
F/Wald 检验	F = 65.87 P = 0.00	F = 88.64 P = 0.00	F = 71.25 P = 0.00	F = 45.84 P = 0.00	F = 54.23 P = 0.00	Chi(2) = 97.54 P = 0.00
Hausman 检验	P = 0.00 (FE)	P = 0.01 (FE)	P = 0.02 (FE)	P = 0.00 (FE)	P = 0.04 (FE)	P = 24.77 (RE)
N	189		316		217	

注: * 、 ** 、 *** 分别表示 10%、5%、1% 水平下显著; ( ) 内为 t(z) 检验值; Hausman 检验: P 值大于 0.05 表示优先选择随机效应模型 (RE), 否则选择固定效应模型 (FE), 系数为标准化数据。

当解释变量更换为长期借款后, 在生命周期的各个阶段, 上市公司的长期借款变量均表现出对非效率投资的促进作用。成长期, 长期借款变量回归系数为 0.17 (t 值为 2.52), 显著性水平为 5%。一方面, 说明长期借款增加了上市公司的资金储备, 使得决策者进行过度投资的动机得到增强, 刺激了非效率投资水平的提升; 另一方面, 债权人在长期对上市公司进行监督干预的成本提高, 相应的监督效应下降, 动态防御能力不足。同时, 相比于短期借款, 上市公司对长期借款的偿债压力较为不显著, 无法对公司决策者行为形成有效的约束效应。成熟期, 长期借款变量对非效率投资的促进效应进一步提高, 回归系数增至 0.29 (t

值为 3.05）。说明长期借款的促进效应具有边际递增的特征，即民营上市公司经理层在充沛的可支配资源的刺激下，非效率投资行为被纵容，提高了债权人的风险水平。同时也证明债权人未能围绕长期借款对上市公司形成动态防御治理。衰退期，变量回归系数增至 0.34（z 值为 3.04），进一步印证了长期借款对非效率投资的促进效应具有边际递增的特征和长期借款动态防御的失效（图 6-1）。

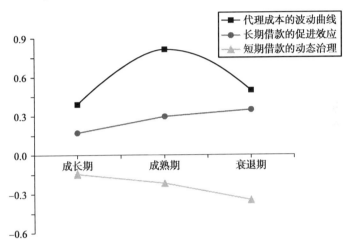

图 6-1　债权人的动态防御效应

注：纵坐标为代理成本的均值以及回归模型中长、短期借款的标准化回归系数。

4. 稳健性检验

为检验本书对生命周期划分的合理性和稳健性，我们对企业生命周期划分的敏感性进行了测试。依照李云鹤等运用的划分方法，将资本支出率纳入指标体系（李云鹤等，2011），测试结果大体一致，短期借款仍在各个生命周期表现出了对非效率投资的动态抑制效应，而长期借款的促进效应依然显著，因此研究结论保持不变。同时，参考佟岩等（2010）的研究，若企业三年的投资活动产生的现金流量净额之和为负，三年筹资活动产生的现金流量净额之和为正，则企业处于成长期，否则为成熟期；若均为负，则为衰退期，将企业生命周期进行重新划分。测试结论仍保持一致，表明本书对我国企业生命周期的划分方法具备稳健性。

6.2 债权人的外部性治理

6.2.1 研究设计

1. 样本选择与数据来源

本书选取在 2008～2011 年持续经营的民营上市公司平衡面板数据为研究样本，对 4 年的数据进行持续观测。根据相关文献，该时间段为上市公司治理转型的中后期，上市公司外部治理效应开始逐渐发挥，行政型治理逐步向经济型治理演变（李维安，2010）[①]。因此选择此时间段对民营上市公司外部治理机制的效应进行检验具有较强的代表性和实践意义。在深圳证券交易所中小板上市公司中，通过对上市公司的实际控制人属性进行筛选，获得样本期间持续经营的民营上市公司 290 家。本书对 290 家民营上市公司执行了如下筛选程序：①剔除研究期间 ST 及 ST* 的公司；②剔除金融类上市公司；③剔除数据不全的公司；④剔除由国有企业转制的公司；最终本书获得有效研究样本 221 个。样本数据中，政治关联指数由笔者根据国泰安上市公司研究数据库中的高管简历信息手工收集所得，部分政治关联数据来源于公司官方网站。其他变量数据均来自于国泰安 CSMAR 数据库。本书选用统计软件 STATA10.0 以及 Excel2007 对数据进行分析。

在验证连锁债权人网络环境对债权人外部性治理效应产生的调节作用方面，本书对 221 家民营上市公司作出进一步的筛选，共获得有效样本容量 102 家。实证过程中选用软件 EXCEL2007 进行样本公司财务数据的预处理和社会网络数据编码，选用 UCINET6.0 来获取样本公司中心性和结构洞相关指标数据，选用 STAT10.0 对数据进行回归分析，所有数据来自国泰安 CSMAR 数据库。

---

① 李维安，邱艾超. 民营企业治理转型、政治联系与公司业绩 [J]. 管理学报，2010，23（4）：2-14.

2. 变量定义

（1）公司内部治理环境：选取政治关联指数和两权分离度作为调节变量。Fan（2007）等学者将政治关联定义为上市公司 CEO 现在或曾经在政府机关或者军队任职[①]。本书认为我国民营上市公司政治关联指数应该从公司政治关联资源构建的双重实现渠道进行考虑，即综合考察公司背景性关联和追逐性关联。因此，本书通过测量民营上市公司治理层次的背景性关联和追逐性关联来获得政治关联指数（Political Connections，PC）。即对董事会、监事会、经理层人员曾经或现在在政府重要监督管理部门任职或曾任或兼任人大代表、政协委员的全面情况进行测量。政治关联指数主要由治理层级和行政级别两部分组成。本书将民营上市公司治理层级划分为 4 等，分别为董事长、总经理、监事会主席、普通董事与监事，将其重要性系数分别赋值为 4、3、2、1。考虑到独立董事的职能属性，独立董事并不纳入指数构建体系。根据我国行政级别划分标准，将样本公司具有政治关联的人员分别划分县处级、厅局级、省部级。由于曾任政府官员和现任政府官员所具有的关系资源和影响力具有显著差异，现任官员的政治影响力要高于曾任上级官员。因此本书将样本公司政治关联人员的行政级别依照政治影响力进一步细分为 6 等，分别为曾任县处级、曾任厅局级、曾任省部级、现任县处级、现任厅局级、现任省部级，将其重要性系数分别赋值为 1、2、3、4、5、6。本书对样本公司高管简历中具有政治关联的高管人数进行了手工收集，具体政治关联指数计算公式见（6-4）式。

$$PC = 4\left(\sum_{i=1}^{6} W_i \times N_i\right) + 3\left(\sum_{i=1}^{6} W_i \times N_i\right) + 2\left(\sum_{i=1}^{6} W_i \times N_i\right) + \left(\sum_{i=1}^{6} W_i \times N_i\right)$$

$$(6-4)$$

式中，PC 为政治关联指数，W_i 为行政级别重要性系数，N_i 为该公司在该年份在该层级具有的政治关联人数。

另外，选取两权分离度作为调节变量。两权分离度由实际控制人的

---

① Fan J. P. H. , Wong T. J. , Zhang T. Y. . Politically connected CEOs, Corporate Governance and Post IPO Performance of China's Newly Partially Privatized Firms [J]. Journal of Financial Economic, 2007, 84 (2): 330 - 357.

投票权（控制权）与现金流权（所有权）的比值获得。其中投票权为控制人在控制链上最小的持股比例，现金流权为其在各个控制环节持股比例的乘积。

（2）连锁债权人网络环境：衡量企业在社会网络中结构洞的指标数据众多，应用最为广泛的是 Burt（1992）提出的 4 维测量方法，Burt 认为结构洞指标需要从有效规模（Effective Size）、限制度（Constraint）、效率（Efficiency）和等级度（Hierarchy）四个方面进行考察[①]。有效规模能够反映社会网络中的非冗余因素，等于行动者的个体网规模与网络冗余度（Redundancy）的差值。连锁债权人网络中，有效规模能够反应嵌入其中的公司获取非冗余信息的能力。因此本书选择有效规模作为衡量公司结构洞变量的指标之一。另外，限制度被诸多研究选为结构洞的核心指标，钱锡红等（2010）认为"约束性"（限制度）具有高度概括性，能有效测量企业结构洞的匮乏程度[②]，限制度越高，表明企业所占据的结构洞数量越少。因此，本书选取 1 与限制度的差来衡量企业在连锁债权人网络中拥有的结构洞丰富程度（Zaheer，2005）[③]。

中心性是量化行动者在社会网络中权力大小的变量，程度中心性、中介中心性以及接近中心性从不同的维度反映了行动者在网络中的中心地位。其中，程度中心性（Degree Centrality）能够衡量出社会网络中的中心行动者，程度中心性越高，表明该行动者最有社会地位和权力。中介中心性（Betweenness Centrality）刻画了行动者对网络资源的控制程度，若其处于许多交往网络路径中，便能够通过控制或曲解信息来影响其他网络成员。由于中介中心性能够测量某个行动者在多大程度上居于另两个行动者的"中间"，因此当中介中心性趋于 0 时，意味着其对其他行动者几乎不存在控制力；趋于 1 时，表明该行动者处于网络核心，具有较高的权力。

---

① Burt R. S.. Structural holes: the social structure of competition [M]. Cambridge: Harvard University Press, 2002.

② 钱锡红，徐万里，杨永福. 企业网络位置、间接联系与创新绩效 [J]. 中国工业经济，2010（2）：78-88.

③ Zaheer A., Bel G. G.. Benefiting from Network Position: Firm Capabilities, Structural Holes, and Performance [J]. Strategic Management Journal, 2005, 26（9）：809-825.

在连锁债权人网络中，本书在测量各个样本公司的结构洞和中心度指标时，分别进行了网络面板数据编码和 2 - 模网数据转化两个处理步骤。首先，本书对样本公司 2008 ~ 2011 年间的银行债权人进行了分析与筛选，发现包含中国建设银行、中国农业银行、中国银行、中国工商银行、中国交通银行、中信银行、招商银行、民生银行、兴业银行、光大银行 10 家银行债权人的样本公司占有较高比例。因此本书对该 10 家银行与样本公司的债务关系进行手工编码，若样本公司当期与一家具有债务关系，编码为 1，否则为 0。最终构成了 10 × 102 的关系矩阵，即债权人——公司 2 - 模网①。其次，运用对应乘积法将 2 - 模网转化为 1 - 模网，并用 UCINET 进行了社会网络变量的获取。

（3）选取银行借款与总资产的比值作为实证研究的解释变量。一方面，银行借款规模越高，对上市公司形成的偿债压力越大，大股东和经理层的行为响应越敏感。另一方面，由于大规模的贷款，出于风险防御的动机，银行能够对上市公司进行积极的监督和干预，进而所表现出的外部性治理效应也相应较为显著。为区别不同期限的银行借款的不同治理效应，本书将其细分为短期借款和长期借款两个子指标。

（4）代理成本方面，由于经理人员在职消费支出往往出自管理费用，大多文献选取管理费用率刻画上市公司股东与经理人之间的代理成本来测量公司治理效应（李世辉、雷新途，2008）②。依照会计分录准则，管理费用除了包括能够产生在职消费的差旅费、会议费、招待费、办公费等明细科目外，还包括社会保险费、公积金、教育经费等一系列维系公司正常运作的合理开支。因此利用管理费用的全额度量代理成本势必会放大代理成本，造成研究偏误。本书认为行业管理费用均值为合理的管理费用向代理成本转变的阈值，因此本书运用行业均值调整后的管理费用与营业收入之比来衡量代理成本。

（5）选取公司规模、资产负债率、股权集中度、成长性作为研究的控制变量组。选取样本期间年末总资产的自然对数来控制公司规模的

---

① 由于本书实证部采用面板数据，因此本书对 2008 ~ 2011 的社会网络数据均进行了手工编码，最终形成 4 个 2 - 模连锁债权人网络。

② 李世辉，雷新途. 两类代理成本、债务治理及其可观测绩效的研究：来自我国中小上市公司的经验证据 [J]. 会计研究，2008（2）：30 - 37.

影响；选取资产负债率来控制财务杠杆效应；选取前三大股东持股比例作为股权集中度指标控制股权结构对代理成本的影响；选取营业收入增长率来反映公司成长性情况。具体变量定义情况见表6-6。

表6-6　　　　　　　　　外部性治理效应检验变量定义

变量类型	变量名称		变量代码	变量说明
解释变量	短期借款比率		Sdbt	年末短期借款与资本总额之比
	长期借款比率		Ldbt	年末长期借款与资本总额之比
调节变量（Envr）	内部治理环境	政治关联	PC	层级化的政治关联指数
		两权分离	Spr	投票权与现金流权的比值
	连锁债权人网络环境	结构洞指数	SW	有效规模（Efsi）：个体网规模与冗余度之差
				丰富度（Rich）：1与限制度之差，限制度为直接投入与间接投入之和
		中心性	CD	程度中心度（Dgre）：行动者关系数与网络中关系总数的比值
				中介中心度（Btwn）：经过某行动者并且连接两端点的捷径数与两点之间捷径总数之比
被解释变量	代理成本		Agnc	行业均值调整后的管理费用率
控制变量	公司规模		Size	年末资产总额自然对数
	财务杠杆		Debt	年末资产负债率
	股权集中度		Cocn	年末前三大股东持股比例之和
	公司成长性		Grot	年末销售收入增长率

3. 模型设计

本书设计研究模型如下：

$$Agnco = \alpha_0 + \lambda_j \sum_{j=1}^{n} Control_{j,it} + \xi \tag{6-5}$$

$$Agnco = \alpha_0 + \alpha_1 Sdbt(Ldbt) + \lambda_j \sum_{j=1}^{n} Control_{j,it} + \xi \tag{6-6}$$

$$Agnco = \beta_0 + \beta_1 Sdbt + \beta_2 Envr + \beta_3 Sdbt(Ldbt) \times Envr$$
$$+ \lambda_j \sum_{j=1}^{n} Control_{j,it} + \xi \tag{6-7}$$

式中，Control 为方程控制变量组，ξ 为回归残差。模型（6-5）用来检验控制变量对代理成本的影响；模型（6-6）引入解释变量长期借款比例和短期借款比例，检验债权人治理作用对代理成本的主效应。模型（6-7）中分别引入政治关联指数、两权分离度、中心度与结构洞指数与银行借款的交互项，用来检验治理环境对债权人治理与代理成本关系的调节作用。①

6.2.2　实证分析

1. 债权人治理、政治关联与代理成本

表6-7报告了样本公司政治关联指数对短期借款与代理成本关系的调节效应。当短期借款变量被引入模型6-6时，其对代理成本表现出了显著性较强的抑制效应，解释程度为 -8.5%，T 检验值为 -1.83。表明我国民营上市公司短期借款具备治理效应，债权人能够通过为公司经理层带来偿债压力的方式进行利益保护，并对经理层自利行为进行纠偏，进而降低代理成本水平，优化公司治理。因此债权人利益保护表现出了对上市公司治理的正外部性特征。

表 6 - 7　　　　政治关联对短期借款与代理成本关系的调节效应检验

Agnco	模型 4	模型 5	模型 6
解释变量：			
Sdbt		-0.085 * (-1.83)	-0.011 (-0.27)
调节变量：			
PC			0.013 *** (3.69)
Sdbt × PC			0.014 *** (3.79)

---

① 面板数据模型主要包括混合效应模型、随机效应模型以及固定效应模型。通过 F 值检验，本书选取的样本数据以及模型设计不适合混合效应模型。因此，本书选择后两种模型对数据进行分析。

续表

Agnco	模型 4	模型 5	模型 6
控制变量:			
Size	-0.053 ** (-2.20)	-0.055 ** (-2.39)	-0.056 ** (-2.51)
Debt	0.115 (0.60)	0.110 (0.57)	0.093 (0.49)
Cocn	-0.001 *** (-3.46)	-0.001 *** (-3.35)	0.001 *** (-3.25)
Grot	-0.001 (-1.48)	-0.001 (-1.43)	-0.001 (-1.41)
Wald 检验	Chi2 = 43.59 P = 0.00	Chi2 = 57.19 P = 0.00	Chi2 = 64.85 P = 0.00
Hausman 检验	RE	RE	RE

注: *、**、*** 分别表示 10%、5%、1% 水平下显著;() 内为 t (z) 检验值;Hausman 检验:P 值大于 0.05 表示优先选择随机效应模型 (RE),否则选择固定效应模型 (FE),系数为标准化数据。

样本公司政治关联指数与短期借款的交互项引入模型 6-7 后,交互项回归系数在 1% 水平下显著,并表现出对被解释变量 1.4% 的解释能力,T 检验值为 3.69。说明政治关联能够负向调节短期借款对代理成本的抑制作用,即政治关联度越强的民营上市公司,其债权人所提供的短期治理效应弱化。即在短期内,政府通过利益输送、融资约束缓解等途径稀释了负债对经理人自利行为的纠偏作用,民营上市公司经理层可支配资源得到相对的增加,刺激了其对公司利益掏空行为的动机,增加了股东与经理的代理成本水平。

表 6-8 报告了样本公司政治关联指数对公司长期借款与代理成本关系的调节效应。在模型 6-6 中,长期借款呈现出对代理成本的刺激效应,解释程度为 8.7%,并在 5% 水平下显著。说明长期分析,长期借款没有表现出对民营上市公司的治理效应,反而促进了公司治理状况的恶化。原因主要在于债权人长期监督成本上升,负债对经理层自利行为的抑制效应被分散,经理层投机心理凸显,其对公司进行利益掏空的动机增强,引发代理成本的上升。

表 6 - 8　　　　　　政治关联对长期借款与代理成本关系的调节效应检验

Agnco	模型 4	模型 5	模型 6
解释变量：			
Ldbt		0.087 ** (1.89)	0.008 (0.19)
调节变量：			
PC			-0.001 ** (-2.33)
Ldbt × PC			0.015 *** (4.11)
控制变量：			
Size	-0.053 ** (-2.20)	-0.055 ** (-2.41)	0.057 ** (-2.53)
Debt	0.115 (0.60)	0.112 (0.59)	0.096 (0.50)
Cocn	-0.001 *** (-3.46)	-0.002 *** (-3.41)	-0.001 *** (-3.34)
Grot	-0.001 (-1.48)	-0.001 (-1.42)	-0.00 (-1.40)
Wald 检验	Chi2 = 43.59 P = 0.00	Chi2 = 58.93 P = 0.00	Chi2 = 67.69 P = 0.00
Hausman 检验	RE	RE	RE

注：*、**、*** 分别表示 10%、5%、1% 水平下显著：（）内为 t（z）检验值：Hausman 检验：P 值大于 0.05 表示优先选择随机效应模型（RE），否则选择固定效应模型（FE），系数为标准化数据。

把政治关联指数与长期借款的交互项引入模型 6 - 7 后，交互项回归系数为 0.015，并在 1% 水平下显著。表明政治关联指数正向调节长期借款与代理成本的关系。即，政治关联越强的公司，长期借款对代理成本的刺激效应越强。表明高强度的政治关联为民营上市公司带来了较多的政策优惠，融资约束得到缓解，利益输送得到增强，进一步"纵容"了经理层掏空公司利益的行为，加强了长期借款对代理成本的刺激效应，加速民营公司治理状况的恶化。

为了验证实证检验结果的稳健性，进一步证实政治关联指数构建的科学性，以及政治关联程度对民营上市公司债权人治理效应的调节作用，本书选取样本公司的长期借款在总负债中所占比例作为政治关联指数的替代变量进行了稳健性检验。在公司与银行形成的借贷契约关系中，政治关联能够在一定程度上体现出政府对该公司的担保作用。而基于政府担保效应的考虑，银行会对债务公司评价出较高的信用等级，降低了银行对高政治关联公司的长期贷款风险敏感性。所以，政治关联程度越高的公司，长期借款比例相应越高。因此，选取长期借款比例来作为政治关联指数的替代变量具有一定的科学性和可靠性。通过检验，对短期借款以及长期借款对代理成本的抑制和促进效应，长期借款比例表现出显著的负向和正向调节作用，与政治关联指数的实证结果基本一致，从而证明了本书实证检验结果的稳健性。

2. 债权人治理、两权分离度与代理成本

表 6 - 9 报告了债权人短期、长期借款变量对代理成本影响。将银行短期借款变量引入模型后，其表现出对行业均值调整后的管理费用率显著的负的解释能力。固定效应和随机效应模型中的回归系数为分别为 - 0.23、- 2.27，显著性水平为 0.05 和 0.01。表明短期借款能够有效抑制第一类代理成本的增长，即短期借款带给上市公司较强的偿债压力，加上债权人的监督干预行为，使得公司经理人在职消费等自利行为得到约束。因此短期借款对上市公司的经理层治理表现出了显著的正外部性效应。当把短期借款与两权分离度的交互项引入模型后，随机效应模型中交互项回归系数为 0.54（z 值为 2.46），并通过了 5% 水平的显著性检验。表明两权分离度具有逆向调节短期借款与代理成本关系的作用，即两权分离度对短期借款的治理效应起到显著的稀释效应。当两权分离度不断增加时，大股东不能够有效的监督经理人行为。相反，其挖掘私有收益，侵占中小股东利益的动机得到加强，为上市公司造成了较差的治理环境，进而削弱了短期借款对代理成本的抑制作用。

表 6 – 9　　　　　　　债权人外部性治理、两权分离与代理成本

	模型 5		模型 6		模型 5		模型 6	
	FE	RE	FE	RE	FE	RE	FE	RE
解释变量								
Sdbt	– 0.23 **	– 2.27 ***	– 0.96 *	– 1.17 *				
	(– 2.17)	(– 5.01)	(– 1.81)	(– 1.93)				
Ldbt					0.55	1.47 **	0.39	2.46
					(0.02)	(2.23)	(0.42)	(1.10)
交互项								
Sdbt * spr			0.72 **	0.54 **				
			(2.39)	(2.46)				
Ldbt * spr							0.15 *	0.46 **
							(1.71)	(2.18)
控制变量								
Size	– 2.23	– 3.04	– 2.17	– 2.98	– 0.57	– 0.69	– 1.13	– 1.07
	(– 0.91)	(– 0.15)	(– 0.08)	(– 1.34)	(– 1.44)	(– 0.87)	(– 0.27)	(– 1.22)
Grot	2.56 **	2.34 **	0.65 *	0.55 **	4.18	5.65 *	0.24	0.55
	(2.50)	(2.50)	(1.78)	(2.36)	(0.45)	(1.66)	(0.84)	(0.89)
Cocn	0.01	0.02	0.00	0.01	0.01 *	0.01	0.01	0.01
	(1.04)	(1.07)	(0.65)	(0.95)	(1.96)	(1.15)	(0.45)	(0.98)
Z	– 0.03 **	– 0.01 **	– 0.02 *	0.01	0.02	– 0.01	0.02 *	0.01
	(– 2.12)	(– 2.01)	(– 1.61)	(1.16)	(0.12)	(– 0.65)	(1.72)	(1.10)
R^2	0.20	0.22	0.29	0.32	0.17	0.23	0.24	0.24
F/Wald 检验	F = 20.47 P = 0.00	Chi2 = 41 P = 0.00	F = 4.28 P = 0.00	Chi2 = 64 P = 0.00	F = 21.84 P = 0.00	Chi2 = 72 P = 0.00	F = 9.87 P = 0.00	Chi2 = 62 P = 0.00
Hausman 检验	P = 0.74 > 0.05 (RE)		P = 0.94 > 0.05 (RE)		P = 0.83 > 0.05 (RE)		P = 0.91 > 0.05 (RE)	

注：* 、** 、*** 分别表示 10%、5%、1% 水平下显著：( ) 内为 t(z) 检验值：Hausman 检验：P 值大于 0.05 表示优先选择随机效应模型（RE），否则选择固定效应模型（FE），系数为标准化数据。

　　当解释变量为长期借款时，随机效应模型中的回归系数为 1.47（z 值 2.23），显著性水平为 5%。表明上市公司长期借款能够促进第一类

代理成本的增加，进而弱化了上市公司经理层治理。长期借款较为宽松的还款条件以及为带来的债权人高昂的监督成本使得长期借款失去了治理效应。长期借款规模的上升使得公司的资金储备不断扩充，经理层利用信息优势，将个人利益凌驾于公司利益之上，做出低效率投资、在职消费等自利行为，增加代理成本。同时也说明长期借款对股东与经理人之间的委托代理问题具有负的外部性效应。当把调节变量两权分离度引入模型后，长期借款与两权分离度交互项回归系数为 0.15 和 0.46，显著性水平分别为 10% 和 1%。表明两权分离度对于长期借款与代理成本的关系表现出正向调节作用。即两权分离度越高，大股东对经理层的监督效应削弱，进一步纵容了经理层的自利行为，恶化了治理环境，使得长期借款对代理成本的促进作用得到增强。

3. 网络位置与负债水平

表 6 – 10 报告了连锁债权人网络中，公司不同的网络位置对银行借款水平的影响检验结果。模型 a 中，选取结构洞指标中的有效规模作为解释变量进行回归，回归结果显示，固定效应模型中的有效规模回归系数尽管为正，但未通过显著性检验（t 值为 0.94），但随机效应模型中的回归系数为 0.002（t 值为 1.84），显著性水平为 0.1，模型拟合优度为 0.255，且 Hausman 检验结果显示随机效应模型更具解释力（P 值为 0.10 > 0.05），表明有效规模变量对银行借款水平具有显著的促进作用，及处于结构洞位置的公司其得到的非冗余信息具有较高的价值含量。公司能够利用非冗余信息与债权人构建良好的社会关系，进而拓展融资渠道，促进银行借款水平的提升。将结构洞丰富程度变量引入模型 b 后，随机效应模型和固定效应模型中的回归系数分别为 0.620 与 1.520，t(z) 值为 1.75、3.09，且通过了 0.1 和 0.01 水平的显著性检验。表明结构洞丰富程度与公司银行借款水平之间具有正相关关系，公司在连锁债权人网络中占据的结构洞数目越多，其获得的非冗余信息越多，使其能够与网络中更多的债权人取得联系，提高其公司的社会资本储备，并获取更多的负债融资。

表 6−10　　　　　　　　　　结构洞、中心度与公司银行借款

	模型 a		模型 b		模型 c		模型 d	
	FE	RE	FE	RE	FE	RE	FE	RE
解释变量								
Efsi	0.001 (0.94)	0.002 * (1.84)						
Rich			0.620 * (1.75)	1.520 *** (3.09)				
Dgre					0.010 * (1.84)	0.015 * (1.80)		
Btwn							0.002 *** (4.48)	0.013 (0.66)
控制变量								
Size	−0.074 *** (−4.31)	0.001 ** (1.93)	−0.073 *** (−4.17)	−0.009 *** (−5.21)	−0.072 *** (−4.02)	0.002 (0.81)	−0.073 *** (−4.04)	−0.010 *** (3.02)
Grot	−0.001 (−0.47)	−0.002 (−1.55)	−0.001 (−0.50)	−0.002 * (−1.65)	−0.005 (−0.42)	−0.002 (−1.55)	−0.001 (−0.43)	−0.002 * (−1.74)
Z	0.002 (0.79)	0.002 (0.93)	0.002 (0.82)	0.002 (1.03)	0.002 (0.505)	0.002 (0.081)	0.002 (0.68)	0.002 (0.84)
Ctro	0.379 * (1.82)	0.210 *** (8.09)	0.380 * (1.85)	0.215 (1.09)	0.133 *** (4.22)	0.081 ** (1.96)	0.137 *** (4.76)	0.084 ** (2.02)
R^2	0.135	0.255	0.134	0.264	0.134	0.266	0.133	0.253
F/Wald 检验	F = 5.21 P = 0.08	W = 302.8 P = 0.00	F = 5.19 P = 0.09	W = 302.1 P = 0.00	F = 1.97 P = 0.07	W = 314.6 P = 0.00	F = 11.67 P = 0.00	W = 308.7 P = 0.00
Hausman 检验	chi2 = 10.47 P = 0.10 > 0.05 （采用 RE）		chi2 = 10.80 P = 0.241 > 0.05 （采用 RE）		chi2 = 26.48 P = 0.000 < 0.05 （采用 FE）		chi2 = 14.76 P = 0.02 < 0.05 （采用 FE）	

注：*、**、*** 分别表示 10%、5%、1% 水平下显著；（）内为 t（z）检验值；Hausman 检验：P 值大于 0.05 表示优先选择随机效应模型（RE），否则选择固定效应模型（FE），系数为标准化数据。

连锁债权人网络位置变量中，中心性变量仍与银行借款水平具有正相关关系。将样本公司的程度中心性变量引入模型 c 后，随机效应模型和固定效应模型中的回归系数为 0.010 和 0.015，显著性水平均为 0.1。表明程度中心度能够促进公司的银行借款水平。程度中心度越高，公司在连锁债权人网络中越处于中心位置，其捕获信息的能力越强，丰富的

信息数量使得公司能够对不同银行债权人的贷款政策、贷款水平等方面做出正确评估，并利用网络途径与多个债权人取得联系，提高自身的融资水平。中介中心度与银行借款的回归结果同样证明了网络中心位置的重要性，模型 d 的中，中介中心度在固定效应模型中的回归系数为0.002（t 值为 4.48），显著性水平为 0.001，Hausman 检验结果显示固定效应模型比随机效应模型更具有解释力（P 值为 0.02 < 0.05）。表明中介中心度越高，公司能够在较多的网络路径中充当信息控制者角色，一方面能够保证公司的信息获取规模，另一方面能够控制和约束网络中其他公司的资源获取能力，进而为扩充自身负债融资水平准备条件。

综上，公司在连锁债权人网络中的位置能够对负债融资水平产生影响，公司在网络中占据的结构洞数量越多，或者有效规模越强，其获得的关于债权人的非冗余信息越多，进而为拓展其负债融资渠道打下基础。另外，公司的中心度越高，说明公司在连锁债权人网络中越能居于核心位置，更有利于其与多个债权人建立关联，促进融资水平的提升。

4. 结构洞、中心度对债权人治理的调节

表 6 – 11 报告了连锁债权人网络中，公司的结构洞指数、中心度对债权人治理效应的调节作用检验结果。模型 4 中，将银行借款变量和代理成本变量进行回归，银行借款变量系数为 – 0.043（z 值为 – 2.27），显著性水平为 0.05。结果显示银行借款对代理成本具有显著抑制效应，即负债融资特征与债权人的监督干预对公司经理层对在职消费、非效率投资等自利行为产生了约束作用。这种约束作用使得经理层与股东的目标函数发生趋同，缩减了公司第一类代理成本，因此债权人的外部性治理效应得到了证实。模型 6a 中，引入有效规模变量及其与银行借款变量的交互项，交互项显著（z 值为 1.72），ΔR^2 为 0.210，表明有效规模在银行借款与代理成本的关系中起到调节效应，有效规模越高，银行借款对代理成本的抑制作用越不显著。表明处于结构洞位置的公司由于能够获得大量的债权人信息，并扩充资金资源。可支配资源的增加，一方面降低了对原有债权人的依赖性，另一方面增加了经理层的自利动机，进而引发代理成本的升高。同样，在模型 6c 中，结构洞丰富度与银行借款变量的交互项依然显著，系数为 0.054（z 值为 0.05），ΔR^2 为

0.068，进一步证实了结构洞对债权人治理效应具有显著的调节作用，公司所占据的结构洞数量越多，债权人对经理层的外部性治理效应越弱。

表 6 - 11　　　　　结构洞、中心度对债权人治理效应的调节作用

	模型 4	模型 6a	模型 6b	模型 6c	模型 6d
解释变量					
Debt	- 0. 043 ** (- 2. 27)	- 0. 055 *** (- 2. 67)	- 0. 065 *** (- 2. 65)	- 0. 051 *** (- 2. 57)	- 0. 065 *** (- 2. 78)
Efsi		- 0. 001 * (- 1. 69)			
Rich			- 0. 46 (- 1. 10)		
Dgre				- 0. 015 ** (- 1. 98)	
Btwn					- 0. 001 (- 1. 38)
交互项					
Debt × Efsi		0. 001 * (1. 72)			
Debt × Rich			0. 054 ** (2. 13)		
Debt × Dgre				0. 035 ** (2. 01)	
Debt × Btwn					0. 004 * (1. 76)
R^2	0. 202	0. 210	0. 270	0. 262	0. 241
ΔR^2		0. 008	0. 068	0. 060	0. 039
F/Wald 检验	W = 58. 41 P = 0. 00	W = 53. 61 P = 0. 00	W = 54. 81 P = 0. 01	W = 53. 17 P = 0. 00	W = 56. 95 P = 0. 00
Husamn 检验	chi2 = 12. 35 P = 0. 32 > 0. 05 (采用 RE)	chi2 = 18. 94 P = 0. 11 > 0. 05 (采用 RE)	chi2 = 20. 24 P = 0. 57 > 0. 05 (采用 RE)	chi2 = 20. 45 P = 0. 31 > 0. 05 (采用 RE)	chi2 = 13. 78 P = 0. 17 > 005 (采用 RE)

注：* 、** 、*** 分别表示 10%、5%、1% 水平下显著：() 内为 t (z) 检验值：Hausman 检验：P 值大于 0. 05 表示优先选择随机效应模型 (RE)，否则选择固定效应模型 (FE)，系数为标准化数据。

模型 6c 中，程度中心度与银行借款的交互项系数为 0.035，且通过了 0.05 水平的显著性检验，ΔR^2 为 0.060。表明公司在网络中的程度中心度能够弱化债权人治理效应，程度中心度越强，债权人对代理成本的抑制效应越小。当把中介中心度及其与银行借款变量的交互项引入模型 6d 后，交互项系数为 0.006，且通过了 0.01 水平的显著性检验，即中介中心度对债权人治理效应同样具有调节作用。连锁债权人网络中，处于网络核心的公司具备较高的资源捕获能力和控制能力。这有利于帮助公司对多个债权人信息进行科学评估和准确筛选，构建多元的债权人社会关联。尽管有效地拓展了融资渠道，扩充了资金储备，但却增加了经理人的可支配资源，刺激了其利用信息优势进行在职消费的动机，进而加剧了股东与经理的委托代理成本，弱化了原始债权人的治理效应。

6.3 本 章 小 结

利用民营上市公司经验数据，本章对债权人动态防御型治理和债权人外部性治理效应进行了实证检验。在债权人动态防御型治理的实证检验过程中，通过选取对生命周期敏感性较强的民营上市公司为研究样本，利用销售收入增长率、总资产增长率和净利润增长率三个变量组成的指标体系来区分企业生命周期的不同阶段，探讨了不同企业生命阶段中债权人短期及长期借款对公司非效率投资水平的动态影响。研究发现，民营上市公司非效率投资在生命周期内具有显著的波动特征；债权人短期借款对非效率投资具有动态抑制作用，并且对衰退期非效率投资的抑制效应最强；而长期借款能够促进非效率投资的提高，且促进效应具有边际递增的特征，说明债权人能够围绕短期借款建立良好的动态防御作用。在债权人外部性治理效应的检验过程中，分析了政治关联和两权分离度对债权人治理与代理成本关系的调节效应。研究结果显示，民营上市公司长期借款对代理成本具有显著的外部性治理作用，而长期负债却对代理成本表现出促进效应。并且，民营上市公司政治关联和两权分离度刻画的治理环境能够恶化债权人治理效应。外部网络环境对债权人外部性治理效应同样具有调节作用。债权人连锁网络中，中心度越高或占据结构洞数量越多的企业，能够获得大量的债权人信息和负债融资规模，进而减弱原始债权人对经理人带来的约束效应，降低了债权人外部性治理质量。

第 *7* 章

中国上市公司债权人治理机制的优化

根据前文对中国上市公司债权人治理理论分析、数理分析以及实证分析的结果，本章在债权人内源性治理和外部性治理两个维度下提出债权人治理机制的优化建议。在债权人内源性治理方面，应通过构建二维风险防御体系等措施提高债权人的风险防御能力，并在探讨债权人身份转化可行性的基础上提高债企联盟组合的盈利能力。在外部性治理方面，认为债权人外部性治理动机的内化和提升债权人治理工具的治理效率是促进债权人外部性治理效应，推动上市公司顺利转型的关键。

7.1 内源性治理机制的优化

7.1.1 风险防御能力的提升

1. 二维动态防御体系的构建

（1）建立企业生命周期的甄别体系，实现生命周期识别与债务契约约束的二维动态风险防御。由于处于生命周期不同阶段的企业所具备的盈利能力、偿债能力、发展潜力和风险抵御能力均有较为显著的差异，并且随着企业在生命周期内演进，企业决策者的管理风格、投融资策略等均会发生改变。因此，处于生命周期不同阶段的企业带给债权人的风险程度会有所差异。现实中，债权人在甄选申请贷款的债务人的过程中，通常将债务企业的规模、主营业务方向、信用等级、周转能力等指标纳入风险评价体系，以判别是否与相应企业缔结债务契约。然而，现存评价体系中的指标均具有瞬时性，缺乏对企业生命周期的全面衡量。例如，处于衰退期的企业，可能会在财务绩效、信用水平等方面具有较为优异的瞬时表现，但企业整体缺乏进一步成长的潜力，因此可能最终走向衰败。若债权人仅根据某些财务指标的"暂时性优异"而缔结债务契约，则必然会由于生命周期的忽略而承担财务风险。所以，债权人应将能够反映企业生命周期的指标纳入对贷款申请企业的甄别体系，在衡量企业信用水平、财务质量等基础条件的前提下，对企业所处的生命阶段进行判断，识别出生命力较强、发展前景良好的成长型企业，并形成良好的合作关系，而对部分处于成熟期和衰退期的企业进行重点关注、谨慎考察，以降低企业成长性和发展能力不足为债权人带来的潜在风险。

（2）基于企业生命周期识别，制定差异化风险防御策略。在对企业生命周期进行甄别的基础上，债权人应对处于生命周期不同阶段的债务企业制定差异化的风险防御策略。由于生命周期演进的自发性，即便是在缔约时企业处于成长期，但在契约维系的过程中，债务企业可能已经演进至成熟期或衰退期。因此，债权人需要对企业的生命阶段进行动态评价，进而制定差异化的风险防御策略。对于处于成长期的企业而言，其缺乏通过非效率投资等行为谋取私利的动机和能力，但良好的成长前景在一定程度上保证了债权人的长期盈利能力，所以应在对其进行周期性监督的基础上，适当在利率、期限结构、抵押物等贷款要素给予一定的政策倾斜，充分提高企业融资的灵活性，为二者的长期共赢奠定基础。而成熟期的企业具备向债权人引致财务风险的能力和动机，所以债权人应提高与成熟的债务企业的沟通频率，强化对贷款用途、偿债能力等风险指标的监测，及时定位潜在的风险源，避免利益损失。若债权人已有的债务人中已进入衰退期，债权人的监督力度应进一步提升，密切关注企业的经营动态，通过提高利率、提前收回贷款等方式及时干预企业的风险投资行为，当企业资不抵债时，债权人应及时寻求第三方保护，以减少风险损失。另外，在甄别贷款申请企业的过程中，债权人对于处在成熟期的企业进行更为严格的筛选，识别向衰退期过度的边缘型成熟期企业，关注现金流稳定、经营状况良好的成熟期企业，避免"一刀切"造成的债权人盈利水平下降或潜在风险的提升。

（3）计提风险准备金，提升企业风险抗击能力。尽管为避免银行的财务风险带来的金融波动，《商业银行法》规定了不同类型商业银行的最低注册资本限额①，并按照规定向中国人民银行缴纳存款准备金。但单一提高注册资金限额，对帮助银行提升抗击风险，尤其是贷款风险的能力起到的作用有限。并且，存款准备金作为一种宏观经济的调控手段，其作用在于通过控制贷款规模来加速或者减缓市场货币供应量。虽然贷款行为对存款准备金率有较强的敏感性，但是仍不能有效地避免贷款风险，防止违约企业带给银行的利益损失。所以，在银行债权人运营的过程中，可以根据贷款规模、贷款结构等因素定期从收益中计提风险准备金。当不良贷款率和不良贷款余额不断上升，对债权人的正常经营或存款人的利益以及区域金融体系的稳定产生威胁时，债权人可以通过调用风险准备金，来弥补风险损失，保护存款人的利益，维持金融体系的稳定。风险准备金的计提方式、计提比例和备付水平的确定应充分考虑贷款质量、存款规模、发展潜力等因素，为全面降低债权人风险奠定基础。

2. 长期贷款增值的稳健性

（1）贯彻、落实主办行制度，提升主办行治理优势，降低债权人长期贷款风险。目前，银行债权人规避长期贷款风险的措施包括提高利率、抵押物的价值要求、担保人的资质要求等，然而相比于信息不对称带来的贷款风险，利率、抵押物和担保带给债权人的利益补偿远不足以弥补其可能遭受的利益损失。即便是抵押和担保的客观价值能够补偿债权人损失，但可能由于政府力量的参与最终导致债权人的妥协。一般而言，长期贷款规模较大、利率较高，其对企业和债权人都具有较高的吸引力，但如何完善长期贷款的审核和监督机制，是降低债权人财务风险

---

① 我国《商业银行法》第十三条规定：设立全国性商业银行的注册资本最低限额为 10 亿元人民币。设立城市商业银行的注册资本最低限额为 1 亿元人民币，设立农村商业银行的注册资本最低限额为 5000 万元人民币。注册资本应当是实缴资本。

的关键所在。

由于长期贷款的收回周期较长，债权人需要支付较多的人力、物力和资金来监督企业的经营状况，无疑增加了债权人的监督成本，削弱了其风险抵御动机。主办银行制度作为模仿日本银企关系的重大制度创新，能够银企关系长期信息不对称情况为债权人带来的风险，并最早写入 1996 年颁布的《贷款通则》中。另外，《主办银行管理暂行办法》也对我国主办银行的建立、权利与义务、监督管理等方面作出较为详细的阐述。主办银行的主要职能有关注企业的经营发展状况，并提出相关政策建议；通过优先审批企业贷款、承兑汇票等金融业务帮助企业拓展融资渠道；经企业同意后，披露企业经营、负债和信用信息，协助其他债权人清收债权等。但由于大多主办银行均是国有产权，其本身存在的治理缺陷和机制僵硬等因素降低了主办行与企业间的协同效果。另外，由于主办行缺乏熟知企业经营领域的专业人员，进一步降低了主办行制度的运行效率。

综上，拓展主办行制度的适用范围；培育主办行多元化能力；完善主办行派驻人员的薪酬考核体系能够恢复主办行在监督、支持企业经营行为，避免信息不对称带来的贷款风险的所扮演的重要角色。鼓励体制和机制更为灵活的城市商业银行、私人银行或外资银行建立主办行制度，突破债企双方均具有的国有产权性质带来的低效率协同局面。债权人应建立主办企业管理办公室，提高人员对企业经营领域、盈利模式的学习能力，提高主办行的专业化水平。再者，为避免派驻人员与企业产生合谋动机，派驻人员的薪酬考核体系、晋升情况等应与主办企业产生的不良贷款率、违约率等指标相结合，以监督和约束派驻人员的行为选择，避免企业为债权人引致的财务风险。

（2）通过贷款审批权的配置优化与抵押物所有权前置，完善债权人法律保护体系。在我国，债权人监督企业的经营状况时，或在运行提高利率、提前收回贷款、抵押物的所有权过渡、破产清算等惩罚机制时，会受到重重的阻力干扰。例如，企业社会资本带来的网络效应、政府干预的影响等。尤其当负债企业是国有性质时，政府信用常常能够为其提供担保，即便企业进行抵押，但由于政府的干预，抵押物的所有权无法在企业资不抵债时过渡给债权人，进而对其造成经济损失。当债权人同样具有国有产权性质时，债权人与企业之间的债务关系便可能含有"行政命令"的成分，极大地提高了债权人的风险水平。政府信用和干预的剥离已超出债权人制度设计的范畴，需通过完善债权人法律保护体系对其进行规制，以帮助债权人规避风险，维系区域金融的稳定。

债权人法律保护体系中，约束机制的设计除需要对负债企业的违约行为等因素进行考虑外，还应将政府干预行为进行合理剥离。在长期贷款的审核过程中，尽管《贷款通则》、《商业银行法》等法律法规规定了债权人应严格审核借款人在偿债能力、信用水平等方面的资质，并在惩罚条例中规定了相应的罚则，但地方政府干预的存在使得相应法律条例的规制作用减弱，各地方支行也无力反制。因此，建议当贷款数额较大，期限较长时，应考虑进一步将贷款审批权力向省行集中，由省行审核贷款的可行性。在贷款抵押方面，将抵押物所有权的过度前置，即当贷款发放时，抵押物的所有权即归属向债权人，企业仅保留相应的使用权。当企业按期偿还本息后，抵押物所有权再过度给企业。进而提高债权人在企业产生偿债危机时的主动性，提升债权人的谈判地位，避免第三方介入产生的干扰。另外，改革银行债权人股权结构，吸收民营资本进入，增加民营资本对国有资本的制衡，避免债权人的国有产权性质对政府干预产生的"归顺"，进而降低债权人的风险水平。

7.1.2 联盟组合的盈利能力提升

1. 债权人身份的转化

在由债权人和企业形成的联盟组合中，若二者依靠债权关系联结，由于债权人预期收益较为固定，对资金用途有着较为严格的条件，而企业的决策者往往以最大化利润为目标，资金用途的弹性空间较大，这便造成了二者目标函数的差异，进而无法形成战略决策和运营管理的协同效应，阻碍联盟组合盈利能力的提升，尤其是当存在中小企业贷款歧视的前提下，金融业与中小实业单位更易表现出严重的不均衡发展。实际上，当银行债权人在财务质量较高、盈利能力卓越时，在建立良好的风险阻隔、预警、补救体系的基础上，通过实现债权人向股东身份的转化，实现二者目标函数的趋同，促进联盟盈利能力的提升。

（1）构建多层次、多元化的战略保障体系，全面提升债企组合协同水平。实现债权人向股东身份的转化，意味着债权人不仅仅需要在原有的金融业务领域具备较强的竞争能力、良好的声誉和丰厚的资源基础，更需要对债务企业所在领域的法律、制度和竞争环境、盈利模式、成长潜力等专业化信息进行获取、吸收和运用，即债权人需要完成由专业化向相关多元化或非相关多元化的战略转变。所以，建立有效的组织保障、人力保障、财务资源保障体系对于债权人的身份转化，在减少风险转移的同时推动多层次、多元化战略的开展具有重要意义。

在多元化战略的保障体系中，人力资源的保障最为关键。债权人往往缺乏金融业务以外其他行业和领域的专业知识，无法给出较为合理、科学、准确的政策建议，以帮助企业发展。所以，债权人一方面应加强对员工专业知识的培训力度，招募具备相应专业知识的人才，以实现对企业的科学管理，降低因专业受限带来的决策失误和财务风险。另一方面，当债权人具备股东身份后，可以向企业派驻或选拔具有专业能力的董事，聘任能力出众的经理人，以弥补专业知识不足带来的人力资本短缺。在资金保障方面，应合理设计资金资源在原有银行业务和投资业务之间的配置结构，既能保障企业在关键时期的资金需求，又能够满足银行业务运营产生的资金流动性要求，避免因资源配置失衡带来的财务风险。

（2）通过完善业务单元间的防火墙设计，提升债企联盟价值增值的安全性。2003 年，我国修订的《商业银行法》第四十三条规定：商业银行在中华人民共和国境内不得从事信托投资和证券经营业务，不得向非自用不动产投资或者向非银行金融机构和企业投资，但国家另有规定的除外。相比于 1995 年颁布的《商业银行法》对证券投资业务的规定，新版《商业银行法》增加了"……国家另有规定的除外"这一解释，表明为银行债权人的身份转化留下了一定的法律空间。但即便如此，金融危机的产生足以令涉足证券业的银行债权人考虑到业务单元之间风险阻隔的重要性。因此，当债权人制定多元化战略，向股东身份进行转化时，应在业务单元之间建立良好的"防火墙"，以抵御证券业形成的风险向传统银行业务的转移，进而为维系银行债权人坚实的金融中心地位准备条件。

组织结构上，为阻隔证券业带来的风险，可以将证券业与银行业进行分立，即令证券业务单元形成由银行债权人控股的独立法人单位，二者之间形成母子公司关系。证券业务单元自负盈亏，定期向银行债权人缴纳股利。信贷业务运营所需要的资金，不得由证券业务单元挪用。在人力资源配备方面，业务单元之间的经营管理人员不得相互兼任，或具备上下级、亲属关系，避免非正式制度安排造成的风险转移。另外，加强银监会、媒体等监管主体以及其他外部力量对债权人的监督力度，避免债权人为追求利润最大化而作出的业务间资产转移、现金挪用、非公允关联交易等自利行为对银行业带来的财务风险。完善与债权人组织结构相配套的法律和制度体系，加大对债权人违法行为的监督和处罚力度，全面降低因多元化战略的开展为传统借贷业务带来的风险损失。

2. 建立基于资本流向的中小企业贷款保障体系

（1）改善债权人贷款输出结构，完善中小企业贷款融资的激励机制，提升中小企业负债融资有效性。应加大银行债权人对中小企业的资金扶持力度，在债权人贷款发放总量中，提高向中小规模企业的贷款比例。对信用良好、发展前景较为优异的中小企业，应通过降低利率、减免资金管理费等措施降低中小企业的融资成本。严格限制、清理银行债权人向中小企业收取咨询费、财务顾问费等一系列不合理费用，缓解中小企业负债融资压力，理顺和优化债权人与企业间的合作关系。地方政府与银行之间关于政府专项投资项目和财政存款的安排，可以将中小企业贷款在银行贷款总量中的比例作为前提条件，进而通过政府的合理干预来激励债权人扶持中小企业的动机。

（2）监督、优化企业信贷流程，切实缓解中小企业融资困境。尽管大部分地区先后出台了中小企业贷款的优惠政策，从融资规模、融资成本等方面加大了对中小企业贷款的支持，但由于信贷流程的监督力度薄弱，惩罚措施不当，资金"截流"情况严重，中小企业仍面临着巨大的融资压力。因此应优化从贷款审批到资金入账整个过程中对资金流向、数额变动、到付情况等一系列信息进行监督和控制，实行问责机制，加大处罚力度，将中小企业的最终融资规模作为考核和奖惩金融机构政策执行效率的重要指标，进而在完善信贷流程的基础上，保证中小企业融资优惠政策得以顺利执行，切实缓解中小企业融资困境，实现债权人与企业的协同发展。

（3）提升中小企业的风险敏感性和风险管理能力，构建统一、科学的信用评级体系，降低债权人风险，提升债企联盟组合收益效率。对企业的合理融资支持必须建立在金融机构风险可控的基础上，中小企业存在的抗风险能力低、现金流以受波动等劣势有可能会导致债权人的财务风险。因此，债权人需建立完善的风险控制体系以避免银企关系过度"紧密"带来的金融风险。信用评级与风险补偿机制是风险控制体系的重要组成部分，我国信用评级起步较晚，并且现有的大规模评级机构也被国外企业收购。因此，我国需建立完善、科学的企业信用评级机构，通过将信用评级统一化、标准化、科学化，将企业信用切实纳入贷款审核的考察体系，全面避免因信用评级差异化和失准带来的风险损失。另外，政府部门应对给予中小企业以大力扶持的金融机构以风险补偿，通过建立风险补偿基金、减免税收等优惠政策，降低债权人风险水平，提高区域金融体系的稳定性。

7.2　外部性治理机制的优化

债权人对公司经理人自利行为的约束，在较大程度上依赖于负债融资特征和债权人的风险控制行为对经理人决策产生的影响。由于这种影响具有较强的外部性和被动性特征，外部性治理效应往往容易受到公司资源储备、制度环境、社会资本、宏观经济环境等因素的影响，因而经理人行为选择可能会表现出对债权人较低的敏感性，即外部性治理的低效。更为甚至，债权人的治理效应受到负债期限结构的影响，进一步表现出易受干扰的特性。所以，发挥债权人这一重要外部利益相关者对公司治理优化产生的推进作用，重点在于创新外部性治理机制，完善几类债权人治理工具的治理作用，内化债权人的治理动机，提高债权人参与公司治理的积极性，实现公司内部治理与外部治理的协同。

7.2.1 外部性治理机制创新

1. 人事控制机制

（1）吸纳债权人董事，优化公司董事会结构，提升核心利益相关者的治理能力。通过创新和完善《公司法》、《商业银行法》、《贷款通则》等法律法规，准许公司大债权人进驻公司董事会，建立债权人对公司战略选择、投融资行为等重大决策过程中的"进言"渠道，在实现债权人权益保护的同时，增强外部董事对公司经营管理行为（尤其是经理人决策）的监督力度，进而缓解股东与经理人之间的委托代理冲突，提高公司治理水平。

从我国公司董事会的构成分析，董事会主要由负责具体业务的执行董事以及独立董事组成。公司的独立董事主要来源于政府、高校、律师事务所、会计师事务所等部门，进而帮助公司在声誉建立、政治资源获取、内部监督效应增强和公共关系管理能力提升方面获得优势。然而，债权人进入公司董事会的情况较为罕见，原因在于：一方面，债权人缺乏进入债务公司董事会的动机和渠道。若债务公司能够到期偿还债权人本息，债权人便缺乏参与公司重要决策过程的动机。尤其当银行债权人或负债公司为国有性质时，由于行政命令的干预，债权人进一步丧失参与公司治理的主观意愿。另一方面，负债公司作为追逐利润最大化的独立法人单位，其经营和管理行为具有自主性，具体表现为风险的偏好程度的差异化。而债权人固定索取权的存在使其对高风险投资项目具备厌恶的特征。这一鲜明对债权人进入公司董事会形成了显著的壁垒，阻塞了债权人的"进言"渠道。

然而，银行债权人在财务管理和资金运作方面有着丰厚的知识储备和实践经验，吸纳债权人进入董事会无疑能够增强企业的投融资和资源配置能力，进而在一定程度上对企业的盈利性提供保障，同时增加债权人权益的保护效应。再者，债权人进入董事会能够通过增加外部董事比例来调整和优化董事会结构，提高董事会运作的独立性，增加外部董事对企业内部决策者的制衡力度，增强对经理人的有效监督，促使经理人与股东以及经理人与债权人的目标函数趋于一致，降低代理成本，优化公司治理。公司治理质量的提升不仅能够增加债权人利益的保护程度，而且是公司长期盈利能力和发展能力的重要基础。因此，债权人进入董事会能够进一步为债权人借贷资本的长期稳健增值提供保障，促进债权人和企业实现双赢局面。

因此，应鼓励大债权人进入负债公司董事会，参与公司重大决策的制定，增加董事会的独立性和对经理人员的监督。同时，应通过完善大债权人的界定和筛选体系，确立大债权人进入董事会的资质和数量，赋予大债权人相应的权利和义务，避免董事会过于多元化造成的决策混乱与低效。

（2）构建债权人进入监事会的有效途径，吸纳债权人监事，实现权益均衡的基础上，提升债权人对公司的监督和约束效应。债权人进入监事会同样能够增加监事会的独立性，在避免内部人控制监事会、架空监事会、监事会低运作效率等方面具有积极意义。同时，债权人监事的存在能够缓解债权人与负债公司之间的信息不对称程度，促进债权人的权益保护能力，增加对经理人的监督效率，改善公司治理质量。

我国公司的监事会成员中多为公司内部人。由于没有外部监事，监事会独立性极低，并会因缺乏制衡力量而导致监督效率低下，造成监事会的虚设和对董事会以及经理人的监督不力。尽管《公司法》规定董事以及高级管理人员不得进入监事会，并保证监事会成员的1/3来源于职工代表，但职工代表与董事以及经理人员之间具有管理和被管理关系，因此往往不能做出客观、公正、准确的决策，进一步降低了监事会的职能效率。所以，通过增加外部监事来优化监事会结构，促成其多元化的发展目标是我国公司监事会改革的关键。

尽管债权人进入公司监事会不仅能够提高其收益的安全性，并且还能够通过监督董事和高级经理人员的方式缓解委托代理冲突，优化公司治理，但负债公司对债权人的这一身份转化具有充足的排斥动机。原因在于债权人监事使得双方信息对称程度提高，债权人能够通过多种途径获取公司经营管理信息，这其中包含公司对高风险投资项目的决策信息或公司过于保守的投资信息。而债权人作为公司监事，有权利对相应决策持否定意见并投否决票，以保护自身合法权益，这无疑能够制衡公司内部人的利益获取，进而形成鲜明的利益冲突。

因此，债权人进入公司监事会应依靠法律、法规体系的完善，通过"刚性"的约束机制实现债权人的身份转化和公司监事会的职能优化。同时，同样应建立和健全债权人监事的评价、筛选体系，控制债权人监事的数量和质量，进而在提升公司治理质量的同时，避免因监事会过度多元化造成的监督效率低下。

2. 财务控制机制

（1）通过设计限制性资金注入机制，增强经理人行为选择对负债压力的敏感性，提升债权人对经理人自利的约束效应。将代理成本相关等相关公司治理指标纳入债权人的贷款审核体系，实现债权人贷款审批与公司治理质量的有机关联，进而通过控制负债融资规模的方式来约束和限制经理人的低效率资源配置、渎职和过度在职消费等行为，从而起到降低代理成本，优化公司治理的作用。

债权人与公司之间借贷关系的发生常常是双方利益最大化目标的驱逐结果，在债权人筛选、评估负债公司的过程中，常以偿债能力、盈利能力财务指标构架评价体系，并根据评价结果来审批贷款。然而，尽管现有评价体系能够在一定程度上帮助债权人实现风险抵御，但无法通过控制资金流动来实现对公司内部人行为的约束，即无法将债权人的借贷行为与公司治理问题相"捆绑"，造成债权人外部性治理效应的内化阻碍。

通过法律、法规的完善以及制度环境的优化，债权人将公司治理指标纳入贷款审批评价体系后，公司治理质量便成为公司获得资金注入的重要评价目标。当经理人资源配置效率低下、代理成本超标、公司治理结构不合规等情况出现时，限制性资金注入便会启动，公司将面临信贷配给的局面。因此，公司会具备较高的动机去完善公司治理，加强对公司内部决策者的监督，进而将治理质量达标，实现融资渠道的畅通。需要指出的是，限制性资金注入有悖于债权人和公司短期效益的实现，进而可能刺激二者合谋和粉饰评价指标的动机。为此，应加强对债权人贷款审批过程的立法监管。

（2）通过建立和完善约束性资金撤出机制，提高企业决策者对债权人权益的敏感性，促进债权人权益保护的同时，缓解第一类委托代理冲突。债务契约缔结后，债权人将代理成本等重要公司治理指标纳入对负债公司的监测体系。通过完善债权人监督体系实现债权人资本撤出与公司治理质量的关联，进而将债权人外部性治理效应内化，提高债权人治理效率。

债权人往往通过对财务风险指标的观测来判断是否提高利率或提高收回贷款，以保护自身合法权益。同样，债权人这一举措能够在一定程度上抑制公司经营过程中因选择高风险项目或做出保守投资决策带来的经济损失，但割裂了债权人与公司治理质量的关系。将公司治理指标纳入债权人的监督体系后，负债公司会有意识的关注相应的公司治理状况，以获取连续的稳定的资金来源。另外，债权人还可以将公司治理指标与公司信用评级和信誉等级相关联。当公司出现非效率投资、公司治理质量恶化等状况时，约束性资金撤出机制启动，同时增加了公司连续负债融资的难度，进而实现了对公司内部决策者的多重约束和监督。

对于约束性资金撤出机制的运行，应建立良好的债权人信息披露制度与之相匹配。债权人应及时披露负债公司的治理状况，以及债权人的撤资和注资信息，以在提高公司内外部信息对称程度的同时，加强媒体、政府等社会其他组织对债权人和公司的监督力度，进而全面提高债权人治理效应。

7.2.2　制度优化与治理工具的功能提升

1. 制度优化

（1）变革、完善债权人会议制度，构建债权人大会参与公司重大决策的途径，提升债权人会议在公司运营过程中的话语权。在企业经营过程中，由于利益最大化的驱使，企业内部决策者往往能对债权人的监督和干预行为形成壁垒，造成债权人权益保护和外部性治理效应的失效。而其原因在于债权人治理力度和动机的不足。债权人会议作为一种临时性组织，仅在债权人权益受到严重威胁，企业申请破产保护时，才能够发挥相机治理的作用。然而，这种治理机制具有较强的事后性，债权人权益可能已经受到严重的损失。即便是通过制定科学的重整计划，恢复企业的正常运营，但通常也已经给债权人带来了较大的时间成本和隐性损失。

将债权人会议变革成为一种常设组织，会议成员由申请债权的债权人组成，并定期投票选举产生债权人委员会。债权人大会作为代表债权人权益的最高权力机关，应平衡由于债权规模不等的债权人利益差异，依据借款规模高低，公平选举产生债权人委员会和委员会主席，由债权人委员会负责对企业运作管理信息的监督和干预。企业经营管理人员需要定期向债权人委员会提交关于财务质量、运营情况、盈利能力等重要信息的报告，进而增加对经理人经费支出情况的监督力度，抑制经理人自利行为的选择动机。债权人会议在企业面临重大投资项目时，具有表决权，即债权人会议可以通过投票的方式选举债权人代表参加股东大会或董事会。形式表决权，可以制衡企业内部人利用信息优势进行非效率投资的权力，平衡债权人的风险和收益，进而在降低利益损失可能性的同时，加大对企业决策者的干预和监督力度，提高其对经理人行为决策产生的约束作用。

（2）优化主办行制度，构建功能多元化的企业主办银行，提升主办银行在企业信息搜集、信息披露、金融支持等方面的比较优势。根据《主办银行暂行管理办法》，主办银行扮演着信息披露中心、金融支持中心、金融咨询中心的角色。然而，主办行除不具有企业的专业经营管理知识外，通常对企业决策者的约束作用不足，无法对经理人自利行为产生监督和抑制。因此，主办行应在支持企业发展的基础上，增加对企业管理运作信息的搜集和监督。从长期分析，由于较高的公司治理水平必将能够提升公司的财务绩效和发展潜力，由于主办行与企业之间具有长期、稳定的战略合作关系。所以，主办行应避免仅关注企业短期内的盈利性和偿债性指标，将相关公司治理指标纳入决策体系之中，增强对代理成本、非公允关联交易等能够反映公司治理水平的指标的关注动机。另外，主办银行往往承担着向其他债权人披露企业经营信息的职责，通过信号传递机制，主办银行能够降低公司内外部信息不对称程度，保护债权人及其他中小投资者权益。所以作为重要的信息枢纽，主办银行应将公司治理信息纳入信息披露的范围之内，并通过法律体系的完善，增强对企业信息披露的及时性、准确性、全面性进行监督，在减少潜在债权人和中小投资者风险的基础上，增强债权人等利益相关者对企业决策者自利行为的约束作用，进而构造和完善公司的外部治理机制，全面提升公司治理质量。再者，应通过主办行制度的完善，控制统一企业所拥有的债权人数量，企业与新债权人缔结契约时，应对企业的融资需求进行客观评价，避免债权人网络形成的治理效应降低。

2. 治理工具功能提升

（1）增强贷款利率对企业业绩的敏感性，加大利率设计的弹性空间，提高利率在支持企业良性投资和约束内部人自利行为方面的灵活性。利率水平一方面决定了债权人的盈利水平，同时能够反映出企业选择债权融资所需要支付的成本。在中国人民银行规定的利率浮动范围内，较高水平的利率能够促进债权人获利，但同样提高了企业负债融资成本；而低水平的利率在降低融资成本的同时，抑制了债权人的盈利，同时无法对企业内部人形成有效的约束，即治理失效。所以现行的利率水平往往是货币供需、金融环境、债权人与企业发展水平等多种因素决定的一种均衡。当债权人察觉企业无法履行契约，偿债能力下降或财务质量恶化时，债权人可以通过提高利率的方式来影响企业内部人的决策行为，进而保护自身权益。

事实上，当企业财务陷入困境时，按照契约规定的利率水平进行偿债都具有相当难度，提高利率的方式反而不会起到良好的权益保护和治理作用，此时初始利率水平便显得尤为重要。过高的利率水平容易丢失潜在企业客户，过低的利率使得利差降低，二者均会降低绩效，所以作为独立的企业法人，在行业竞争压力下，债权人通过利差来获取利润的经营模式使得债权人对不同企业的初始贷款利率趋于统一，而初始贷款利率的统一化无法形成对企业的筛选治理效应。所以，差异化的初始利率设计可以满足债权人盈利和公司治理的双向需求。根据公司的治理状况，设计不同的利率水平，当申请贷款的企业具有较差的公司治理质量时，债权人可以提高利率，使得企业以完善治理水平作为负债融资的先决条件，进而提升债权人的事前筛选效应。在契约缔结后，当治理状况良好的企业因环境因素陷入财务危机时，债权人可以提高偿债弹性，帮助企业突破困境，并形成良好的债企联盟关系，形成双方共赢。

（2）通过完善债权人间的协同，弥补债务期限结构中长期贷款带来的治理质量恶化。相比于长期负债，由于企业决策者行为对债权人短期贷款带来的偿债压力具有较高的敏感性，短期负债具有更强的外部性治理能力。相反，宽松的偿债压力不仅使得长期贷款缺失治理作用，反而扩充了经理人的可支配资源，刺激了选择自利行为的动机。所以，从公司治理的角度上分析，债务期限结构应向短期负债倾斜，降低长期贷款的比例，进而形成对公司自由现金流更强的约束作用，抑制经理人自利行为，提升公司治理质量。

当企业经营周期较长时，短期借款便无法满足企业的融资需求。为避免长期借款带来的经理人自利行为放纵和非效率投资，除债权人应加强对长期借款的审核、监督以外，应建立债权人间的协同治理机制。避免企业在无力偿债时，从其他债权人处续借，以补偿原始债权人权益，进而造成的长期借款对企业决策者的约束失效。通过搭建债权人之间的信息沟通平台，建立和完善协同治理制度和法律体系，使债权人能够掌握贷款申请企业的负债和偿债信息，对未能偿还原始债权人长期借款而又继续申请贷款的企业，债权人应拒绝放贷。同时，为避免新债权人在利益最大化目标趋势下的贷款续拨，应通过完善立法的方式加强债权人监督和处罚力度，进而恢复长期借款对企业决策者形成的约束作用，降低代理成本，提高公司治理水平。

（3）加快推进经理人市场化运转，完善经理人薪酬定价、声誉评价机制，同时，平衡权益资本与负债的治理效应，全面降低股东与经理人间的委托代理冲突。经理人的效用体系中，其为企业创造有效价值而获得的价值补偿（货币收入及自我价值实现）与自利行为带来的效用具有较强的替代性，所以可以通过提高其在有效价值创造活动中获得的效用来减少其选择自利行为的可能性。前者主要体现在经理人获得的货币收入和自我价值的实现程度。在货币收入方面，一方面可以对经理人设计股权激励或薪酬激励方案，将企业绩效与经理个人货币收入相结合，使股东和经理人行为目标进行趋同，进而缓解二者的委托代理冲突，降低代理成本；另一方面，可以通过完善经理人薪酬定价机制、声誉评价机制、经理人交易平台等方式来建立和完善经理人市场，通过规范的市场化运作，将经理人的劳动力价格与个人能力、声誉相结合，降低经理人自利行为的选择动机，提高其在有效价值创造活动中的效用获取水平。在自我价值实现方面，企业应雇佣个人价值观与企业文化核心价值理念相吻合的经理人员，促使其在获取货币效用的同时，增加价值观念认同所带来的非货币效用，进而提高对自利效用的替代性，避免经理人自利行为为企业带来的价值损失。

在对经理人的治理方面，股东和债权人两类治理主体所带来的治理效应强弱能够通过企业的资本结构得到具体反映，并且二者同样具有替代性。选择股权融资，经理人治理更多依赖于股东对激励、约束和决策机制的有效设计，大股东作为内部人，具有一定的信息优势来监督和激励经理人。然而，中小股东却有可能因信息劣势而遭到大股东的利益侵占，产生第二类代理问题。而债权融资在对经理人自利行为产生压力的同时，债权人也可能将自身置于财务风险中。所以两种融资渠道各有利弊，最优的资本结构应能够凸显两种治理主体的治理优势，并在提高信息对称程度的基础上，平衡利益相关者的风险与收益，降低内部人利用信息优势侵占外部利益相关者的可能性。

7.3　本　章　小　结

以第 4、5、6 章的研究结论为基础，提出了优化债权人内源性治理和外部性治理机制的政策建议。在内源性治理机制方面，从债权人风险防御和债企联盟组合共赢两个方面探讨了债权人内源性治理机制的优化措施。认为应从二维风险防御体系的建立和长期借款增值的稳健性两个维度提高债权人的抵御财务风险的能力，债权人应增强对企业生命周期的识别，制定差异化的风险防御策略，完善债权人制度和法律保护体系，全面提高风险防御能力。并认为债企联盟组合盈利能力的提升，可以通过债权人的身份转化和中小企业贷款保障体系建设两个途径进行突破。外部性治理方面，认为可以通过债权人会议制度和主办银行制度的完善将债权人外部性治理进行动机内化，提高债权人参与公司治理的主观能动性。同时，应优化债权人治理工具的治理功能，提升利率、债务期限结构、经理人市场和资本结构等治理手段对经理人行为的约束能力，全面促进公司治理水平的提高。

第8章

研究结论及展望

8.1　研究结论

公司治理转型背景下，随着契约网络规模的增加，公司治理的目标不再是股东权益的最大化，而是利益相关者的责、权、利均衡。在剖析债务代理成本和债务风险的生成机理的基础上，通过剖析债权人治理动机和治理目标，将公司的债权人治理机制划分为内源性治理和外部性治理两类。内源性治理动机源自债权人风险防御和对利益最大化的追逐，而外部性治理能够作用于经理人的行为决策，缓解委托代理冲突。运用理论分析、数理分析和计量分析的分析方法，剖析了债权人动态防御型治理和外部性治理效应，并得出以下结论：

第一，股权契约联结模式下的债权人与企业的关系，实则为一种联盟组合。债企联盟组合的运行以联盟价值创造效率的提升为主要目的。联盟组合中，债权人与企业之间通过资源配置模式的借用、能力学习和资源的网络转移三种途径和手段实现价值增值，而债权人和企业形成的协同型治理体系是保障价值创造手段得以顺利运用的前提保障。协同型治理体系中，治理主体能够在债权人和企业间动态转移，具有相机和权变的特征。债企联盟组合中的协同型治理机制包含正式治理机制和非正式治理机制。其中，正式治理机制包括外部契约治理和内部制度调整。外部契约能够有效地协调债权人和企业的行为规范，促使二者在考虑已方和对方权益的基础上，形成联盟协同。而根据契约约束条件，债权人和企业在各自的制度体系中所作出一系列的制度调整，能够进一步在制度层面上约束自身的行为选择，为联盟的价值创造打下基础。债企联盟组合间的非正式治理机制是指二者共同遵守但尚未例如契约条款中的准则、默契，是一种依靠社会关系、网络等途径来对对方决策进行干预、监督的非正式制度，包含二者之间表达善意、建立信任关系、隐性惩罚等治理方式，是对正式治理机制的重要补充。

第二，依靠债权契约进行关联的债企关系中，债权人多表现出风险防御规避导向下的防御型治理。防御型治理是公司利益相关者维护各自权益、维持责、权、利均衡的一种基本治理机制，是对现代公司治理目标的一种理性契合。债权人和企业之间已存在契约缔结前、契约维系中和契约破裂时的时序维度下的风险防御机制，但仍缺乏动态性、针对性和全面性。所以，债权人构建动态风险防御治理体系，应对企业的运营特征、管理模式、财务质量的变化进行充分关注，将企业生命周期纳入风险防御体系中，筑成契约时序和企业生命周期双重维度相耦合的全面风险防御机制，制定差异化、针对性的风险防御策略。对处于成长期的企业，应给予相对宽松的成长环境，加强契约缔结前的筛选效率，降低监督、干预的力度，提高企业成长性和债权人收益的持久性。对成长期的企业，债权人应将筛选和监督效率作为主要治理手段，避免因可支配资源充裕造成的非效率投资风险。而对于衰退期的企业，债权人规律性的监督、干预以及相机治理机制是及时察觉风险源、避免财务损失的重要治理机制。

第三，实证研究结果显示，企业在不同的生命周期表现出的非效率投资行为具有显著差异，而短期借款和长期借款对非效率投资水平的影响具有动态性。处于成长期的企业非效率投资水平最低、衰退期次之、成熟期最高。表明一方面，在高度的信息不对称前提下，成熟期企业的决策者具备一定的利用信息优势通过非效率投资行为获取私利的动机。另一方面，企业在成长过程中所积累的大量可支配资源，进一步刺激了企业决策者进行非效率资源配置，增加了债权人风险。而在企业衰退期时，决策者可能受到职业防御心理的作用，降低了非效率投资动机。随着企业在生命周期内演进，随着企业在生命周期内演进，债权人能够围绕短期贷款形成良好的动态治理效应，即在生命周期的各个阶段表现出对企业非效率投资的抑制能力，且抑制能力边际递增。但长期贷款不但缺乏对非效率投资的抑制，反而能够促进企业的非效率投资水平。表明长期贷款一方面为债权人带来了高昂的监督成本，另一方面在降低企业偿债压力的同时，扩充了经理人的可支配资源规模，刺激了企业决策者的自利动机，丧失了风险防御能力。

第四，根据外部性产生根源的不同，本书提出了效应外部性和过程外部性的概念和内涵，认为在效用外部性中，行动无关方所被动接受的影响来源于一个或多个行动相关方进行某项活动的结果。这类外部性中，具有相同目标函数的行为个体或单一的行动个体的某项行动结果对他人产生影响，即当行动方在为满足自身效用而采取一系列行动时，行动集合中的任意一项行为并不会对无关方产生影响，但行动集合的效用产出却能够通过种种传导机制对他人产生作用。而在过程外部性中，行动无关方所接受的影响来源于行动者对某项活动的参与过程或实施过程，过程型外部性的产生主要源于某项活动的进行过程，同时也有可能源于活动的结果。

第五，通过研究发现，企业经理人的效用主要来源于两个方面：为公司创造有效价值过程中获得的货币和非货币效用以及为自身谋取私利过程中获得的货币和非货币效用。通过构建经理人效用体系和经理人一般效用模型，认为经理人效用最大化受到经理人劳动力投入量的极值、私利活动中的劳动力支付、有效价值产出的技术水平、私利经验、可支配资源总量、私利活动中的资本投入量、劳动量和资本的产出弹性以及经理人薪酬有关。当负债变量引入后，经理人效用曲线和预算约束线的切点决定经理人的效用均衡水平。在一般条件下，负债规模、利率的提升以及债权人的惩罚合同均能够有效减少经理人的自利行为，使其更加勤勉的为公司贡献有效价值。但均衡条件下，负债规模的提升不仅能够激励经理人的有效价值创造，并且能够刺激其挖掘私有收益的动机。然而，利率和惩罚合同却能够抑制经理人私利效用，提高经理人的价值创造水平。

第六，企业债务期限结构与股东与经理人之间的委托代理成本具有显著影响。其中，短期借款对代理成本具有显著的抑制效应；而长期借款对代理成本却表现出促进作用。表明短期借款能够对经理人形成较强的偿债压力，能够在一定程度上降低其选择在职消费等私利行为的动机，进而缓解股东与经理之间的代理冲突。由于长期借款能够一方面带给债权人较高的监督成本，另一方面带给经理人充实的可支配资源和宽松的偿债压力，因此纵容了经理人的私利动机，恶化了其与股东之间的代理问题。内部治理环境方面，政治关联和两权分离度均在短期和长期借款与代理成本的关系中起到了稀释和强化的作用。表明一方面，政治关系能够降低债权人带给经理人的外部性约束作用；另一方面大股东的角色选择同样对债权人外部性治理效应具有调节效应。连锁债权人网络方面，由于网络位置决定了企业的资源获取能力，因此中心度高和占据结构洞位置的企业可以获取大量信息和财务资源，进而降低了企业对原始债权人的依赖性，以及原始债权人对企业经理人产生的外部性作用。

第七，根据债权人治理的相关理论分析、数理分析和实证分析结果，本书提出了债权人治理的优化措施：在内源性治理机制方面，从债权人风险防御和债企联盟组合共赢两个方面探讨了债权人内源性治理机制的优化措施。认为应从二维风险防御体系的建立和长期借款增值的稳健性两个维度提高债权人的抵御财务风险的能力，债权人应增强对企业生命周期的识别，制定差异化的风险防御策略，完善债权人制度和法律保护体系，全面提高风险防御能力。并认为债企联盟组合盈利能力的提升，可以通过债权人的身份转化和中小企业贷款保障体系建设两个途径进行突破。外部性治理方面，认为可以通过债权人会议制度和主办银行制度的完善将债权人外部性治理进行动机内化，提高债权人参与公司治理的主观能动性。同时，应优化债权人治理工具的治理功能，提升利率、债务期限结构、经理人市场和资本结构等治理手段对经理人行为的约束能力，全面促进公司治理水平的提高。

8.2　研究局限与展望

本书的研究局限主要体现在以下几个方面：

第一，由于债权人与企业之间的联结模式不同，并且股权联结多存在于日、德等国家，限于数据获取难度，本书仅对联盟共赢导向下的债权人协同治理进行了理论分析，缺乏计量分析。并且在计量分析部分，由于民营上市公司政治关联数据披露的不完整，属于非强制性信息披露，政治关联指数的构建存在优化空间。再者，债权人治理效应在一定程度上受到地域、制度环境、法律保护环境的影响，不同的情境中，债权人受保护程度、企业融资能力、金融发展水平等因素均会作用于债权人治理效应的发挥，进而形成多样化的治理结果，而本书仅从企业内部治理环境考量了情境因素的调节作用，尚未将视角拓展到外部情境因素。

　　第二，在数理分析方面，构建经济学模型本身便具有假设限制，无法针对客观情况进行全面的模拟。在对债权人外部性治理进行数理分析时，为避免经理人效用模型过于复杂，本书将外生变量 θ（the nature of the world）的外延进行了泛化处理，并认为在经理人获取第一类效用和私利效用的过程中，θ 具有同质性。事实上，外生变量 θ 对两种效用价值创造具有不同的催化效应，同质化考虑缺乏一定的严谨性。换言之，θ 具有更为宽广的解释空间，但本书尚未进一步的挖取。另外，经理人创造两类效用时，劳动和资本产出弹性（α 和 β）同样具有一定程度的异质性。尽管同质化考虑不影响对债权人外部性治理效应的分析结果，但缺陷在于无法全面考察经理人行为选择对债权人外生变量敏感性的影响因素。

　　公司债权人治理机制和效应的研究仍具有较大的研究空白。除应进一步对多层次情境因素下的债权人治理效应进行关注外，债权人治理评价体系的构建、债企联盟协同与风险的均衡分析、债权人风险评价与筛选效率的联动机制构建、债权人与其他利益相关者的治理协同等视角仍具有深远的实践和学术研究价值，是基于债权人治理应拓展开的研究领域。

参 考 文 献

［1］陈抗，Hillman，顾清扬．财政集权与地方政府行为变化——从援助之手到攫取之手［J］．经济学季刊，2002，2（1）：111－130．

［2］陈运森，谢德仁．网络位置、独立董事治理与投资效率［J］．管理世界，2011（7）：113－127．

［3］戴天婧，汤谷良，彭家钧．企业动态能力提升、组织结构倒置与新型管理控制系统嵌入——基于海尔集团自主经营体探索型案例研究［J］．中国工业经济，2012（2）：128－138．

［4］丁广宇．论有限责任公司债权人权利的回归——基于相机治理理论的探讨［J］．法商研究，2008（2）：87－95．

［5］段海燕．连锁董事、组织冗余与企业创新绩效的关系研究［J］．科学学研究，2012，30（4）：631－640．

［6］郭娜，祁怀锦．上市银行盈利模式与银行价值创造的实证研究［J］．中央财经大学学报，2012（7）：32－37．

［7］郝颖，刘星，林朝南．基于不同形态投资的控制权私利攫取研究前沿探析［J］．外国经济与管理，2009，31（6）：52－57．

［8］胡国柳，孙楠．管理者过度自信研究最新进展［J］．财经论丛，2011，4（159）：111－115．

［9］胡旭阳．民营企业的政治关联及其经济效应分析［J］．经济理论与经济管理，2010（2）：74－79．

［10］黄文青．债权融资结构与公司治理效率——来自中国上市公司的经验证据［J］．财经理论与实践，2011（2）：46－50．

［11］黄中伟，王宇露．位置嵌入、社会资本与海外子公司的东道国网络学习——基于123家跨国公司在华子公司的实证［J］．中国工业经济，2008（12）：144－154．

[12] 江伟, 沈艺峰. 大股东控制、资产替代与债权人保护 [J]. 财经研究, 2005 (12): 95 - 106.

[13] 焦豪, 魏江, 崔瑜. 企业动态能力构建路径分析: 基于创业导向和组织学习的视角 [J]. 管理世界, 2008 (4): 91 - 106.

[14] 兰燕泽. 对我国大债权人介入公司治理的探讨 [J]. 经济经纬, 2006 (4): 73 - 76.

[15] 李世辉, 雷新途. 两类代理成本、债务治理及其可观测绩效的研究: 来自我国中小上市公司的经验证据 [J]. 会计研究, 2008 (2): 30 - 37.

[16] 李维安, 邱艾超. 民营企业治理转型、政治联系与公司业绩 [J]. 管理学报, 2010, 23 (4): 2 - 14.

[17] 李亚. 民营企业公司治理实务与案例 [M]. 北京: 中国发展出版社, 2009.

[18] 李云鹤, 李湛, 唐松莲. 企业生命周期、公司治理与公司资本配置效率 [J]. 南开管理评论, 2011, 14 (3): 110 - 121.

[19] 廖义刚, 王艳艳. 大股东控制、政治联系与审计独立性 [J]. 经济评论, 2008 (5): 86 - 105.

[20] 刘苹, 陈维政. 企业生命周期与治理机制的不同模式选择 [J]. 财经科学, 2003, (5): 73 - 76.

[21] 刘雪梅. 联盟组合: 价值创造与治理机制 [J]. 中国工业经济, 2012 (6): 70 - 82.

[22] 刘迎霜. 论公司债债权人对公司治理的参与 [J]. 财经理论与实践. 2010 (1): 120 - 124.

[23] 雒敏. 国家控制, 债务融资与大股东利益侵占——基于沪深两市上市公司的经验证据 [J]. 山西财经大学学报, 2011 (3): 107 - 115.

[24] 罗家德. 社会网分析讲义 [M]. 北京: 社会科学文献出版社, 2010.

[25] 罗士俐. 外部性理论价值功能的重塑——从外部性理论遭受质疑和批判谈起 [J]. 当代经济科学, 2011 (2): 27 - 33.

[26] 宁向东. 公司治理理论 [M]. 北京: 中国发展出版社,

2006.

[27] 钱锡红，徐万里，杨永福. 企业网络位置、间接联系与创新绩效 [J]. 中国工业经济，2010 (2)：78 - 88.

[28] 冉戎，刘星. 合理控制权私有收益与超额控制权私有收益——基于中小股东视角的解释 [J]. 管理科学学报，2010，13 (6)：73 - 83.

[29] 盛洪. 现代制度经济学（上卷）[M]. 北京：中国发展出版社，2009.

[30] 石晓军，张顺明. 经济周期中商业信用与银行借款替代行为研究 [J]. 管理科学学报，2010，13 (12)：10 - 22.

[31] 孙大鹏，朱振坤. 社会网络的四种功能框架及其测量 [J]. 当代经济科学，2010，32 (2)：69 - 127.

[32] 童盼，陆正飞. 负债融资、负债来源与企业投资行为——来自中国上市公司的经验证据 [J]. 经济研究，2005 (5)：75 - 84.

[33] 佟岩，陈莎莎. 生命周期视角下的股权制衡与企业价值 [J]. 南开管理评论，2010，13 (1)：108 - 115.

[34] 王鲁平，毛伟平. 银行借款、商业信用与公司投资行为 [J]. 西安交通大学学报，2009，29 (1)：6 - 11.

[35] 王旭. 政治关联、代理成本及债权人治理效应之关系——基于民营上市公司面板数据的实证研究 [J]. 现代财经，2012 (7)：105 - 114.

[36] 王旭. 异质性债权人防御型治理与上市公司非效率投资——基于控股环境调节效应的实证研究 [J]. 云南财经大学学报，2012 (6)：114 - 122.

[37] 王旭. 外部性视角下债权人的双重治理效应研究——来自上市公司经验数据 [J]. 财贸研究，2013 (1)：149 - 156.

[38] 王旭. 非线性视角下民营上市公司的策略性政治关联——基于面板数据的实证研究 [J]. 经济经纬，2013 (2)：100 - 104.

[39] 王旭，徐向艺. 生命状态干扰下公司规模对成长性影响研究——基于高科技中小上市公司经验数据 [J]. 科技进步与对策，2012 (23)：85 - 89.

[40] 王旭. 企业生命周期与债权人治理的"阻尼"效应研究 [J].

中南财经政法大学学报, 2013 (1): 129 - 136.

[41] 王远明, 唐英. 债权人参与公司治理的主体和形式选择及大会制度 [J]. 求索, 2007 (1): 117 - 118.

[42] 王跃堂, 王亮亮, 彭洋. 产权性质, 债务税盾与资本结构 [J]. 经济研究, 2010 (9): 122 - 136.

[43] 王贞洁. 我国上市公司债权人治理效率——基于内部视角的联立方程研究 [J]. 中国经济问题, 2011 (2): 76 - 85

[44] 文芳. 企业生命周期对 R&D 影响的实证研究 [J]. 经济经纬, 2009 (6): 86 - 89.

[45] 谢恩, 黄缘缘, 赵锐. 战略联盟的控制机制对于联盟价值创造效率的影响研究 [J]. 科学学与科学技术管理, 2012, 33 (2): 138 - 145.

[46] 辛清泉, 林斌, 王彦超. 政府控制、经理薪酬与资本投资 [J]. 经济研究, 2007 (8): 110 - 122.

[47] 徐宁, 徐向艺. 金字塔结构下股权激励的双重效应研究——来自上市公司的经验数据 [J]. 经济管理, 2010 (9): 59 - 65.

[48] 徐向艺, 李鑫. 自由现金流、负债融资与企业过度投资——基于中国上市公司的实证研究 [J]. 软科学, 2008 (7): 124 - 139.

[49] 徐向艺, 徐宁. 公司治理研究现状评价与范式辨析——兼论公司治理研究的新趋势 [J]. 东岳论丛, 2012, 33 (2): 148 - 152.

[50] 杨棉之, 张中瑞. 上市公司债权治理对公司绩效的实证研究 [J]. 经济问题, 2011 (3): 57 - 60.

[51] 杨兴全, 张照南, 吴昊旻. 治理环境、超额持有现金与过度投资——基于我国上市公司面板数据的分析 [J]. 南开管理评论, 2010, 13 (5): 61 - 69.

[52] 杨勇, 黄曼丽, 宋敏. 银行贷款、商业信用融资以及我国上市公司的公司治理 [J]. 南开管理评论, 2009, 12 (5): 28 - 37.

[53] 詹也, 吴晓波. 企业联盟组合配置战略与组织创新的关系研究 [J]. 科学学研究, 2012, 30 (3): 466 - 473.

[54] 张洪辉, 王宗军. 政府干预、政府目标与国有上市公司的过度投资 [J]. 南开管理评论, 2010, 13 (3): 101 - 108.

[55] 张维迎. 企业的企业家——契约理论 [M]. 上海: 上海人民出版社, 1995.

[56] 张五常. 经济解释 [M]. 北京: 商务印书馆, 2001.

[57] 郑方. 从纵向一体化到纵向分离——基于对立统一关系的分析 [J]. 中国工业经济, 2010 (1): 98-108.

[58] 周黎安. 晋升博弈中的政府官员的激励与合作 [J]. 经济研究, 2004 (6): 33-40.

[59] 艾迪斯. 企业生命周期 [M]. 北京: 中国社会科学出版社, 1997.

[60] 奥利弗·威廉姆森, 斯科特·马斯滕. 交易成本经济学 [M]. 北京: 人民出版社, 2008.

[61] 奥利弗·威廉姆森. 资本主义经济制度 [M]. 北京: 商务印书馆, 2002.

[62] 迈克尔·迪屈奇. 交易成本经济学 [M]. 北京: 经济科学出版社, 1999.

[63] 乔纳森·查卡姆. 公司长青: 英美法日的公司治理的比较 [M]. 北京: 中国人民大学出版社, 2005.

[64] Adnan Khashman. Neural networks for credit risk evaluation: Investigation of different neural models and learning schemes [J]. Expert Systems with Applications, 2010, (37): 6233-6239.

[65] Adnan Khashman. Credit risk evaluation using neural networks: Emotional versus conventional models [J]. Applied Soft Computing, 2011, (11): 5477-5484.

[66] Adizes I.. How and why Corporation Grow and Die and what to Do about it: Corporate Life Cycles [M]. Englewood Cliffs, NJ: Prentice Hall. 1989.

[67] Adizes I.. Organizational Passages: Diagnosing and Treating Life Cycle Problems in Organizations [J]. Organizational Dynamics, 1979, 9 (1): 3-24.

[68] Ahn, S., Desis, David. J.. Internal capital markets and investment policy: Evidence from corporate spinoffs [J]. Journal of Financial Eco-

nomics, 2002, 71 (1): 489 – 528.

[69] Akerlof, George. The Market for Lemons: Quality Uncertainty and the Market Mechanism [J]. Quarterly Journal of Economics, 1970, (84): 488 – 500.

[70] Allen N. Berger, Geraldo Cerqueiro, María F. Penas. Does debtor protection really protect debtors? Evidence from the small business credit market [J]. Journal of Banking& Finance, 2011, (35): 1843 – 1857.

[71] Anja Baum, Cristina Checherita – Westphal, Philipp Rother. Debt and growth: New evidence for the euro area [J]. Journal of International Money and Finance, 2013, 32 (2): 809 – 821.

[72] Anthony, J. , K. Ramesh. Association between Accounting Performance Measures and Stock Prices [J]. Journal of Accounting and Economics, 1992, 15 (23): 203 – 227.

[73] Arno Gottschal. Der Stimmrechtseinfluss der Banken in den Aktionarsversammlungen der Grossunternehmen [J]. 5 WSI – Mitteilungen, 1988 (5): 294 – 404.

[74] Barnea A. , Haugen, R. , Senbet, L. W.. An Equilibrium Analysis of Debt Financing Under Costly Tax Arbitrage And Agency Problems [J], Journal Of Finance 1981, (36): 569 – 581.

[75] Barney, J. Strategic factor markets: Expectations, luck, and business strategy [J]. Management Science, 1986, 32 (10): 1231 – 1241.

[76] Barringer, Bmce R, Harrison. Walking a Tightrope: Creating Value through Interorganizational Relationships [J]. Journal of Management, 2000, 26 (3): 367 – 403.

[77] Basak Akbel; Monika Schnitzer. Creditor rights and debt allocation within multinationals [J]. Journal of Banking & Finance, 2011, 35 (6): 1367 – 1379.

[78] Bator F. M.. The Anatomy of Market Failure [J]. The Quarterly Journal of Economics, 1958, 72 (3): 351 – 379.

[79] Baum J. A. C. , T. Calabrese, B. S. Silverman. Don't go it alone: Alliance network composition and startups' performance in Canadian biotech-

nology [J]. Strategic Management Journal, 2000, 21 (3): 267 – 294.

[80] Bens D., Nagar V., Wong M. H. F.. Real Investment Implications of Employee Stock Option Exercises [J]. Journal of Accounting Research, 2002, 40 (2): 359 – 393.

[81] Bernheim B. Douglas, Michael D. Whinston. Incomplete Contracts and Strategic Ambiguity [J]. American Economic Review, 1998 (88): 902 – 932.

[82] Bertrand Djembissi. Excessive risk taking and the maturity structure of debt Original Research Article [J]. Journal of Economic Dynamics and Control, 2011, 35 (10): 1800 – 1816.

[83] Bhide A.. How Entrepreneurs Craft Strategies that Work [J]. Harvard Business Review, 1994, 73 (2): 150 – 161.

[84] Blanchard, O. J., F. Lopez-de-Silanes, A. Shleifer. What Do Firms Do with Cash Windfalls? [J]. Journal of Financial Economics, 1994, 36: 337 – 360.

[85] Boubakri N., Jean Claude C., Saffar W.. Political Connections of Newly Privatized Firms [J]. Journal of Corporate Finance, 2008, 14 (5): 654 – 673.

[86] Brandenburger A., Stuart H. W.. Value-based business strategy [J]. Journal of Economics and Management Strategy, 1996, 5 (1): 5 – 24.

[87] Brown, J. S., Duguid, P.. Organizational Learning and Communities of Practice: Toward a Unified View of Working, Learning, and Innovation [J]. Organization Science, 1991, 2 (1): 40 – 57.

[88] Brurt R. S.. Structural holes: the social structure of competition [M]. Cambridge: Harvard University Press, 2002.

[89] Buchanan J. M., Stubblebine W. C.. Externality [J]. Economica, 1962, 29: 371 – 384.

[90] Capaldo A.. Network structure and innovation: the leveraging of a dual network as a distinctive relational capability [J]. Strategic Management Journal, 2007, 28 (6): 585 – 608.

[91] Christa Hainz. Creditor passivity: The effects of bank competition

and institutions on the strategic use of bankruptcy filings [J]. Journal of Comparative Economics, 2009, (37): 582 –596.

[92] Claessens S, Feijen E, Laeven L.. Political Connections and Preferential Access to Finance: The Role of Campaign Contributions [J]. Journal of Financial Economics, 2008, 88 (3): 554 –580.

[93] Cláudia Custódio, Miguel A., Ferreira, Luís Laureano. Why are US firms using more short-term debt? [J]. Journal of Financial Economics, 2012, Working paper.

[94] Commons J. R.. The Problem of Correlating Law, Economics, and Ethics [J]. Wisconsin Law Review, 1932 (8): 3 –26.

[95] Cook L.. Trade credit and bank finance: Financing small firms in Russia [J]. Journal of Business Venturing, 1999, 14 (3): 493 –518.

[96] Cory A. Cassell, Shawn X et. al.. Seeking safety: The relation between CEO inside debt holdings and the riskiness of firm investment and financial policies [J]. Journal of Financial Economics, 2012, 103 (3): 588 –610.

[97] Davide Furceri, Aleksandra Zdzienicka. How costly are debt crises? [J]. Journal of International Money and Finance, 2012, 31 (4): 726 –742.

[98] Deangelo H., DeAngelo, L., Stulz, R.. Dividend Policy and the Earned/Contributed Capital Mix: A Test of the Life-cycle Theory [J]. Journal of Financial Economics, 2006, 81 (2): 227 –254.

[99] Dewatripont M., tirole J.. A theory of debt and equity: diversity of securities and manager shareholder congruence [J]. Quarterly, Journal of economics, 1994, 109 (8): 1027 –1054.

[100] Diamond D.. Financial Intermediation and Delegated Monitoring [J]. Review of Economic Studies, 1984, 51, (3): 393 –414.

[101] Dirk Schindler, Guttorm Schjelderup. Debt shifting and ownership structure [J]. European Economic Review, 2012, 56 (4): 635 –647.

[102] Denis Davydov, Sami Vähämaa. Debt Source Choices and Stock

Market Performance of Russian Firms during the Financial Crisis [J]. Emerging Markets Review, 2013, working paper.

[103] Dong Chen. Classified boards, the cost of debt, and firm performance [J]. Journal of Banking & Finance, 2012, 36 (12): 3346 – 3365.

[104] Dragon Yongjun Tang, Hong Yan. Market conditions, default risk and credit spreads [J]. Journal of Banking & Finance, 2010, (34): 743 – 753.

[105] Drazin R. , Kazanjian R. K. . A Reanalysis of Miller and Friesen's Life Cycle Data [J]. Strategic Management Journal, 1990, 11 (4): 319 – 325.

[106] Dyck, Zingales. Private Benefits of Control An International Comparison [J]. Journal of Finance. 2004, 159: 537 – 600.

[107] Dyer J. H. , Singh H. . The relational view: Cooperative strategy and sources of interorganizational competitive advantage [J]. The Academy of Management Review, 1998, 23 (4): 660 – 679.

[108] Emine Boz. Sovereign default, private sector creditors, and the IFIs Original Research Article [J]. Journal of International Economics, 2011, 83 (1): 70 – 82.

[109] Efraim Benmelech, Nittai K. . Bergman. Vintage capital and creditor protection [J]. Journal of Financial Economics, 2011, 99 (2): 308 – 332.

[110] Fan J. P. H. , Wong T. J. , Zhang T. Y. . Politically connected CEOs, Corporate Governance and Post IPO Performance of China's Newly Partially Privatized Firms [J]. Journal of Financial Economic, 2007, 84 (2): 330 – 357.

[111] Faccio M. , Masulis R. W. , McConnell J. J. . Political Connections and Corporate Bailouts [J]. Journal of Finance, 2006, 61 (6): 2597 – 2635.

[112] Felipe Zambaldi, Francisco Aranha, Hedibert Lopes, Ricardo Politi. Credit granting to small firms: A Brazilian case [J]. Journal of Business Research, 2011, (64): 309 – 315.

[113] Francis B. B. , Hasan I. , Sun X. . Political Connections and the Process of Going Public: Evidence from China [J]. Journal of International Money and Finance, 2009, 28 (4): 696 – 719.

[114] Frederiek Schoubben, Cynthia Van Hulle. Stock listing and financial flexibility [J]. Journal of Business Research, 2011, (64): 483 – 489.

[115] Freeman L. C. . A set of measures of centrality based on betweenness [J]. Sociometry, 1977, 40: 35 – 41.

[116] Freeman L. C. . Centrality in Social Networks: Conceptual Clarification [J]. Social Networks, 1978, (1): 215 – 239.

[117] Gang Wang, Jian Ma. A hybrid ensemble approach for enterprise credit risk assessment based on Support Vector Machine [J]. Expert Systems With Applications, 2011, working paper.

[118] Ghoshal S. Moran P. . Bad for practice: A critique of transaction cost theory [J]. Academy of Management Review, 1996, 21 (1): 13 – 47.

[119] Goldman E. , Rocholl J. , So J. . Do Politically Connected Boards Affect Firm Value? [R]. AFA Chicago Meetings Paper, 2007.

[120] Granovetter, M. . Economic Action and Social Sturcture: The Problem of Embeddedness [J]. American Journal of Sociology, 1985, 91 (3): 481 – 510.

[121] Greg Nini, David C. Smith, Amir Sufi. Creditor control rights and firm investment policy [J]. Journal of Financial Economics, 2009, (92): 400 – 420.

[122] Greiner L. E. . Evolution and Revolution as Organizations Grow [J]. Harvard Business Review, 1972, (8): 1 – 11.

[123] Guilherme Kirch, Paulo Renato, Soares Terra. Determinants of corporate debt maturity in South America: Do institutional quality and financial development matter? [J]. Journal of Corporate Finance, 2012, 18 (4): 980 – 993.

[124] Gulati R. . Alliances and networks [J]. Strategic Management

Journal, 1998, 19 (4): 293 – 317.

[125] Gulnur Derelioglu, Fikret Gurgen. Knowledge discovery using neural approach for SME's credit risk analysis problem in Turkey [J]. Expert Systems with Applications, 2011, (38): 9313 – 9318.

[126] Hart O. , Moore J. . Debt And Seniority: All Analysis Of Hard Claims In Constraining Management [J]. American Economic Review, 1995, (85): 567 – 587.

[127] Hart O. D. . Firms, Contracts, And Financial Structure [M]. London: Oxford University Press, 1995.

[128] Hsien – Hsing Liao, Tsung – Kang Chen, Chia – Wu Lu. Bank credit risk and structural credit models: Agency and information asymmetry perspectives [J]. Journal of Banking& Finance, 2009, (33): 1520 – 1530.

[129] Hsiangping Tsai, Yuanchen Chang, Pei – Hsin Hsiao. What drives foreign expansion of the top 100 multinational banks? The role of the credit reporting system [J]. Journal of Banking& Finance, 2011, (35): 588 – 605.

[130] Huidan Lin. Foreign bank entry and firms' access to bank credit: Evidence from China [J]. Journal of Banking& Finance, 2011, (35): 1000 – 1010.

[131] Hubert de La, Bruslerie, Imen Latrous. Ownership structure and debt leverage: Empirical test of a trade-off hypothesis on French firms [J]. Journal of Multinational Financial Management, 2012, 22 (4): 111 – 130.

[132] Issam Hallak. Private sector share of external debt and financial stability: Evidence from bank loans [J]. Journal of International Money and Finance, 2013, 32 (2): 17 – 41.

[133] James F. Moore. . Business Ecosystem and the View from the Firm [J]. Auti-trust Bulletin, 2006, 51 (1): 31 – 75.

[134] Jannine Poletti Hughes. Corporate value, ultimate control and law protection for investors in Western Europe [J]. Management Accounting Research, 2009, (20): 41 – 52.

[135] Jawahar I. , McLaughlin, G. . Toward a Descriptive Stakeholder Theory: An Organizational Life Cycle Approach [J]. Academy of Management Review, 2001, 26 (3): 397 – 414.

[136] Johnson J. , Sakano, T. , Cote, J. . The Exercise Of Inter – Firm Power And Its Respercussions In U. S. – Japanese Channel Relationships [J]. Journal Of Marketing, 1993, 57 (2): 1 – 10.

[137] Joel F. Houston, Chen Lin, Ping Lin, Yue Ma. Creditor rights, information sharing, and bank risk taking [J]. Journal of Financial Economics, 2010, (96): 485 – 512.

[138] Jens Hilscher, ElifŞişli – Ciamarra. Conflicts of interest on corporate boards: The effect of creditor-directors on acquisitions [J]. Journal of Corporate Finance, 2013, 19 (2): 140 – 158.

[139] Jens Forsseback. Ownership structure, market discipline, and banks' risk-taking incentives under deposit insurance [J]. Journal of Banking & Finance, 2011, (35): 2666 – 2678.

[140] Jensen M. C. . Agency costs of free cash flow, corporate finance and takeovers [J]. American economic review, 1986 (76): 323 – 329.

[141] Jensen M, Meckling W. . Theory of The Firm: Managerial Behavior, Agency Costs, And Ownership Structure [J]. Journal of Financial Economics, 1976 (3): 305 – 360.

[142] Jerome Hericourt, Sandra Poncet. FDI and credit constraints: Firm-level evidence from China [J]. Economy Systems, 2009, (33): 1 – 21.

[143] Jiang – Chuan Huang, Chin – Sheng Huang. The effects of bank relationships on firm private debt restructuring: Evidence from an emerging market [J]. Research in International Business and Finance, 2011, 25 (1): 113 – 125.

[144] Jie Cai, Zhe Zhang. Leverage change, debt overhang, and stock prices [J]. Journal of Corporate Finance, 2011, 17 (3): 391 – 402.

[145] Juan L. J. Laura, P. , Zheng, Z. K. . Do managerial ties in China always produce value? competition, uncertainty, and domestic vs. foreign

firms [J]. Strategic Management Journal 2008, 29 (4): 383 – 400.

[146] Julie Byrne, Thomas O'Connor. Creditor rights and the outcome model of dividends [J]. The Quarterly Review of Economics and Finance, 2012, 52 (2): 227 – 242.

[147] Konstantinos Drakos, Nicholas Giannakopoulos. On the determinants of credit rationing: Firm-level evidence from transition countries [J]. Journal of International Money and Finance, 2011, (30): 1773 – 1790.

[148] Kyle Hyndman, Giovanni Serio. Competition and inter-firm credit: Theory and evidence from firm-level data in Indonesia [J]. Journal of Development Economics, 2010, (93): 83 – 108.

[149] Kyoko Yagi, Ryuta Takashima. The impact of convertible debt financing on investment timing [J]. Economic Modelling, 2012, 29 (6): 2407 – 2416.

[150] Lado A. A., Boyd N. G., Hanlon S. C.. Competition, cooperation and the search for economic rents: A syncretic model [J]. Academy of management review, 1997, (1): 110 – 141.

[151] Larson A.. Network dyads in entrepreneurial settings: A study of the governance of exchange relationships [J]. Administrative Science Quarterly, 1992, 37 (1): 76 – 104.

[152] La Porta R, Lopeze-de-Silanes F, Shleifer A, Vishny R W.. Investor Protection and Corporate Valuation [J]. Journal of Finance, 2002, 57 (3): 1147 – 1170.

[153] La Porta, Rafael, Florencio Lopez-de-Silancs, Andrei Shleifer, and Robert W. Vishny. Law and Finance [J]. Journal of Political Economy. 1998, (106): 1113 – 1155.

[154] La Porta, R., L. Florencio, Shleifer A., Vishny, R.. Trust in Large Organizations [J]. American Economic Review, 1997, (87): 333 – 338.

[155] Luo Y.. Industrial dynamics and managerial networking in an emerging market: the case of China [J]. Strategic Management Journal 2003, 24: 1315 – 1327.

[156] Liang Tan. Creditor control rights, state of nature verification, and financial reporting conservatism [J]. Journal of Accounting and Economics, 2012, Working paper.

[157] Mahmoud Sami Nabi, Mohamed Osman Suliman. Credit rationing, interest rates and capital accumulation [J]. Economic Modelling, 2011, (28): 2719 – 2729.

[158] Mark A. Bliss, Ferdinand A. Gul. Political connection and cost of debt: Some Malaysian evidence [J]. Journal of Banking & Finance, 2012, 36 (5): 1520 – 1527.

[159] Martin Brown, Christian Zehnder. The emergence of information sharing in credit markets [J]. J. Finan. Intermediation. 2010, (19): 255 – 278.

[160] Martin Browna, Tullio Jappelli, Marco Paganob. Information sharing and credit: Firm-level evidence from transition countries [J]. J. Finan. Intermediation, 2009, (18): 151 – 172.

[161] Maskin, Eric, Jean Tirole. Unforeseen Contingencies, Property Rights, and Incomplete Contracts [J]. The Review of Economic Studies, 1999, 66 (1): 83 – 114.

[162] Massimo Molinari. Joint analysis of the non-linear debt-growth nexus and cash-flow sensitivity: New evidence from Italy [J]. Structural Change and Economic Dynamics, 2012, working paper.

[163] Makadok, R.. Toward a synthesis of the resource-based and dynamic-capability views of rent creation [J]. Strategic Management Journal, 2001, 22 (5): 387 – 401.

[164] Matteo P., Arena, Michaël Dewally. Firm location and corporate debt [J]. Journal of Banking & Finance, 2012, 36 (4): 1079 – 1092.

[165] Max Bruche, Hassan Naqvi. A structural model of debt pricing with creditor-determined liquidation [J]. Journal of Economic Dynamics & Control, 2010, (34): 951 – 967.

[166] Maximiliano González, Alexander Guzmán, Carlos Pombo,

María-Andrea Trujillo. Family firms and debt: Risk aversion versus risk of losing control [J]. Journal of Business Research, 2012, Working Paper.

[167] Meade J.. External Economies and Disexternal Economies in a Competitive Situation [J]. Economic Journal, 1952, 62: 54 – 67.

[168] Miller. D., Friesen, P.. A Longitudinal Study of the Corporate Life Cycle [J]. Management Science, 1984, 30 (10): 1161 – 1183.

[169] Modigliani, F., Miller, M.. The Cost of Capital, Corporation Finance and the Theory of Investment. American Economic Review [J]. 1958, 48 (3): 261 – 297.

[170] Mohamed Belkhir, Sabri Boubaker. CEO Inside Debt and Hedging Decisions: Lessons from the U. S. Banking Industry [J]. Journal of International Financial Markets, 2012, Working Paper.

[171] Mohammad M. Rahaman, Ashraf Al Zaman. Management quality and the cost of debt: Does management matter to lenders? [J]. Journal of Banking & Finance, 2013, 37 (3): 854 – 874.

[172] Myers S.. Determinants of corporate borrowing [J]. Journal of financial economics, 1977, 5 (2): 147 – 176.

[173] Narjess Boubakri, Hatem Ghouma. Control/ownership structure, creditor rights protection, and the cost of debt financing: International evidence [J]. Journal of Banking & Finance, 2010, (34): 2481 – 2499.

[174] Nicolas L. Dromel, Elie Kolakez b, Etienne Lehmann. Credit constraints and the persistence of unemployment [J]. Labour Economics, 2010, (17): 823 – 834.

[175] Ngai Hang Chana, Hoi Ying Wonga, Jing Zhaob. Structural model of credit migration [J]. Computational Statistics and Data Analysis, 2012, working paper.

[176] Ono M.. Determinants of trade credit in the Japanese manufacturing sector [J]. Journal of the Japanese and International Economies, 2001, 15 (2): 160 – 177.

[177] Ozcan, Pinar, Kathleen M. Eisenhardt. Origin of Alliance Portfolios: Entrepreneurs, Network Strategies, and Firm Performance [J].

Academy of Management Journal 2009, 52 (2): 246 – 279.

[178] Paige L. Fields, Donald R. Fraser, Avanidhar Subrahmany-am. Board quality and the cost of debt capital: The case of bank loans [J]. Journal of Banking & Finance, 2012, 36 (5): 1536 – 1547.

[179] Paul Brockman, Emre Unlu. Dividend policy, creditor rights, and the agency costs of debt [J]. Journal of Financial Economics, 2009, (92): 276 – 299.

[180] Peng M. W. , Luo Y. D. . Managerial ties and firm performance in a transition economy: the nature of a micro-macro link [J]. Academy of Management Journal, 2002, 43 (3): 486 – 501.

[181] Petersen, M. , R. Rajan. Trade Credit: Theories and Evidence [J]. Review of Financial Studies, 1997, (10): 661 – 691.

[182] Philip Valta. Competition and the cost of debt [J]. Journal of Financial Economics, 2012, 105 (3): 661 – 682.

[183] Philippe Aghion, Ptrick Bolton. An Incomplete Contracts Approach to Financial Contracting [J]. Review of Economic Studies, 1992, (59): 473 – 494.

[184] Pigou, Arthur C. . The Economic of Welfare [M]. London: Macmillian, 1962.

[185] Parrino R. , Weisbach M. S. . Measuring Investment Distortions Arising from Stockholder-bondholder Conflicts [J]. Journal of Financial Economics, 1999, 53 (1): 3 – 42.

[186] Porter M. E. . Competitive advantage: Creating and sustaining superior performance [M]. New York: Free Press, 1985.

[187] Rajan R. , Zingale L. . Financial dependence and grow [J]. American Economic Reviews, 1998, (88): 1421 – 1460.

[188] Rajan R. , Winton, A. . Covenants And Collateral As Incentives To Monitor [J]. Journal of Finance, 1995, (50): 1113 – 1146.

[189] Raoul Minetti, Susan Chun Zhu. Credit constraints and firm export: Microeconomic evidence from Italy [J]. Journal of International Economics, 2011, (83): 109 – 125.

[190] Ravi S. , Mateti, Shantaram P. , Hegde, Tribhuvan Puri. Pricing securities with multiple risks: A case of exchangeable debt [J]. Journal of Banking & Finance, 2013, 37 (3): 1018 – 1028.

[191] Richardson S. . Over Investment Of Free Cash Flow. Review Of Accounting Studies, 2006, (11): 159 – 189.

[192] Rothchild, Michael, Stiglitz, Joseph. Equilibrium in Competitive Insurance Marker: An Essay on the Economics of Imperfect Information [J]. Quarterly Journal of Economics, 1976, (90): 629 – 649.

[193] Pfeffer J. , Salancik, G. . The External Control of Organization [M]. New York: Harper & Row, 1978.

[194] Samuelson P. A. , Nordhaus, W. D. . Economics (17th ed.) [M]. New York: McGraw – Hill, Companies, Inc. , 2001.

[195] Scott, M. G. . Entrepreneurial Careers and Organisational Life Cycles [M]. Switzerland: Rencontres de St. – Gall, 1992.

[196] Shleifer A. , Vishny R. W. . A Survey of Corporate Governance [J]. Journal of Finance, 1997, 52 (2): 737 – 783.

[197] Sing H. M. , Davidson W. . Agency costs, owner ship structures and corporate governance mechanisms [J]. Journal o f Banking and Finance, 2003, 27 (5): 793 – 816.

[198] Smith C. W. , Warner J. B. . On financial contracting: an analysis of bond covenants [J]. Journal of financial economics, 1979, (7): 117 – 161.

[199] Smith K. G. , Mitchell, T. R. , Summer, C. . Top Level Management Priorities in Different Stages of the Organization Life Cycle [J]. Academy of Management Journal, 1985, 28 (4): 799 – 820.

[200] Spence, Michael. Job Market Signaling, Quarterly Journal of Economics [J]. 1973, (83): 355 – 374.

[201] Stella Muhanji, Kalu Ojah. Management and sustainability of external debt: A focus on the emerging economies of Africa [J]. Review of Development Finance, 2011, 1 (3): 184 – 206.

[202] Steven Finlay. Multiple classifier architectures and their applica-

tion to credit risk assessment [J]. European Journal of Operational Research, 2011, (210): 368 – 378.

[203] Steven Ongena, Günseli Tümer-Alkan, Natalja V. , Westernhagen. Creditor concentration: An empirical investigation [J]. European Economic Review, 2012, 56 (4): 830 – 847.

[204] Stulz R.. Managerial discretion and optimal financing policies [J]. Journal of financial economics, 1990, 26 (1): 3 – 27.

[205] Thomas Schmid. Control considerations, creditor monitoring, and the capital structure of family firms [J]. Journal of Banking & Finance, 2013, 37 (2): 257 – 272.

[206] Teece D. J.. Explicating Dynamic Capabilities: The Nature and Microfoundations of (Sustainable) Enterprise Performance [J]. Strategic Management Journal, 2007, (28): 1319 – 1350.

[207] Uzzi, B.. Social Structure and Competition in Interfirm Networks: The Paradox of Embeddedness [J]. Administrative Science Quarterly, 1997, 42 (1): 35 – 67.

[208] Viral V. Acharya, Yakov Amihud, Lubomir Litov. Creditor rights and corporate risk-taking [J]. Journal of Financial Economics, 2011, (102): 150 – 166.

[209] Wassmer U.. Alliance portfolios: A review and research agenda [J]. Journal of Management, 2010, 36 (1): 141 – 171.

[210] Wasserman S. , Faust, K.. Social Network Analysis: Methods and Applications [M]. Cambridge University Press, 1994.

[211] Williamson O. E.. Corporate Finance and Corporate Governance [J]. Journal of Finance, 1988, 43 (3): 567 – 591.

[212] Xiaofei Zhoua, Wenhan Jiangb, Yong Shia. Credit risk evaluation by using nearest subspace method [J]. Procedia Computer Science, 2010, (1): 2449 – 455.

[213] Xiaolan Zheng, Sadok El Ghoul, Omrane Guedhami, Chuck C. Y. Kwok. National culture and corporate debt maturity [J]. Journal of Banking & Finance, 2012, 36 (2): 468 – 488.

[214] Yan Bai, Jing Zhang. Duration of sovereign debt renegotiation [J]. Journal of International Economics, 2012, 86 (2): 252 – 268.

[215] Yuanzhi Li. A nonlinear wealth transfer from shareholders to creditors around Chapter 11 filing [J]. Journal of Financial Economics, 2013, 107 (1): 183 – 198.

[216] Yusuf Tansel. Development of a credit limit allocation model for banks using an integrated Fuzzy TOPSIS and linear programming [J]. Expert Systems with Applications, 2011, working paper.

[217] Zaheer A., Bel G. G.. Benefiting from Network Position: Firm Capabilities, Structural Holes, and Performance [J]. Strategic Management Journal, 2005, 26 (9): 809 – 825.

[218] Zajac E. J., Olsen C. P.. From transaction cost to transactional value analysis: Implications for the study of interorganizational strategies [J]. Journal of Management Studies, 1993, 30 (1): 131 – 145.

[219] Zélia Serrasqueiro, Paulo Maçãs Nunes. Non-linear relationships between growth opportunities and debt: Evidence from quoted Portuguese companies [J]. Journal of Business Research, 2010, (63): 870 – 878.

后　记

　　本书改编于我的博士论文，后记源自论文中的"致谢"部分。"致谢"是整篇博士论文，甚至是整个博士学位攻读期间，唯一能够添加以主观色彩，描述自我感知的创作内容。自 2012 年年底，该篇论文创作接近尾声以来，我曾多次设想"致谢"的内容，多次回忆三年间给我诸多无私帮助，伴我走过这段重要旅程的人和事。但每每有冲动写下点滴时，又总觉得时机尚不成熟，旋即停笔酝酿。论文定稿日期逐渐逼近，留给我的写作时间已不多时，终下定决心，提笔感恩。

一、我与我的恩师

　　回忆起和老师在一起的时光，老师的教诲、关怀如同一缕阳光迎面而来，让我不知该从何写起。理顺思路，让我海边拾贝般地记录下点滴往事。

　　2009 年冬，我怀着忐忑、激动但又有一丝自信的心情，在山东大学老经管楼首次见到我的恩师徐向艺教授。当时万不敢奢望这位平易近人而又德高望重的学者能够成为我的导师。然而，或许是我逐渐树立的信念帮我打开了这扇窗。2010 年 5 月，我正式成为"徐家军"的一员，心情当然是无与伦比的激动、自豪与感恩。于千万人中，我能够如上苍之宠一般拜入恩师门下，也许这就是老师日后说的"学缘"。

　　刚入山大的日子，内心总有些许的自豪与骄傲，一方面是由于我踏入了这所知名学府，另一方面是因为导师是一位德艺双馨的学者。也正因为如此，每次见到老师，心中多少有些敬畏之心，敬仰他在教学和科研上的成就，更敬仰他厚德载物的处世之道。诚然地讲，"畏"也是多少有一些的，倒不是说老师培桃育李时有多么的声色俱厉。相反，老师对我们这些学生十分地宽容和理解。而是因为我初入师门，心中总认为老师如掌门人般地高高在上，更何况还管理着山大规模最大的学院。所以，我这位小字辈中的小字辈，起初绝对是毕恭毕敬，也多少有点谨言慎行。但是，随着我在这个大家庭中的时间越来越长，才发现我被恩师给"蒙蔽"了。老师对学生如同对自己子女般的关爱，学生的饮食、起居他都会无微不至地关心。在我看来，老师并不轻易地将关怀和爱护表现在语言上。然而也恰恰因为这种"不轻易"，让我们感觉到了老师的感情是如此之深沉、厚重。

在学生的学业上，老师是一丝不苟的。大到论文选题，小到文章之错字、标点符号，他都会一一指导、教诲、纠正。无论是科学学位还是专业学位的硕士，无论是在职还是全日制的博士，无一人不对此感激，无一人不钦佩老师爱岗敬业的精神。谈至恩师的育人之道，"大道无形"可谓之其精髓。他从不加限于学生的研究领域，凡感兴趣的公司治理或公司战略层面的问题，均可加以研究，此为"无形"。然而在学生的研究和学习过程中，老师会不停地敦促学生应勤奋，应不断创新，鼓励学生要勇于写作，善于思考，夯实知识基础，提升研究技能，此为"大道"。所以，老师不仅关注"授业"，更注重"传道"。在这样一种培养环境中，师门里"标杆"林立，得道者如云。我时刻不敢有半丝懈怠，唯恐被落在末尾，令老师失望。然而，我们这个大家庭里，最"大"的标杆不是我那挥洒自如、令课堂栩栩如生的师兄，也不是常去权威期刊目录"做客"的师姐，而是我们的导师。年过五旬又半，不知多少根白发已爬上鬓角，但我会时常发现他还在不停地学习，通过书本、期刊、网络等各种媒体，接收、学习各个领域、各个层面的信息和知识。由于行政事务缠身，老师常会显得十分疲惫，但仍然坚持每天读书看报，或上网学习课件。老师终生学习之精神，令我们每个人钦佩和汗颜，也给我们这些小字辈树立了崇高的榜样。

老师很宽厚，同事和朋友都倍感他平易近人。并且他很爱笑，用我小学作文中常写的一句话来描述就是"通常有一朵大大的笑容戴在脸上"。我想这与他贫苦的出身以及艰辛的奋斗历程有关。出生在农村，只身到城市中奋斗、闯荡，立下功名，而后播桃种李，芬芳于天下。当然，在这个奋斗过程中，他遇到了我的师母。如果说老师对学生是严慈的，那师母对我们是满满的慈爱。老师偶尔严厉一下，师母也会护着我们，指责一下老师。最让我们这群学生感动、羡慕和钦佩的，是他们二人那真挚的感情。老师和师母相会于一个没有太多欲望的年代，过着简单、充实的日子，数十年过后，仍然相濡以沫，会在漫步、游玩时执子之手。在他们身上，我领略到了情比金坚的意义，看到了真情与责任的内涵与可贵。

老师在奋斗的过程中，始终保持着乐观的精神，深刻地明白只有自强不息、笔耕不辍才能换来稳定、幸福的生活。所以，老师对勤奋、刻苦的学生更加疼爱，时不时地给我们开个小灶，改善伙食；或是塞给我们些银两，提高生活质量；或是带着我们走南闯北，开阔视野，接触世界最前沿的学术信息。在遇到恩师之前，我从不知能有对待学生如此之真诚关切的老师，这是在过去连想都不敢想的。与恩师情同父子般的感情，不断地渗透到我的生活和学习中，甚至多次在梦中还能够听到老师的教诲。点滴往事，时常会发出泉水般清脆的声音回响在脑海，让我为之一振；时常又会汇聚成滔滔江水，让我的内心波涛汹涌。我不断地告诉自己，能够成为徐向艺教授的学生，或许是我今生最值得庆幸和感恩的事。

二、一扇窗

本以为三年攻博生活里面的主角是我与恩师，殊不知，当我跨进校门时，老师就已经为我开启了一扇窗。从这扇窗里我领略到了更多的风景，认识了更多值得我去感恩的人们。

记不清楚多少次，清晨六点多，当可爱的管理学院还沉浸在睡梦中的宁静时，我看到杨蕙馨老师已经从知新楼的 B 座西侧向办公室走去，顿感钦佩。在杨老师给我们讲授第一节课之前，她严谨的学术风格和雷厉风行的治学态度我们早有耳闻。因此，同学们在课堂上貌似大气都不敢喘一下。然而事实绝非如此，在我看来，杨老师的治学与育人是两个概念，两种态度。她崇尚学术，追求严谨、合理、科学的研究逻辑。她常常教导我们要"穷尽所有文献"，要思索理论与实践的差异，要用理论和实践两种方式来验证研究的意义和价值。然而对待学生，杨老师又是那么慈爱。课堂之余，她会切身关怀学生的生活状况，跟学生真诚交流，天南地北地畅所欲言。仍记得在广西时，杨老师在酒店电梯里问我："王旭，你是不是胖了？肚子都起来了"，我立即下定决心，减肥20斤。从我们可爱的杨老师身上，我明白了对待学术研究应时刻保持着一丝不苟、严谨合理的态度，来不得丝毫马虎与松懈。同时，须时刻警记无论取得了怎样的学术成果，达到了怎样的高度，都不应放弃努力，要有"天行健，君子当自强不息"的学习精神和"真理至上"的学术信仰。

在初入师门的一次家庭聚会上，我第一次见到了陈志军老师。当时师兄师姐们都说他是我们的生活导师，可想而知陈老师是多么的随和、平易近人。可后来发现，陈老师绝不仅仅是我的生活导师，更是我学习中的精神和智慧的导师。他多次在课堂上开悟了我，让我了解到这个世界的真相及其运行的本质规律。在陈老师的课堂上，我第一次接触并了解到"戒定慧"的真正内涵，认识到"行为选择"到"获得智慧"的传导路径。这不仅成为我在攀登学术高峰时的不二法则，更成为我今后人生道路上的座右铭，时刻提醒我要戒除欲望，修炼身心，拥有智慧。在陈老师面前，可以无拘无束，敞开心扉，学业上、工作上、生活上的各种话题都可以拿来讨论，都能得到陈老师真诚、悉心的解答。陈老师常教导我们要"知行合一"，将"博学"与"笃行"相融合，鼓励我们勤奋、努力，勇攀高峰；要"抓大放小，抓主要矛盾"，认清事物发展的逻辑主线，紧扣问题的关键环节，提高学习和工作效率；要准确定位自己在学习、工作和生活中的角色，分清不同角色的属性和职能；要及时尽孝，报答父母……每次听到陈老师那爽朗的笑声，每想到我们大家庭里还有这样一位慈爱、爽朗的大家长时，心中顿时升起一顿暖意和喜悦，他的话语便会萦绕在我的耳边，督促、指导着我奋力前行。

钟耕深老师，我们的另一位大家长，也是一位万分可爱的老师。他治学严谨、关爱学生、工作认真是出了名的。貌似这些大家长们都有个随和的共性。钟老师更不例外，没有架子，平易近人。钟老师团队中每周都有一次读书会，会前，总有些师弟师妹们准备好各色各样的水果、零食（并且总会慷慨地给我一大堆），大家在宽松、愉悦的环境中展开学习、讨论，这是何等融洽，何等让人美慕！对于学生的学业，钟老师是十分严谨、仔细的，一篇论文从选题背景到研究方法，从逻辑结构到标点符号，改上五遍八遍是常有的事情。我刚入校时，课业比较繁重，很多课程要中午十二点多才结束，老师和同学们有时需要忍耐一段时间的饥饿才能吃上午饭。但每次听说钟老师中午都会请学生去吃自助餐时，我就暗自后悔为什么选课时没选他的战略管理。钟老师喜爱喝茶，时常会放些好茶在办公室里，有次我不自觉，看到一罐雪菊在桌上，于是"偷来"喝了点，口感相当不错。钟老师知道后，送给我一罐新的。我当时便临"茶"涕零，不知所言了。

在博士论文的创作过程中，谢永珍老师给予了我莫大的帮助。谢老师在课堂上多次对我的实证分析方法给出宝贵的意见，使我的研究方法有了较大程度的突破。在设计博士论文的框架结构时，谢老师也为我提供了重要建议。她曾对我说，债权人治理的首要目标是降低自身风险。也正是因为谢老师的这句话打开了我对债权人风险防御型治理效应的研究灵感，才能有今天完整的博士论文。同时，潘爱玲老师、王兴元老师在课堂上以及论文开题过程中也给予了我较大的帮助和珍贵的教诲。还有司梦荣老师，她对我们的照顾与关怀，以及她那温和的话语和微笑的脸庞我会牢记在心。在这里，希望能够借助此文，向众位可爱、崇高的老师献出学生最诚挚的谢意，感谢您们对学生无私的帮助与支持，学生没齿难忘！

三、亲朋篇

三年的求学生活尽管很充实，但有时诚然很单调、乏味。幸运的是，师兄、师姐以及有缘结识的诸多朋友们伴随我共同走过了这段旅程。他们不仅在我的学业上慷慨相助，更是我生活中的挚友和伙伴，是我人生中一笔宝贵的财富。

初入学时，对卞江师兄的名字早有耳闻，但因为师兄援藏，所以一年以后才得以见到。由于他是大师兄，又有行政职务，因此，尚未谋面时，他在我的想象里总带有一丝的神秘色彩。但又没想到，在一次家庭聚会上，幽默、随和的他也颠覆了我脑海中的形象。跟我们在一起时，他更像个大孩子，很快打成一片。师兄喜欢游泳，凡是我们团队去沿海城市开会，他必定下海，当然我偶尔也凑一凑热闹。记得在威海开会时，我们刚到威海，人困马乏，他也不例外。但看到大海就管不住自己，大半夜的去游泳，还给我们展示他的战利品，一种叫"偏口"的海鱼。博士三年级时，我时常经历着毕业后的择业困惑，卞江师兄多次开导我，为我提供了很多宝贵经验。每想至此，备怀感激。另一位需要重点描述的是张晓峰师兄，他为人大气，满腹经纶，极具智慧，口才极佳，对我更是关怀备至，偏爱有加。他能把管理学讲授的万分精彩，吸引力极强，他善于将传统文化与现代管理理念相结合，理论与实践结合，因此课堂上妙趣横生，学生评价极高。我俩年龄差距稍小一些，并且家乡都在淄博，因此我们拥有的共同话题更多。在为人处世、学业发展、就业选择上，晓峰师兄都会悉心与我交流，并慷慨相助。每每提到晓峰师兄，我都会打心底里感激与佩服，同时也因有这样一位师兄而感到骄傲。此外，还要感谢高军师兄、辛杰师兄、郑方师姐等诸位兄弟姐妹对我的关怀与支持，因为他们，我们这个大家庭才变得更加幸福、快乐。

因为山大的缘分，让我结识了很多优秀的同学、朋友，我们在相互学习、相互帮助的过程中结下了深厚的友谊。段升森的基础好，知识结构完善，我的每篇论文创作后都会跟他交流探讨，他通常是知无不言，言无不尽。更难能可贵的是脾气好。我这人脾气偶尔会差点，但他比较能包容。最让我钦佩的是段升森的心态十分成熟，十分稳重，这一点或许我还要多成长几年。王彦勇是我的同门，他不拘小节、有主见、学习效率比较高。同样，非常大度，比较能宽容我的小缺点。我比较喜欢打篮球，自本科以来，我的"篮球"外交为我带来许多非常优秀的伙伴。2012年我在球场上结识了吕承超，他为人坦率、稳重，对自己的事情有着较强的规划性和执行力，学习、做事效率很高，博士二年级时，他已经发表6篇C刊，令我汗颜。时至今日，我还常会怀念那年夏天我们在小树林边吃西瓜边畅谈人生的场景。此外，还要感谢相识20年、情如兄妹般的挚友赵娜，是她在我情绪低落的时候鼓励我，开心的时候分享我的快乐，感谢她的真诚与善良，愿我们的感情万古长青，愿小安和她幸福美满，永远快乐。攻博期间，徐鹏、方政、信發、文丰、大海、博杰等挚友及兄弟们在我的学习和生活中给予了我莫大的帮助，在这里真诚地向他们说一声，谢谢！

攻读博士有时需要承担一些心理和生活压力，父母总会为我提供无偿的精神和物资援助。每每如此，回想起二十八载以来父母的养育之恩，心中总会有一丝酸楚。犹记得博士二年级时，有半年的时间身体欠佳，母亲只身来济南租房对我悉心照料，我才得以能够安稳的学习、科研。二十八载以来，大部分时间在学堂中度过，未能为家庭尽我微薄之力、孝顺之心，深感愧疚！唯愿步入社会，努力拼搏，奋斗自强，报其养育之恩！

　　三年来，有太多的人给予了我无私的帮助，但尽数表达，"致谢"便有了喧宾夺主之嫌，因此不得不含憾止笔。仅望该篇拙作，能够载我感恩之心，纪念这段充实、美好的人生回忆。

王　旭

2014 年 7 月于济南燕山